U0679865

B
BLUE BOOK

智库成果出版与传播平台

粤港澳大湾区蓝皮书
BLUE BOOK OF THE GUANGDONG-HONG
KONG-MACAO GREAT BAY AREA

粤港澳大湾区会展旅游酒店
发展报告（2023）

REPORT ON THE DEVELOPMENT OF EXHIBITION, TOURISM AND HOTEL INDUSTRY
IN GUANGDONG-HONG KONG-MACAO GREAT BAY AREA (2023)

主 编／卢坤建 张丹凤 夏子帆

社会科学文献出版社
SOCIAL SCIENCES ACADEMIC PRESS（CHINA）

图书在版编目（CIP）数据

粤港澳大湾区会展旅游酒店发展报告.2023／卢坤
建，张丹凤，夏子帆主编.--北京：社会科学文献出版
社，2023.12
（粤港澳大湾区蓝皮书）
ISBN 978-7-5228-3113-8

Ⅰ.①粤… Ⅱ.①卢… ②张… ③夏… Ⅲ.①会展旅
游-饭店-经济发展-研究报告-广东、香港、澳门-
2023 Ⅳ.①F590.75

中国国家版本馆 CIP 数据核字（2023）第 253767 号

粤港澳大湾区蓝皮书
粤港澳大湾区会展旅游酒店发展报告（2023）

主　　编／卢坤建　张丹凤　夏子帆

出 版 人／冀祥德
组稿编辑／陈　颖
责任编辑／陈晴钰
责任印制／王京美

出　　版／社会科学文献出版社·皮书出版分社（010）59367127
　　　　　地址：北京市北三环中路甲 29 号院华龙大厦　邮编：100029
　　　　　网址：www.ssap.com.cn
发　　行／社会科学文献出版社（010）59367028
印　　装／三河市东方印刷有限公司

规　　格／开　本：787mm×1092mm　1/16
　　　　　印　张：22.5　字　数：336 千字
版　　次／2023 年 12 月第 1 版　2023 年 12 月第 1 次印刷
书　　号／ISBN 978-7-5228-3113-8
定　　价／198.00 元

读者服务电话：4008918866

本书为全国教育科学"十三五"规划 2019 年度课题（教育部重点）"粤港澳大湾区职业教育布局结构优化研究（课题编号：DJA190346）"研究成果

编　委　会

主 任 委 员　杜安国　广东轻工职业技术学院党委书记，教授

　　　　　　　卢坤建　广东轻工职业技术学院校长，教授

　　　　　　　姚　歆　国际标准化组织管理咨询技术委员会（ISO/
　　　　　　　　　　　TC 342）主席、国际标准化组织展览与活动
　　　　　　　　　　　标准化工作组（ISO/TC 228/WG20）召集人

编委会成员（排名不分先后）

　　　　　　　宋　炜　广东轻工职业技术学院管理学院副院长，
　　　　　　　　　　　副教授

　　　　　　　伍建海　广东轻工职业技术学院管理学院副院长，
　　　　　　　　　　　副教授

　　　　　　　周小平　广东轻工职业技术学院教师发展中心主任，
　　　　　　　　　　　研究员

　　　　　　　唐小鹏　广东轻工职业技术学院教师发展中心副主
　　　　　　　　　　　任，副教授

　　　　　　　田　森　中国旅游饭店业协会人力资源分会理事、
　　　　　　　　　　　门墩儿创始人兼首席执行官

　　　　　　　吴　峰　中国会展经济研究会副秘书长、讯狐国际
　　　　　　　　　　　科技（北京）有限公司董事长

　　　　　　　邓文岳　广州白天鹅酒店管理有限公司副总经理

王吉人　星悦康旅股份有限公司执行总裁
叶丽芳　广东迎宾馆党总支书记、执行董事、总经理
韩　啸　大横琴泛旅游公司董事长
梁　晶　广垦旅游集团副总经理
黄咏柔　广州广之旅国际旅行社股份有限公司人力
　　　　资源部经理
朱　成　广州一线展示设计有限公司创始人
莫楚琪　广州坤博会议服务有限公司副总经理

《粤港澳大湾区会展旅游酒店发展报告（2023）》
课　题　组

主　编　卢坤建　广东轻工职业技术学院校长，教授
　　　　　张丹凤　广东轻工职业技术学院管理学院行政负责人
　　　　　夏子帆　中国洛桑酒店管理有限公司首席顾问、CHM
　　　　　　　　　饭店管理研究机构学术指导专家委员会委员

撰稿人　张丹凤　夏子帆　李　薇　朱雪梅　伍剑琴
　　　　　刘秀珍　李瑞雪　柴　爽　万红珍　罗楚曼
　　　　　陈美杰　田　森　张　幸　张成玉　袁银枝
　　　　　宋　炜　伍建海　胡　芳　文黎晖

行政助理　刘常春　陈美杰　廖丽芸　林　颖

主要编撰者简介

卢坤建　教授，中山大学行政管理专业博士，北京大学环境科学工程学院博士后，现任广东轻工职业技术学院校长，兼任教育部轻工行指委副主任、广东省"一带一路"职教联盟理事长、广东省产教融合促进会执行会长、广东省老区教育促进会副会长、中国高等教育学会高职研究会副理事长、中国职业技术教育学会工业互联网技术应用研究院执行院长。曾任中国矿业大学研究生院团委书记、中山大学政治与公共事务管理学院副院长，江门市政府副秘书长，江门职业技术学院党委副书记、副院长（法人代表），五邑大学副校长，2013 年 11 月至 2016 年 5 月负责筹建并担任广东碧桂园职业技术学院院长。主要研究领域为公共政策、公共管理与可持续发展。主持欧盟项目、国家级和省级重大科研项目 10 多项，发表学术论文 60 多篇，出版专著 5 部。

张丹凤　广东轻工职业技术学院管理学院行政负责人，中国共产党第十九次全国代表大会代表，广东省第十二次和第十三次党代会代表。被评为 2010 年广东省国资委优秀共产党员、2012 年广东省行业窗口之星，获 2017 年广东省五一巾帼奖，获评 2018 年广东省三八红旗手、2019 年中宣部全国基层理论宣讲先进个人、2019 年中国饭店协会改革开放四十周年功勋服务大师、2021 年广东省优秀党史宣讲人。曾任 2022 年广东省职业技能评定专家，2019 年至今担任多项人社部、教育部和文旅厅等部门、机构主办的酒店接待竞赛教练和评委，粤港澳大湾区"一试多证"

职业技能评定规范标准开发专家。著有《做优秀的国企共产党员》《酒店英语》《白天鹅技能丛书》。

夏子帆 现任洛桑酒店管理机构首席顾问,《酒店焦点资讯》主编,安伴环保酒店品牌顾问,英式管家俱乐部理事长,澳大利亚国际教育中心客座教授。从业 20 余年,长期研究酒店及文旅行业,发表行业文章数百篇。首创国内精品酒店概论及精品定位,并引发了精品酒店投资热潮。提出"旅居"概念,并制定了旅居的系列标准。提出的生态酒店、生活方式酒店,成为近年来酒店品牌风向标。首提酒店美学概念,并撰写相关培训手册,普及酒店美学标准。

前　言

　　2017 年 7 月 1 日，《深化粤港澳合作推进大湾区建设框架协议》在香港签署，标志着粤港澳大湾区建设正式启动。与世界其他三个湾区相比，因其"一个国家、两种制度、三个关税区、三种法律制度、三种货币"的特殊情况，粤港澳大湾区成为融合发展难度最大的湾区。经过 5 年建设期，从中央到地方，一系列支持大湾区建设的政策举措相继出台，粤港澳三地加速融合发展，综合实力显著增强，以不到全国 1% 的国土面积创造出全国 12% 的经济总量，2022 年经济总量逾 13 万亿元人民币，跃居世界主要经济体前十。

　　粤港澳大湾区优势产业类型多样，从高新技术、汽车制造、电子制造、航空航天到金融、文化旅游、餐饮零售等，覆盖高端制造、智能制造和高端服务产业。作为大湾区优势产业的酒店、旅游和会展，在融合发展中实现了相辅相成、优势互补、强强联合。

　　与东京湾区、旧金山湾区、纽约湾区相比，粤港澳大湾区拥有的五大国际酒店管理集团（万豪、洲际、凯悦、雅高以及温德姆）的酒店品牌数量位居第二，国际品牌的可进入空间大，未来大湾区或将成为拥有国际品牌酒店最多的区域。在粤港澳大湾区的"二区九市"中，酒店业发展区别也很明显。酒店客房供给方面广深两市遥遥领先，中山、江门、肇庆则相对落后，而香港、澳门受限于地块空间，其酒店客房供给量有限，但由于城市经济发展与客源结构的差异，港澳五星级酒店的占比远超其余九市且占据主导地位，例如澳门的五星级酒店占比超过 80%，而珠海的五星级酒店只占 44%。内地九市酒店的国内品牌数远超国际品牌，且主要占领中低端市场，广州和深圳现有的国际酒店品牌数量多于其他七市，而珠海、中山、江门和肇庆的国际品牌数量较少，与内地九市的酒店市场不同，港澳的国际品牌酒店则占品牌的多数。

新冠疫情影响下，大湾区城市的旅游收入受到强力冲击。值得注意的是，澳门成为大陆出境游的首选目的地，是大湾区旅游收入不减反增的城市。粤港澳大湾区的战略规划中包含了对区域旅游市场发展的支持，通过建立区域内"一小时城市圈""144小时过境免签"，打造"一程多站"的过境旅游体验。广州定位综合都市旅游，佛山发展商务与历史文化旅游，深圳发展海滨休闲、主题公园与商务综合旅游，珠海横琴区域凭借紧邻澳门的地理优势，着重打造海洋海岛游和主题公园等旅游产品。通过进一步完善区域内的人文旅游资源、生态环境以及提高交通便利性，将大湾区打造成世界旅游目的地。

广州中国进出口商品交易会、深圳高交会、深圳中国海洋第一展中国海洋经济博览会、深圳餐博会、香港国际美酒展、香港国际灯饰展、香港礼品玩具展等络绎不绝的展会，是大湾区经济发展的又一张王牌。会展业高度聚合人流、物流、信息流，对关联产业的撬动作用巨大，被誉为"城市经济助推器"。以广州、"深圳+香港"、"珠海+澳门"的会展格局成为粤港澳大湾区叠加发展模式，"一会两地、联动双赢"是全球独一无二的新创举，粤港澳大湾区已成为中国会展经济第一方队。粤港澳大湾区会展业逐步从传统展会转向线上线下相结合，积极推动数智化建设，聚焦数字贸易，助推大湾区会展产业逐步国际化，将为大湾区乃至内地的企业拓展全球市场、提升国际影响力提供更高、更广的舞台。

本书由总报告、分报告、区域篇、专题篇、评价篇、案例篇六个部分组成。由于对最新信息、相关数据的获取渠道及编者水平有限，报告中的大数据素材分析及成果的研究深度和广度难免具有局限性。但本报告编写遵从科学性、客观性，从探索性创新来看，本报告将对粤港澳大湾区酒店、旅游、会展业融合发展做出重要贡献。

李 峰

中国旅游饭店业协会会长

2023 年 10 月于广州

摘　要

在粤港澳大湾区会展、酒店、旅游业"大融合、共发展"的背景下，本书以《粤港澳大湾区发展规划纲要》这一国家发展战略为指南，通过合理设计报告内容体系，多渠道获取粤港澳大湾区 2022 年度文旅会展产业的相关数据，分析行业发展现状，研判行业未来发展趋向并提出发展建议，为将粤港澳大湾区会展、酒店、旅游业打造成世界一流的高端服务产业链提供了理论支持。

本书由总报告、分报告、区域篇、专题篇、评价篇和案例篇组成，共 15 篇文章。

总报告分析了粤港澳地区的优势，比如地理区位、经济实力、气候条件、创新驱动发展、营商环境等，虽然新冠疫情对湾区会展、酒店、旅游业的发展造成了一定的影响，但随着各项支持政策的出台及港澳与内地全面恢复通关，人流、物流日渐繁盛，给粤港澳大湾区建设按下加速键，迎来新一轮更好的发展时机。前海、横琴、南沙、河套重大合作平台加速建设，粤港澳三地不断融合，带来巨大的发展机遇，粤港澳大湾区世界级旅游目的地建设工作持续推进。

分报告分别就会展、酒店、旅游业的发展现状及未来前景进行了全面分析阐述。粤港澳大湾区酒店业发达，在港澳地区，高星级国际酒店集团数量众多，珠三角地区以中高端酒店为主。会展业已形成"一业三地"格局和"一站式"互补交叉发展。旅游业是国内最具爆发力和潜在力的市场之一，澳门位居内地居民出境旅游目的地首位。专题篇就热点问题展开研究。酒店行业的大发展，伴随的是人力资源的限制，如何打破瓶颈，文中给出了明确的策略途径。粤港澳地区经济发展较好、人口体量大、交通基础设施方便快捷，具备发展乡村旅游得天独厚的优势。

为对粤港澳大湾区会展、酒店、旅游业的发展做出合理评价，本书设置了城市会展服务竞争力评价、旅游服务品牌评价、星级酒店服务品牌评价三篇评价报告。选取中国进出口商品交易会、香港中旅集团、广州富力丽思·卡尔顿酒店、广东迎宾馆作为会展、旅游、高星级酒店、特色酒店标杆案例进行分析研究。

关键词： 粤港澳大湾区　酒店业　旅游业　会展业

目 录 ⟋⟍

Ⅰ 总报告

Ⅱ 分报告

Ⅲ 区域篇

皮书数据库阅读**使用指南**

总 报 告

General Report

粤港澳大湾区打造会展、旅游、酒店服务产业链的营商环境赋能分析与展望（2022~2023年）

摘　要： 2022年，粤港澳大湾区经济总量逾13万亿元人民币，跃居世界主要经济体前十。自推动粤港澳大湾区建设以来，大湾区不断推进城市区域间的产业和企业创新一体化，全力打破城市之间的行政壁垒，在充分依托各城市产业发展的基础之上，发挥各区域间企业的自身特色和优势，强强联手、协同发力，实现了经济快速发展的目标。粤港澳大湾区在经济发展过程中，经济呈现快速增长态势。同时，在未来的发展中，明确指出将重点推进科技创新、产业升级、基础设施建设等方面的工作，打造具有全球影响

---

* 张丹凤，广东轻工职业技术学院管理学院行政负责人，粤港澳大湾区"一试多证"职业技能评定规范标准开发专家，主要研究方向为酒店管理与高效运营、国家技能大赛选手训练方法；夏子帆，洛桑酒店管理机构首席顾问，《酒店焦点资讯》主编，主要研究方向为酒店生态变化与市场关系、新环境下酒店发展模式。

力的区域中心城市。粤港澳大湾区未来的发展将带动整体产业升级，第三产业配套将是发展的核心关键。

关键词： 粤港澳大湾区　会展业　旅游业　酒店业　营商环境

一　粤港澳大湾区构建现代服务业体系的基础

2019 年《粤港澳大湾区发展规划纲要》出台，回顾湾区四年来发展，经济总体保持平稳增长，但中美大国博弈、新冠疫情、地缘政治冲突等给湾区的经济发展带来了困难和挑战。港澳经济受影响和冲击较大，珠三角内部两极分化日益扩大。受到上述影响，会展经济作为第三产业，疫情期间几乎停滞，直至 2022 年底才开始触底回升。

尽管湾区经济面临困难，中国经济的领头羊从珠三角转为长三角，当前的世界也正经历百年未有之大变局，但湾区仍加快改革步伐，关注世界经济变化，优化资源配置，形成差异化发展格局，从而推动珠三角经济快速发展，带动第三产业持续发展。旅游业作为第三产业的重要组成部分，已经成为国民经济的战略性支柱产业。疫情冲击迫使旅游业停摆，但粤港澳三地政府联合广州南沙举行 2022 粤港澳大湾区全球招商大会，吸引了来自全球十多个国家和地区数百家优质企业，现场签约重大投资项目 48 个，总投资金额高达 1800 亿元，足以见证湾区号召力之强劲，映射出未来第三产业中旅游业的美好前景。

推动高质量发展是"十四五"时期经济社会发展的主题。国务院印发了《粤港澳大湾区发展规划纲要》，这份纲领性文件对粤港澳大湾区的战略定位、发展目标、空间布局等做了全面规划，有助于进一步提高区域发展协调性，促进城乡融合发展，构建结构科学、集约高效的大湾区发展格局，最终打造成一个具有国际竞争力的一流湾区以及世界级城市群。有了上述基础，湾区经济发展同盟体需要更多的会展、旅游服务业务合作，协同搭建桥梁，共同打造世界级湾区。

旅游业是现代服务业的重要组成部分，已经成为国民经济的战略性支柱产业。2022 年 1 月，国务院发布《"十四五"旅游业发展规划》，明确了文化和旅游发展的总体要求、主要目标、重点任务和保障措施，进一步阐述了推进粤港澳大湾区旅游一体化发展、提升大湾区旅游业整体竞争力、打造世界级旅游目的地。大湾区城市群旅游资源历来丰富、会展经济活跃，凭借港口经济与湾区地理特征，旅游经济持续高涨。"十四五"规划的出台，明确了未来五年粤港澳大湾区文旅的定位和发展方向，加强了粤港澳大湾区各城市文化和旅游领域的政策协调和规则衔接，促进了粤港澳大湾区文化和旅游协同发展。

（一）政策基础

粤港澳大湾区发展一直受到高度重视，各级政府不断出台利好政策来推动大湾区的发展，这对大湾区的经济和社会发展有着极为重要的意义。从人才吸引、产业升级、第三产业发展等方面着手，湾区的利好政策大力推动了各行各业的发展，政策的实施将对区域产业创新、成果转化起到升级提速的作用。

大湾区范围：

粤港澳大湾区包括香港特别行政区、澳门特别行政区和广东省广州市、深圳市、珠海市、佛山市、惠州市、东莞市、中山市、江门市、肇庆市。

政策时间轴：见表 1。

表 1　政策扶持相关信息

时间	具体内容
2009 年	"湾区发展计划"被列为空间总体布局协调计划的一环
2016 年	广东省政府报告中提出"开展珠三角城市升级行动,联手港澳打造粤港澳大湾区"

时间	具体内容
2017 年 3 月	李克强总理在十二届全国人大五次会议上提出要推动内地和港澳深化合作
2017 年 7 月	国家发改委和粤港澳三地政府共同签署《深化粤港澳合作推进大湾区建设框架协议》
2018 年 3 月	全国两会政府工作报告提出将出台实施粤港澳大湾区发展规划
2018 年 8 月	粤港澳大湾区建设领导小组举行第一次全体会议,首次有港澳特首被纳入中央决策组织
2018 年 10 月	港珠澳大桥正式通车
2019 年 2 月	中共中央、国务院印发《粤港澳大湾区发展规划纲要》
2020 年 12 月	《粤港澳大湾区文化和旅游发展规划》明确 2022~2035 年大湾区文化和旅游建设目标、思路和主要任务
2021 年 3 月	《中华人民共和国国民经济和社会发展第十四个五年规划和 2035 年远景目标纲要》出台
2021 年 11 月	《广东省文化和旅游发展"十四五"规划》明确"十四五"期间,以规则衔接、机制对接为重点,打造世界级旅游目的地
2022 年 1 月	《"十四五"旅游业发展规划》明确了文化和旅游发展的总体要求、主要目标、重点任务和保障措施,进一步阐述了推进粤港澳大湾区旅游一体化发展、提升旅游业整体竞争力、打造世界级旅游目的地
2023 年 1 月	《广东省"十四五"旅游业发展规划实施方案》重点提出加强港澳客源互送、"一程多站"联合推广、旅游教育培训等方面的合作

资料来源:网络搜索统计。

(二)经济基础

粤港澳大湾区集产业制造、科技创新、金融、文旅会展等多业态产业体系于一体,既有传统的制造业、服务业,也有强劲的高科技产业支撑。2023年《财富》世界 500 强排名依据为企业 2022 年营收。从营业收入来看,上榜的大湾区企业营业收入共计 1.63 万亿美元,所有公司营业收入均超过300 亿美元,中国平安营收最高,为 1816 亿美元。

据 2023 年《财富》世界 500 强企业榜单,粤港澳大湾区有 24 家公司上榜(见图 1)。其中广州工控、广新集团、立讯精密均为首次入榜。新能源汽车领域表现亮眼，广汽集团和比亚迪排名均大幅度提升。在世界 500 强企业榜单中大湾区最赚钱的公司是腾讯控股，2022 年净利润约 280 亿美元，紧随其后的是招商银行 205 亿美元。疫情的冲击迫使湾区经济发展受到制约，但并不妨碍在未来的发展中，粤港澳大湾区发挥联动作用，持续优化合作、紧密联系、资源互助共享，合力打造世界级的大湾区。

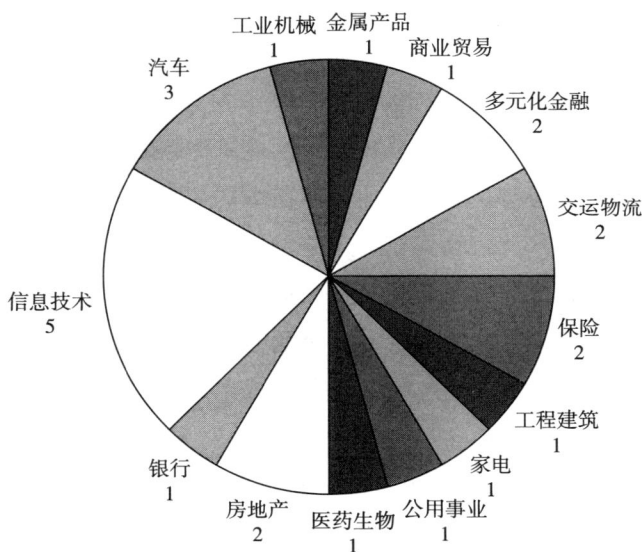

图 1　粤港澳大湾区世界 500 强行业分布

资料来源：根据《21 数据新闻实验室》《21 世纪经济报道》资料整理。

（三）优势突出

1. 区位优势明显：港口城市、强大的城市群交通枢纽

粤港澳大湾区交通便利，拥有领先世界、面向国际、辐射全国的海陆空联运立体交通网络，在航空设施方面拥有 7 座运输机场。作为中国的经济强区，凭借港口城市优势与改革春风，大湾区交通建设一直领先于其他省份或区域。

大湾区在交通网络互联互通方面取得显著进展。早在新冠疫情开始前，

各地机场已积极部署开展各项扩建工程，以满足日益增加的客运量。珠三角在轨道交通方面加快推进地铁、城际铁路建设。空港建设方面，香港、广州、深圳作为大湾区国际空港核心，联动珠海、澳门等大湾区空运网络节点，形成世界级机场群。大湾区航运枢纽互通水平和港口吞吐能力全国领先。

疫后时期，全球一些著名的旅游城市积极部署，力求在疫后旅客资源的争夺中脱颖而出，抢占更大的旅客市场份额。回顾粤港澳三地的文旅发展状况，2023年上半年至今旅客来源仍集中在大湾区内部，国际旅客以及大湾区外的旅客市场有待进一步开拓，这也是湾区接下来需要重点发展的方向。粤港澳大湾区在恢复迅速且长期稳定的旅游需求的驱动下，持续带动及满足疫后的商务及旅游需求。充分发挥基础设施的支撑作用，促进实体经济高质量发展。借力现有成熟的交通基建，各个城市间协同互补，对航线规划、港口定位、轨道交通、物流运输等多个交通网络增补完善，形成合力，提高大湾区运输通达效率，提升城市连接国际及区域客源市场的运载能力。

2. 经济实力雄厚：以珠三角为核心构建经济集群

大湾区经济发展迅猛。粤港澳大湾区地处沿海，以泛珠三角区域为发展基地，区位优势明显。湾区交通条件便利，便捷高效的现代城市区间交通运输体系完善。粤港澳大湾区经济实力雄厚，产业体系完备、集群优势明显，经济发展水平整体领先。以珠三角九市+港澳两个特别行政区组成的湾区经济互补性强，科技信息产业、现代服务业、制造业结合紧密。

大湾区经过四年来的协同发展，建立了良好的合作基础。港澳地区与珠三角九市文化同源、语言互通、民俗相近，这是多层次、全方位合作的关键。凭借政策支持，区域内城市发挥各自特色，转化成果，既凸显各自优势，又协同互助，加快了经济发展。粤港澳三地在科技研发、成果转化、基础设施互联互通、金融及贸易推动、科技教育培训与休闲旅游服务业、会展业等领域合作成效卓著。

2023 年的广东省统计局数据显示，2022 年大湾区珠三角九市地区生产总值为 104681 亿元人民币；香港特区政府统计部门公布的数据显示，香港实现地区生产总值 28270 亿港元，按 2022 年平均汇率折算，约 24280 亿元人民币；澳门特区政府公布的数据显示，澳门实现地区生产总值 1773 亿澳门元，约 1470 亿元人民币。由此，粤港澳大湾区经济总量超 13 万亿元人民币（见图2）。

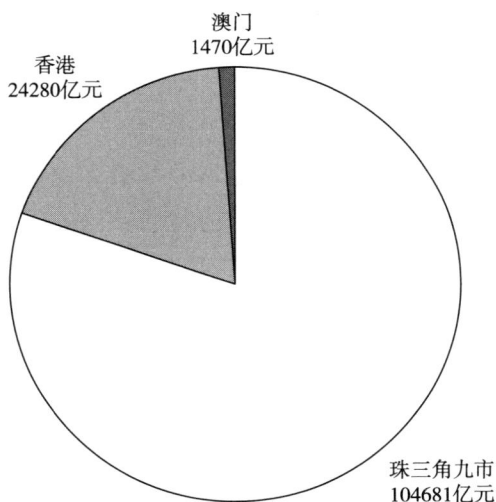

图 2　2022 年粤港澳大湾区地区生产总值三地对比

资料来源：广东省统计局。

2023 年上半年珠三角九市经济数据整体表现良好（见表2），下半年基本与 2022 年持平。规上工业增加值东莞出现较大下滑，佛山保持较快增长。

表 2　2023 年上半年珠三角九市经济数据

城市	GDP（亿元）	同比增速（%）	规上工业增加值（亿元）	同比增速（%）
深圳	16297.6	6.30	—	3.90
广州	14130.69	4.70	—	-0.90
佛山	6070.77	5.20	3002.69	7.20

续表

城市	GDP(亿元)	同比增速(%)	规上工业增加值(亿元)	同比增速(%)
东莞	5262.1	1.50	2379.57	-5.90
惠州	2545.5	5.10	1173.12	2.10
珠海	2063.29	5.10	766.14	5.80
江门	1826.69	5.00	697.78	3.40
中山	1811.38	5.50	725.89	4.30
肇庆	1194.66	2.90	397.24	0.50

资料来源：各地市统计局。

粤港澳大湾区一直处于经济快速发展的前沿阵地。开放合作、互利互赢，构建开放型经济新体制是促进泛珠三角发展的核心。以贸易、航运为主体的香港，拥有特色博彩服务业的澳门，结合珠三角九市，充分发挥各地区优势，创新发展区域，优化区域功能布局，完善各领域开放合作体制机制，促进粤港澳优势互补，实现共同发展。

3. 气候温和宜居：得天独厚的亚热带季风气候

粤港澳大湾区内珠江三角洲属南亚热带海洋季风气候，具有终年高温、光照充足、夏季长、霜期短、降水丰沛等特征；香港四季分明，冬季吹西北季风，夏季吹东南季风，偶有寒潮；澳门冬暖夏热，气候湿润多雨，干湿季明显。整个大湾区适宜人居，尤其到了冬天，成为内陆地区消费者的度假胜地。加上海滨地貌，岛屿众多，临海度假与岛屿度假成为消费者重要的选项，为大湾区赢得了客流。

湾区得益于温暖气候特征，终年可举办大型会展，尤其是冬季。据统计，每年冬天在上海、北京举办的展会，受气候影响较大，入场参观人流严重减少，相比珠三角展会经济有着明显差距。湾区会展业一方面受益于地方企业经济发展迅速，大型企业云集；另一方面也受益于气候原因，四季适合办展。会展业激活了旅游服务业以及关联产业的快速发展，对整个经济的繁荣起到了带动作用。

4. 创新、创业聚集：创新驱动发展战略全面推进

科技创新是粤港澳大湾区高质量发展的关键。对比世界其他湾区发展经验，粤港澳大湾区发展空间巨大。大湾区融合了金融、科创、制造、文旅会展等多业态产业体系。对比其他国家湾区的人才情况，粤港澳大湾区虽有明显不足，但已经集聚了大批一流人才落地。总体来看，粤港澳大湾区世界500强企业数量较为稳定，2023年《财富》上榜名单中有24家企业，信息技术类占比最多。以华为、腾讯控股为首的科技型企业，带动了整个产业持续升级。

香港作为金融中心，受疫情等影响，发展放缓。但从整个世界地理位置及国际航运中心特色来看，加上吞吐量位居世界前列的广州、深圳等重要港口，这些交通便利条件，为整个湾区的创新、创业发展提供了基础。

大湾区产业在传统制造业的基础上，经过多年的快速发展，逐步形成了集成电路、生物医药、新能源新材料等产业快速崛起的局面。政策推动制造业智能化、数字化、绿色化转型，在产业优化布局、区域协同发展的情况下，整个大湾区将持续增强战略科技力量。现代服务业、文旅会展业，得益于产业强劲的发展基础，同时受益于政策驱动，疫情后文旅快速复苏，各类展会、酒店、乡村文旅等产业快速转化。行业内珠三角与港澳加速联动，举办论坛，探讨行业发展，同时建立一体化培训教育体系，率先为粤港澳现代服务业发展迈出关键一步，促进了大湾区文旅会展教育产业的融合发展。

5. 营商环境领先：多元文化汇聚与国际化经济体

珠三角区域是我国最早开发的区域，在招商引资、企业建设、发展经营、政策协调、企业良性竞争及纠纷解决等方面，是最早建立机制的地区，也是内陆发展借鉴的范本。粤港澳大湾区为引导企业树立公平竞争理念，建立健全竞争合规体系，出台了《粤港企业竞争合规指导手册》。手册详尽解读了反垄断领域典型案例，对企业进行风险警示，并提出竞争合规管理的建议，有效引导企业公平竞争。手册的出台，一方面总结了珠三角发展过程中的经验，另一方面深化了营商环境，推动了经济高质量发展。

粤港澳大湾区是我国开放程度最高、经济活力最强的区域，改革开放后，大量外资、港资企业来此投资兴业。发展过程中，优越的营商环境和具有生机的投资环境不断吸引内地及国外众多企业投资及人才落户。《粤港澳大湾区发展规划纲要》明确提出"共建人文湾区"，加强整个湾区人文精神内涵，稳定人群在粤港澳大湾区创新创业、工作学习。

2023 年 7 月，广东省人民政府办公厅印发《广东省优化营商环境三年行动方案（2023～2025 年）》，明确贯彻落实党中央、国务院关于优化营商环境决策部署，实施更多创造型、引领型改革，打造更加优良的市场化、法治化、国际化营商环境，更大程度地激发市场主体活力。强化营商环境朝向良性发展，有利于招商引资、安商稳商、优化办事流程、服务企业发展等，吸引海内外企业来粤港澳大湾区投资创业。尤其是粤港澳大湾区拥有众多的国际化经济体，营造区域均衡协同的发展环境，有利于维护公平竞争秩序，建立专业领域的"一带一路"制度规则标准国际化平台，提升国内企业开展海外经贸投资合作的服务支撑能力，促成投资标杆湾区，提升投资企业的发展信心。

二 粤港澳大湾区会展、旅游、酒店产业发展契机

粤港澳大湾区建设启动后，国家给予了最有力的政策支持、赋予了最宽松的制度环境。"十四五"规划对文旅会展产业做好了顶层设计，在文化与旅游融合发展方面，为粤港澳文旅会展产业在"十四五"时期的发展定位提供了方向指引。"十三五"期间，广东省展览数量及面积稳居全国前列，2019 年会展举办场次及规模达到了巅峰。2020 年新冠疫情开始，大多数展会被叫停，全国会展业增长乏力。随着疫情的缓解及国内各行业迅速复工复产，办展数量在 2021 年出现大幅度上涨，但因新冠疫情防控的形势复杂，会展业难以回到 2019 年的规模。

（一）政策规划恰逢其时

《粤港澳大湾区文化和旅游发展规划》提出深化粤港澳大湾区文化和

旅游交流合作，统筹推进粤港澳大湾区文化和旅游协调发展。预计到 2025年，人文湾区与休闲湾区建设初见成效，到 2035 年，宜居宜业宜游的国际一流湾区全面建成。2021 年 4 月 25 日，广东省人民政府印发《广东省国民经济和社会发展第十四个五年规划和 2035 年远景目标纲要》，提出"推进文化旅游和健康、会展等产业融合互通，打造高质量旅游新业态""推进文化旅游深入融合发展，依托粤港澳大湾区特色优势，打造粤港澳大湾区世界级旅游目的地"。不论是国家宏观规划，还是地方政策落地，都为粤港澳大湾区文旅会展产业发展指明了定位和方向。广东依托 CEPA服务贸易自由化、自贸试验区等政策，进一步扩大旅游领域对澳门服务业的开放，旅游业已成为广东对澳门开放程度最高的服务业领域之一①。澳门与广东地缘相接、文化同源，旅游资源丰富，两地旅游产业具有互补性，澳门、广东文旅会展产业的融合发展对于实现大湾区世界级旅游目的地的目标具有实践先驱性。

尽管面对百年变局叠加新冠疫情影响，粤港澳大湾区依然呈现前所未有的勃勃生机。粤港澳大湾区自成立以来，积极推动市场一体化，推进区域深度合作，在金融、基建、机制、规则、科创、人才、信息等多方面强化协同，取得了累累硕果。2022~2023 年湾区经济持续发展，珠三角会展业的地区优势仍然显著，2019~2022 年，广东省的办展数量、展览总面积、投入使用的展馆数量皆居全国前列（见表3）。

表 3　2019~2022 年广东展览状况统计

项目		2019 年	2020 年	2021 年	2022 年
办展数量	数量(个)	1029	284	419	314
	全国占比(%)	9.30	14.30	14.20	17.40
	全国排名	3	2	1	1

---

①　普华永道中天会计师事务所、张立钧、王斌、唐海燕、王舜宜、赵安然、彭智飞、马欣睿：《文化旅游行业：粤澳文旅会展融合发展报告》，http：//www.eastmoney.com，2021 年 11月 30 日。

续表

项目		2019 年	2020 年	2021 年	2022 年
展览总面积	面积(万平方米)	1721.8	1313.8	1690.5	1180.6
	全国占比(%)	11.60	18.00	18.20	21.20
	全国排名	2	2	2	1
投入使用的展馆数量	数量(个)	28	17	16	14
	全国占比(%)	10	12	11	11
	全国排名	3	1	2	2

资料来源:《中国展览经济发展报告》(2019~2022 年)。

2023 年,随着我国疫情防控政策的优化调整,展会经济蓬勃发展,各类展会相继展开。广东会展组展企业协会统计数据显示,广东会展业已进入全面恢复轨道,展览数量恢复至 2019 年同期的 115%。第一季度,广东省展览数量 116 个,同比增加 89 个,增长 330%;展览总面积 436 万平方米,同比增加 351 万平方米,增长 413%。第 133 届广交会在疫后首次全面恢复线下举办,展览总面积从 118 万平方米增至 150 万平方米,参展观展人数超 290 万人次,线下参会境外采购商 12.9 万人,现场出口成交 216.9 亿美元,规模再创新高①。会展恢复将有力带动经济加速回暖,并有望实现新的增长。文旅酒店行业受益于展会经济,将迎来新一轮的发展。

(二)城市集群合力发展

从改革开放后经济发展路径看城市发展,营商环境持续优化,外资进入国内市场投资的机遇越来越多,这是一个良性的循环。相对而言,营商环境越好,投资人越愿意投资。珠三角及港澳地区,改革开放后前期一直以单一城市独立发展,在吸引外资上,各城市也是自发努力拉动,未形成协调统一的联动机制。粤港澳大湾区是在原有的珠三角城市群基础上融合升级而成。

---

① 广东会展组展企业协会会长、广东省会展业标准化技术委员会主任委员、广州大学教授刘松萍:《中国服务贸易指南》,http://tradeinservices.mofcom.gov.cn/article/lingyu/hzhanye/20 2304/148187.html,2023 年 4 月 25 日。

大湾区城市群在人口、资源方面形成了强大的集聚效应，重点城市群的发展也对周边地区发展有强大的带动作用。在继续推进新型城镇化过程中，探索提高城市群、都市圈的中心城市带动作用和辐射功能，完善区域协调发展。同时，城市集群发展是经济增长的重要支撑力，将促进整体营商环境提升，带来全球机遇。

每个大型城市群都有双引擎，双引擎必须具备足够的经济体量和人口规模，人口规模意味着足够的消费潜力和劳动力供应。综合竞争力强的城市群，主要是多中心、差距小、增长快的城市群，核心城市之外还形成"人口多+经济强"的格局。粤港澳大湾区过去依托改革开放，形成了珠三角+港澳经济强劲区域，随着新经济聚集，为避免独立城市之间的同质化竞争，以城市群为主导的新经济领域区出现，工业化进程是组织形式的具体表现。

城市集群之所以会引发经济快速增长，首先是因为经济高度发达，其次是人口密集。区域一体化发展所需要的经济增长、人才聚集，再结合资源集中，带动了整个城市群前进。得益于过去的城市集群经济，再次整合成粤港澳大湾区时，在原有的基础上进一步调整并升级产业结构，加快城市组群之间产业的转换与迭代更新，从而让每个独立城市聚焦在竞争力强的产业上，又通过湾区集中对外推广、协同发展，逐步缩小差距，形成竞争力大而强的格局。

粤港澳大湾区城市群在过去的发展中一直在强化营商环境，打破行政制约、促进人口人才竞争、加强金融发展等。珠三角属于改革开放前沿区域，过去受到独立城市影响，难以突破体制与区域发展的局限。大湾区的出现，是我国推动经济发展的一项重大举措，区域经济增长对周边地区的辐射引领作用越来越强。跨越行政区域协同，大湾区既要进行经济合作，又要进行发展模式的突破性探索。这种模式要想不断强化综合竞争力，势必加强跨区域营商环境打造，通过强联动与行政手段解决发展中的矛盾及困难。只有在营商环境上行政制度化、法治化，才能有效突破集群效应快速发展的制约，形成新经济下新的营商环境制度。

（三）会展国际动能提升

粤港澳大湾区成立后，如何将其建设成符合"一带一路"的创新区成为重点研究课题。推进大湾区的建设，应充分利用粤港澳三地优势，产业发展与科技创新齐头并进。粤港澳大湾区是中国会展经济第一方队，会展业发展条件得天独厚，包括雄厚的制造业基础和产业体系、交通港口、现代基础设施和物流资源配置能力，以及全方位的产业链和生态圈等。会展业具有高度聚合人流、物流、信息流的特征，对关联产业之旅游业的撬动作用非常大。

1. 粤港澳大湾区会展叠加发展模式

广州、"深圳+香港""珠海+澳门"的会展格局成为粤港澳大湾区叠加发展模式，"一会两地、联动双赢"是全球独一无二的新创举。粤港澳大湾区会展业逐步从传统展会转向线上线下相结合，积极推动数智化建设，聚焦数字贸易，助推大湾区会展产业逐步走向国际化。以产业为主导的佛山国际塑料产业展览会、中山国际灯展、东莞虎门服装展等，逐步形成各个城市群以产业推动会展业发展的模式。"会展+文化""会展+旅游""会展+体育""会展+第三产业"等多种合作方式，推动了全行业以会展业为平台，搭桥促进融合发展。

广交会是我国近年来非常成功且具有借鉴意义的国际交流博览会。广州是我国会展起步较早的城市之一，作为中国历史最久、级别最高、规模最大的综合性国际贸易展会，广交会已经成为粤港澳大湾区会展业的一个品牌，每年吸引了来自世界各地的参展商和采购商。从1957年春开始的广交会至今，经过半个世纪的发展，产业规模不断扩大、经济逐年增长、参展人次持续攀升。广交会历年来的成功举办，为我国的经济发展做出了卓越贡献，带动了新产品新技术升级迭代，成为展示中国的窗口。

2. 粤港澳大湾区会展经济的拉动效应

综观世界会展发展的基本格局，以会议、展览、奖励旅游、节事活动四项为框架。以德国为首的世界级展览，每年至少举办140个顶级贸易展览会，成为制造业国家及企业争相参与的目的地，每年为德国带来了大量的入境消费订单。无论是世界级会议、展览活动、企业员工奖励旅游，还是世界级的节事秀场活动，无一例外都离不开旅游业的配套支持，同时又进一步拉动了当地的旅游消费市场。会展活动派生出的参观、考察、观光旅游等，带动了整个消费链，"会展+旅游"模式实现了资源、服务、经销效应的互补，会展业和旅游业以经济效益性、产业关联性和社会推动性成为新兴的经济增长点。

会展产业与旅游业同属第三产业，均为服务业。会展业拉动了旅游业是不争的事实，整合及提升会展业，推动全域旅游发展，有助于粤港澳大湾区经济软发展。作为复合型产业的旅游业，集吃、住、行、游、娱、乐、购于一体，通过会展的凝聚效应和衍生效应，为旅游业市场空间的延伸提供了支持，促进了地方综合市场经济发展。会展业促进了整个行业的快速发展，对于结构调整、市场开拓、创新交流、外贸出口、经济发展等多方面发挥了重要作用。欧美地区会展具有数量多、规模大、设施先进三个特点。欧洲是世界会展业的发源地，德国、意大利、法国、英国都是世界级的会展业大国。在欧洲市场，从会展到各类秀场活动频繁举办，拉动了旅游业发展。北美洲的美国和加拿大是世界会展业的后起之秀，每年举办的展览会近万个。亚洲展览业规模仅次于欧美发达国家，以新加坡为代表，最具有国际化意义的世界级展会陆续在此举办，成为拉动新加坡旅游的一项重大举措。会展经济对餐饮、住宿、零售、交通等关联产业的拉动效应非常明显，通过会展业带动商务旅游和消费，是粤港澳大湾区新时期的产业重构契机。紧密围绕实体经济服务，加强会展实效，加大对会展人才的培养力度，塑造国际交流服务型会展品牌形象是粤港澳大湾区当前的重要任务。会展业是一个关联带动性很强的产业，为适应新形势下的商业竞争需求，市场化、专业化运营发展是必要前提。借鉴国际公司做法，未来在集团化、专业化方向上去规范粤港澳大湾区会展产业，必将带来更好的发展思路。同时，香港、澳门两地拥有国际化会展人才及国际会展操盘经验，将港澳两地成功经验融入珠三角，形成专业性强的国际展览会，扩大粤港澳会展产业在世界的影响力，将带动新一轮经济增长。

（四）海洋旅游蓬勃发展

世界级展会通常选择旅游业较为发达的城市，粤港澳大湾区的香港、澳门、广州，这些旅游业成熟的地区均是会展的领军城市。对比成渝城市群、京津冀一体化城市群和长三角城市群，粤港澳大湾区有着天然的优势。成都作为新兴的会展城市，要追上粤港澳大湾区需要一定的时间，而京津冀与长三角区域，会展业较为突出的是北京与上海两地，未形成粤港澳大湾区三足鼎立（香港、澳门、广州）的态势。近年来，粤港澳大湾区通过一会两地，迅速将深圳、珠海推上一个新平台，会展经济正以较快的发展速度成为粤港澳的重要产业。

在会展形式发展越来越多元的趋势下，结合旅游及会展商业活动的商务休闲旅游是近年来发展迅速的旅游新趋势。《粤港澳大湾区发展规划纲要》提出要加快"海洋—海岛—海岸"旅游立体开发，探索开通港澳与邻近城市、岛屿的旅游路线。粤港澳大湾区拥有丰富的海岛旅游资源，推动海岛游既有助于增加大湾区的旅游休闲元素，更能加强粤港澳之间的旅游联动。商务洽谈、观光旅游的结合越来越密切，每年吸引了大量海内外游客前来观光旅游，形成滨海旅游、商展旅游、休闲旅游、客家特色文化旅游四大特色，提升了整体影响力。

近年来，粤港澳大湾区积极开拓邮轮旅游市场。如今，大湾区内建有广州南沙国际邮轮母港、深圳蛇口邮轮母港、香港启德邮轮码头三大邮轮母港。三大母港是粤港澳大湾区港口群的核心枢纽港，湾区港口彼此连接，形成了"3 小时邮轮经济圈"，促进大湾区邮轮旅游业发展。在坐拥三个邮轮母港后，粤港澳大湾区所具备的基础实力让大湾区的邮轮产业充满希望。粤港澳大湾区邮轮母港群的发展将夯实邮轮产业，或将成为大湾区的新经济增长点。邮轮被誉为"漂浮在黄金水道上的黄金产业"，《粤港澳大湾区发展规划纲要》指出，有序推动香港、广州、深圳国际邮轮港建设。2006 年第一艘邮轮进入内地市场，强烈的市场需求和政策支持推动内地邮轮经济度过了黄金十年。邮轮港口次第建起，境外邮轮纷至沓来，邮轮旅行社发展如雨后春笋。2023 年 1 月 17 日，广东省人民政府办公厅发布《关于印发广东省"十四五"旅游业发展规划实施方案的通知》，提出加快邮轮游艇旅游发展。有序推进粤港澳大湾区国际邮轮母港群建设，支持广州、深圳国际邮轮母港增加邮轮航线，支持珠海、汕头、湛江等市建设邮轮访问港。支持广州、深圳、珠海等地与香港、澳门探索国际游艇旅游合作。粤港澳大湾区拥有丰富的山海资源，具备打造世界级旅游区的优越条件，要抢抓粤港澳大湾区和全球海洋中心城市建设等战略机遇，充分借鉴国内外先进滨海旅游城市的发展经验，高标准高质量规划建设一批与国际理念接轨、与自然景观相融的精品旅游设施，全面推进国家级旅游业改革创新先行区建设，加快打造国家全域旅游示范区试验区，打造粤港澳大湾区最亮丽的生态旅游名片。

（五）酒店发展国际风潮

每次危机之后都会伴随着经济的"爆发式"增长，酒店行业不同品类的品牌在疫情之后业绩复苏即是迎合了市场对于安全出行、高质量改善出行品质的更多期待。广东向来是酒店业发展的风向标之一，从改革开放到粤港澳大湾区的发展，见证了中国酒店业发展的起步与进步。特别是粤港澳大湾区，从经济总量和人口比例来看，酒店业的发展前景可期。粤港澳大湾区是旅游行业发展的重点区域，具有深厚的历史、文化底蕴，旅游资源丰富。从酒店行业来看，"十四五"规划重点提出全面促进消费，而旅游酒店业所代表的体验经济是未来消费主流，潜力无限。内循环背景下，酒店市场复苏势头强劲，其中粤港澳大湾区市场更是亮点。据文旅部数据统计，2022 年广东全省星级酒店数已达 446 家，位居全国第一。其中，五星级酒店共 92 家，四星级及三星级分别为 115 家、221 家，均居全国前列。为提升旅游酒店服务水平，广东近年来举办了酒店服务技能大赛、全省导游大赛等系列赛事，以理论加实践的方式带动行业服务质量整体提升①。

---

① 《2023 年广东省连锁酒店行业发展现状分析》，前瞻经济学人，https：//baijiahao.baidu.com/s？id=1778079106271387237&wfr=spider&for=pc，2023 年 9 月 26 日。

（六）湾区青年和谐融入

2019 年 2 月，中共中央、国务院印发《粤港澳大湾区发展规划纲要》，明确要为港澳同胞特别是青年在内地学习、就业、创业、生活等提供更加便利的条件，推动粤港澳大湾区三地青年交往交流、交心交融，支持港澳青年参与国家建设、共享发展成果。随着配套政策的不断兑现，大湾区范围内各要素跨区域和跨境流动成本不断降低，便利性持续提高，为香港企业、青年融入大湾区一体化架起一座座无形的"港珠澳大桥"。在新时代，为促进港澳青年更好地融入国家发展大局，要引领港澳青年深刻认识国家和世界发展大势，增强民族自豪感和主人翁意识，立足国家改革开放的舞台，充分发挥"一国两制"的制度优势，把握共建"一带一路"、粤港澳大湾区建设等国家战略实施机遇，着眼"国家所需"，发挥"港澳所长"。近几年，国家加大政策支持力度和加快粤港澳大湾区建设进程，各种便利港澳青年在内地升学、就业、创业的政策措施陆续出台，为港澳青年创新创业搭建发展舞台、提供发展机遇，极大地调动了这一群体参与国家发展建设的积极性和能动性，取得了积极进展。《粤港澳大湾区发展规划纲要》发布四年多来，国家战略逐步落地落实。在粤港澳大湾区这片富有生命力和创新力的热土上，港澳居民交流渠道越来越畅通、施展才华的舞台越来越宽广。

三　粤港澳大湾区会展、旅游、酒店产业面临挑战

广州以"广交会"为领头的国际外贸展会，其规模、竞争力、会展人才均与上海、北京并驾齐驱，迅速占领了国际展会一席之地。然而上海、北京两地凭借经济优势与行政优势，会展业与国际接轨，领跑国内，而广州的会展业国际化水平与之相较还存在巨大差距。如何结合"粤港澳大湾区"与"一带一路"建设，促进大湾区会展旅游酒店发展进程，是当前粤港澳大湾区需要重视的课题。

1. 行政体制问题

与世界上其他一流湾区不同，粤港澳分属三个不同的行政区域，香港、澳门两个特区政府与广东九市56000平方公里范围内覆盖"一国两制、三种税法、三种货币和三个法律"，要跨越三个拥有单独立法权的行政体制，三者融合存在诸多障碍。国务院发布的《粤港澳大湾区发展规划纲要》给出了指导思想及政策支持，发挥了重要作用，但要实际落地，依然会面临诸多挑战。

2. 结构松散、竞争力弱

粤港澳大湾区会展旅游酒店主要集中在广州、香港、澳门，深圳作为新兴的会展城市，正在加快步伐，而珠海也雏形初现。源于过去珠三角与港澳三地的关系，会展并未形成联动效应，因此北京、上海抢了先机，而作为改革开放前沿阵地的珠三角仅有"广交会"能体现规模。香港、澳门作为两个经济基础雄厚、基础设施完备的世界级知名都市，国际化、市场化、专业化程度较高，却因行政关系，并未能与内陆形成有效机制。

3. 国际化水准较弱

粤港澳大湾区上升为国家发展战略，为整个湾区会展旅游酒店业发展带来新的机遇。"9+2"泛珠三角经济体系建立，互通互联带来协同效应，但依然存在整合能力弱、品牌认知度低、创新突破少等情况。尤其是会展人才方面，需要进一步加大港澳与内陆九市的区域合作，充分利用香港、澳门会展人才优势，带动粤港澳大湾区整体会展业升级，培养品牌会展，举办更多、更高层次的国际性会展活动。

4. 产品同质化严重、创新能力薄弱

我国作为会展业的后起之秀，在展馆建设、会展举办、活动交流方面，落后于其他国家的展会，目前尚处于规模不大、档次不高的阶段。综观世界级展会举办成功的城市及区域，会展活动举办的形式更多元化，尤其是商户洽谈之间的交流创新活动，展现了会展业服务商户的宗旨。

5. 行业人才缺乏

粤港澳大湾区会展旅游酒店业要实现可持续发展，必须面对人才缺乏

带来的挑战。对比发达国家，我国的人才整体素质亟须提高。在策展能力、配套服务、活动交流等方面水平普遍较低，难以吸引国际性会展活动。粤港澳要实现独具特色的湾区会展服务，成为中国与世界各地经贸合作的平台，必须敢于认识自身不足。"港澳+珠三角"城市在教育实训打通、实现人才的多层面交流方面，将港澳经验引入珠三角，再通过"一会两展"等形式，快速缩小本土品牌会展与国际会展的差距。作为人口大国，人口红利也是触动我国消费的动力源之一。人口锐减不仅使人才难以后继，同时也给发展带来了制约。与之相反的是失业群体不断扩大，除了经济下行与企业过剩带来的就业困难外，还有人才与现行发展不匹配，培训机构多、实训机构少是突出表现，培养的人才并不符合现阶段的企业需求。会展业同样面临这些困境。粤港澳大湾区各城市展馆不少，出现了会展场馆过剩、区域合作少、会展效益下降现象，整合区域优势资源是会展业发展可行之路。同时，粤港澳大湾区需要针对当前会展人员情况，成立通行实训机构，联合港、澳、粤优秀的会展人才，建立标准会展作业流程，培养合格的会展接班人。

6. 地区文化差异

粤港澳大湾区地缘相近、文化基因同源。但事实上，香港、澳门两地与内地近百年的隔离，再加上受到西方文化影响，在制度、经济、思想观念、文化、价值观、经济发展水平等方面与内地存在很多差距。要打破壁垒，重新形成跨制度、跨地域的文化认同，需要粤港澳地区不断加强交流，通过对话与探讨，促进湾区文化融合。此外，需要在教育及培训方面加大投入，政策上支持学历互认、通关便捷，重视专业技术人才。强化"人文湾区"，找到民族文化的共同性和价值观，提升粤港澳大湾区新生代人群对传统文化的认知，从而产生认同感，转化成开放、包容、积极的心态互通融合。

四 粤港澳大湾区会展、旅游、酒店产业发展趋势

随着粤港澳大湾区国家战略的稳步推进，粤港澳城市群中各地政府在

《粤港澳大湾区发展规划纲要》和《粤港澳大湾区文化和旅游发展规划》文件指导下，加快出台促进文旅产业融合发展的相关政策，加强对文化资源的保护与利用，促进文化产业与旅游产业的深度融合，大力提升粤港澳城市群文旅产业的竞争力。从配套政策来看，《粤港澳大湾区文化和旅游发展规划》中关于乡村文化旅游、滨海文化旅游、生态文化旅游和文化商业旅游等文旅产业融合发展的内容，仅提到了融合发展的规划导向，缺乏具体的实施细则和建设标准，政策配套不足问题明显。疫后经济增速放缓，居民消费降级，文旅产业看似繁荣，实质上整体呈现下滑趋势。

经济发展是连锁效应，会展经济、文旅收益、酒店投资与消费均会受到多米诺骨牌般的影响。粤港澳大湾区要解决当前面临的问题，需要改变单打独斗的模式，形成区域联动。一是加强会展与文旅融合的专项政策研究，制定有效机制保证产业融合顺利实施。二是创新品牌与文化产品，杜绝同质化。三是要建立会展文旅区域协同机制，打破大湾区城市组织各自为政的局面，建立联合机构协调发展机制。粤港澳大湾区只有通力合作，在会展与文旅整体配套产业上形成共识，统一思路，出台相应政策，才能加快区域会展文旅市场的恢复与发展。

（一）酒店发展增长引擎

珠三角受益于改革开放的政策支持，又得益于临近香港、澳门，是酒店业最早的发祥地，是酒店人才的摇篮。酒店在珠三角的兴起，与经济发展、商贸云集的社会现状分不开，酒店的兴盛也是一个城市繁荣的具现体现。珠三角酒店在发展过程中，经历了外资、民间资本几个阶段，从港资散品牌到民族自主品牌、民间独立品牌，现在逐步转向国际及国内知名连锁品牌的局面。从现状整体情况看，珠三角的酒店品牌以国内品牌居多，港澳地区以国际品牌为主。珠三角九市中，广州与深圳高奢酒店及国际国内连锁酒店品牌占比遥遥领先于其他地市，占据主导地位，同时也说明了发展的不平衡。

（二）旅游数字转型升级

全球旅游业迎来复苏，一些旅游目的地国家及城市提早布局，抢夺复苏的国际旅客市场。旅游产业恢复增长分别在供给侧与需求侧面临各种挑战，供给侧方面出现一个新的隔离层，整体恢复需要重新审视"人、财、物"的配比与支持力度。同时，新的消费需求与市场结构发生了变化，消费偏好转向旅游体验深度和产品供给品质，出行从传统的旅行社团队，变成多样化的自驾游、个人出游、深度研学旅游等。

（三）会展发展多元价值

在会展发展形式越来越多元的趋势下，其与商务洽谈、观光旅游的结合越来越密切，会展产业越来越依赖及受制于在地旅游环境，旅游业对会展业的支撑作用不容忽视。产业融合是全球产业发展趋势，旅游产业和会展产业存在许多共通之处，包括发展基础和产业特点，在行业发展中，两者间更是相互促进，并存在多层面的渗透融合。会展业和旅游业的整合可实现经济效应、资源整合放大效应、环境优化效应、形象提升品牌效应。提高会展与文旅产业的协同发展与融合共通，是当前会展酒店旅游企业面临的最大挑战。从战略定位上看，粤港澳大湾区的建设方向是国际一流湾区和世界级城市群。大湾区的重心是建设"香港—澳门—广州—深圳"国际科技创新中心。目标虽然明确，但当前世界经济不确定不稳定因素增多，进出口贸易明显降速，出现产能过剩等情况，供需矛盾逐步显现，粤港澳大湾区发展面临诸多挑战。

（四）湾区共生共享共赢

粤港澳大湾区过去以广州为主导的会展业，随着深圳会展新城的开发和世界第一大展馆的建设，广州以往占据的优势地位不断减弱。而深圳地缘更接近香港，在人文与社会发展的过程中，与香港的机制更接近，两地可以联手打造"一会两展"的模式，同时也可以在旅游资源上互相借势，实现会展产业布局优化。粤港澳大湾区全面推动会展发展的过程中，需要留意竞争环境中的重复建设与同质化竞争，优化会展环境，突出产品及品牌优势，形成互有特色、互相扶持的新格局，这样才能有利于整个大湾区的城市发展。

（1）第三产业消费提升。粤港澳三地区域相近，交通便利，通过合作优化产业结构，带动金融业、制造业、第三产业（含文旅酒店业）、教育等产业的发展，有利于促进整体经济的发展以及创新成果转化。国内华南和华东会展经济带的格局显而易见，会展加快了城市经济体的发展步伐，"会展+旅游""会展+交通""会展+酒店"这三个方面收效尤其显著。会展业为城市带来大量的人流，参展商在参展的同时，前往举办城市旅游、消费，增加了对交通的需求，从而对城市的交通提出了更高要求，促进了城市交通的发展。会展期间的酒店住宿、商务会客餐饮、展后的旅游住宿等，使周边酒店及餐饮消费收益大幅提升。

（2）贸易经济发展。会展业最直接的目的是为进出口贸易搭建良好的合作平台，实现信息和物质的交流。会展业的重心任务是实现成功营销，是推动新经济产业发展及拓展革新的渠道。通过举办会展活动，城市及企业引入更多的资源，也输出本城市及行业的创新成果。会展活动中所呈现的市场需求及产品迭代，触发行业不断去开发市场新产品、淘汰陈旧产品，以满足日益变化的需求。产业的创新本身就是经济市场的结构变化，在信息化建设、科技、金融、文化和商务方面进行全方位推动，进一步提升了城市的综合竞争力。会展业的发展对于城市经济的促进和带动作用十分显著，逐渐成为城市经济发展的助推器。粤港澳大湾区发展会展业，不仅带来巨大的经济效益，而且以展为媒、以会为介，衔接上下游产业资源、优化行业结构布局，促使城市在大循环、多循环轨道去选择性发展产业，更有利于粤港澳大湾区的全盘布局。

（3）城市功能完善。会展业城市举办活动，对于该城市的基础设施建设提出了更高的要求。会馆建设及周边配套完备，打造先进的国际化会展场馆；城市交通及航空线路拓展增加，促进信息化、智能化建设；酒店、餐饮等设施齐全配套，满足商务及旅游接待需求；城市环境改造及基础设施完善。这些直观的变化，为城市提质转优带来了实质改变。发展文旅会展商贸产业，助力以旅游带动产业发展的联动效应，有力地推动粤港澳大湾区城市基础设施建设及交通枢纽进一步完善，为地方发展带来新的机遇。

（4）城市品牌形象树立。会展业除了对经济产生拉动作用外，可为城市带来环境改善、产业革新、消费市场活跃，更重要的是提升城市知名度，形成品牌效应。围绕粤港澳大湾区建设，要从更高的起点俯视会展行业的发展，加强湾区跨界跨区域合作，积极融入国内国际双循环。学习全球各地会展成熟城市，譬如新加坡旅游局专门设立展览及会议署，向世界推广新加坡的会展业，利用新加坡优美的自然环境、丰富的旅游资源等吸引会展举办方和参与方，在获得经济效益的同时赢得良好的城市品牌形象，带动全产业发展。

五 粤港澳大湾区会展、旅游、酒店
产业链的发展展望

粤港澳大湾区作为国家级大湾区，金融、科创、会展均是吸纳高精尖人才的重要区域，也是强劲拉动消费的区域。旅游业已经成为全球经济中发展势头最强劲和规模最大的产业之一。经济回暖，催动旅游业消费，同时旅游业又对城市经济起到拉动作用，互促共进。会展行业作为旅游业中的一个重要组成部分，在促进文化和旅游深度融合发展中起到了重要作用。"以展促游""以游促消费"，充分利用疫后复苏的黄金周期，双驱动叠加发展会展旅游经济。

2022年初国务院印发《"十四五"旅游业发展规划》，提出深化"互联网+旅游"，推进智慧旅游发展；完善旅游产品供给体系，推动文化和旅游市场主体数字化转型，形成多产业融合发展的新局面；拓展大众旅游消费体系，提升旅游消费服务，更好地满足人民群众多层次、多样化需求等。粤港澳大湾区作为国内重要的旅游目的地之一，商旅客源从周边辐射到东南亚、欧美等许多国家。推行"互联网+会展""互联网+旅游""互联网+酒店"，

可以更直观地展现粤港澳大湾区的整体现状，有利于利用云平台推广整个湾区，吸引旅客从线上转向线下消费。

2023 年，大湾区 GDP 持续攀升，经济的发展带动会展、旅游、酒店的发展，区域内文旅板块优势明显，会展需求扩大，消费者商旅出行频次增加，前景可期。广东省文化和旅游厅在举行 2023 年广东文旅推介大会系列活动新闻发布会上透露，2023 年上半年整体旅游经济进入了全面复苏新通道，服务业增长较快、接触性及聚集性服务业得到持续改善。上半年，广东合计接待旅客 3.28 亿人次，同比增长 41.1%，接待旅客人数恢复度高于全国 9.4 个百分点；实现旅游总收入 3791.3 亿元，同比增长 95.5%；全省接待入境旅客 570.6 万人次，同比增长 611.8%，实现外汇收入 160.8 亿元，同比增长 207.3%[①]。各项指标均表明，广东省文旅业正迎来复苏拐点，在未来仍有广阔的增长空间。

（一）产业集群化发展，功能性配套服务体系日趋完善

为进一步推动粤港澳大湾区会展文旅产业的融合及可持续发展，发挥会展经济作为服务产业链、供应链、创新链和价值链的重要平台作用，大力支持国际知名会展企业、专业策展企业；创新共商共建模式，联合机构、企业、行业协会等；建立会展产业联盟，逐步推动粤港澳会展文旅产业在环保生态、服务品质、人力资源培养、职业资格认证、劳动者关爱及保护、营销联动、社会公共服务等方面的共融合作。

会展行业具有产业链长、关联产业宽等特点。具体表现在带动产业升级、促进经贸交流、扩大市场消费、增加社会就业、提高城市服务功能等方面。会展产业包括会展策划与运营服务、场馆租赁服务、商贸服务、商务服务和公共服务。完善会展服务的城市功能，建造具有国际现代化功能的会展场馆，完善会展服务，健全会展产业服务的链条，形成规模会展产业集群。

---

① 广东省文化和旅游厅党组成员、副厅长赵红：《广东省文化和旅游厅在广州举行 2023 广东文旅推介大会系列活动新闻发布会》，https://baijiahao.baidu.com/s? id = 1773649550512 981923&wfr = spider&for = pc，2023 年 8 月 8 日。

通过会议、展览、节事活动，加快构建符合完整性、先进性、安全性要求，更具国际竞争力的现代会展产业体系（见图3）。

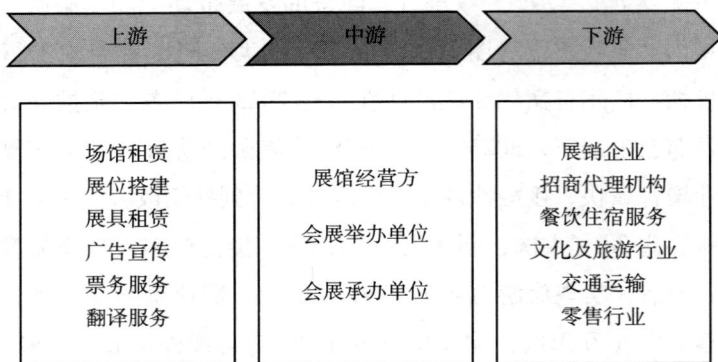

上游	中游	下游
场馆租赁 展位搭建 展具租赁 广告宣传 票务服务 翻译服务	展馆经营方 会展举办单位 会展承办单位	展销企业 招商代理机构 餐饮住宿服务 文化及旅游行业 交通运输 零售行业

图3　会展产业链

粤港澳大湾区会展业必须紧跟国家宏观政策，处理好"一国两制"下的产业融合问题，学习香港、澳门两个特别行政区先进的办展经验，采取"走出去、请进来"的招商方法，吸引国内外品牌策划公司长驻粤港澳大湾区，举办具有品牌效应的国际展会，全方位展现粤港澳大湾区的综合实力、营商环境、便捷交通、开放政策、创新能力、产业实力和发展契机，鼓励更多外资企业进驻大湾区，共创粤港澳大湾区新经济体系。

（二）品牌龙头企业集群聚势，推动文旅产业创新融合发展

粤港澳大湾区要发展"会展+旅游""会展+消费""会展+文化"跨界融合，聚焦战略性新兴产业和未来产业，引进和培育品牌展会项目。不断扩大规模展会的国际影响力，提高专业展会的国际化水准，逐渐在全球业界确立领导地位。同时，粤港澳大湾区龙头企业带动集群聚势，推动整个产业向价值链中高端进军。

粤港澳大湾区经济发展程度较高，发展潜力巨大。大湾区上下游供应链完备，产业生态系统完善，粤港澳大湾区拥有300多个各具特色的产业集

群，产业结构以先进制造业和现代服务业为主，大湾区区位条件优越、地理优势明显。这些优势都有利于龙头企业落地生根，为构建全球化研发网络、生产基地及完善全球产业链布局奠定了坚实的基础。

2023 年 9 月，全国工商联发布《2023 中国民营企业 500 强榜单》，广东共有 50 家企业上榜；同时在《2023 中国服务业民营企业 100 强榜单》中，广东共有 19 家企业入选，位列全国第一，足见珠三角经济与产业实力。上榜粤企集中分布在新一代电子信息产业集群和汽车产业集群，这也是广东最具实力和底气的产业集群。粤港澳大湾区要紧抓 RCEP 给企业带来的政策红利，共建"一带一路"，扩大整体贸易规模，降低进口成本，增加出口机遇，以龙头企业带动粤港澳企业整体发展。

文旅龙头企业在文旅融合发展中，技术迭代和 IP（知识产权）更须受到重视，引流、变现、传播、可持续的 IP 产品深化，凭借创新创意快、市场有需求、资本愿投资等优势，迅速获得提升。华强方特文化和旅游两条线并轨实现了文旅产业融合，而长隆集团在开启了旅游产业布局的同时，提出了文化精品打造的概念。华侨城除了传统的旅游、酒店板块外，开始跨界动漫产业。著名的岭南集团将以"体育+"为创新发展导向，以赛事运营服务为基础，充分发挥旅游、酒店、会展、食品四大产业平台优势，创新性地开发"体育+"融合发展商业模式和专业服务模式。

融合发展是产业升级的路径，龙头企业可以将资源产品化，形成独有的商业模式，开启文旅多元内容产业化的战略模式。凭借持续的改革开放措施和文旅创新发展策略、深厚的文化底蕴和丰富的旅游资源，粤港澳大湾区将继续保持其在全国经济中的重要地位，为中国的经济繁荣做出更大的贡献（见表4）。遗憾的是，广东省百强民营企业中没有一家文旅企业，文旅企业想要做大做强，需要成为上市公司并打通融资渠道。与互联网项目相比，文旅产业的可复制性不强，不具有爆发性，传统文旅项目存在成本高、回报周期长等问题，加上定位不清晰、营利模式模糊、收益保障低，又容易受到大环境影响，因此难以获得资本青睐。

表 4　粤港澳大湾区（珠三角九市）文旅产业融合成效

序号	文旅融合成果类型	项目名称	城市	合计
1	文化和旅游融合发展示范区	广州北京路文化旅游区	广州	12 个
		沙湾古镇	广州	
		永庆坊	广州	
		甘坑客家小镇	深圳	
		大鹏所城文化旅游区	深圳	
		佛山南风古灶文化旅游示范区	佛山	
		逢简水乡	佛山	
		珠海海泉湾度假区	珠海	
		珠海横琴长隆国际海洋度假区	珠海	
		东莞寮步莞香文化旅游区	东莞	
		南社明清古村落景区	东莞	
		惠东县高潭镇中洞景区	惠州	
2	国家全域旅游示范区	广州市番禺区	广州	3 个
		江门市台山市	江门	
		深圳市盐田区	深圳	
3	国家级夜间文化和旅游消费集聚区	北京路	广州	10 个
		正佳广场	广州	
		长隆旅游度假区	广州	
		广州塔旅游区	广州	
		蛇口滨海文化创意街区	深圳	
		佛山创意产业园	佛山	
		华侨城欢乐海岸 PLUS	佛山	
		千灯湖片区	佛山	
		水东街	惠州	
		中山假日广场	中山	
4	文化遗产游径	孙中山文化遗产游径	主要分布于珠三角九市	8 个主题 44 条游径
		海上丝绸之路文化遗产游径		
		华侨华人文化遗产游径		
		古驿道文化遗产游径		
		海防史连文化遗产游径		
		西学东渐文化遗产游径		
		近代商埠开放文化遗产游径		
		非物质（粤剧）文化遗产游径		

资料来源：中机院。

（三）完善现代服务行业标准，数智化助推文旅产业转型升级

粤港澳大湾区应实施更加精准的产业扶持政策，逐步将区域级的现代服务业中心打造成为世界级现代服务业中心。粤港澳大湾区在总体产业结构上呈现先进制造业与现代服务业双轮驱动的特点，说明粤港澳大湾区在发展生产性服务业方面具有基础和优势。当前要全面提升粤港澳大湾区现代服务业的国际化水平，积极推进粤港澳大湾区开放型经济的发展。

完善整个服务供应链上下游环节，完备现代服务业体系，上下形成一体，这是全面实施振兴现代服务业战略、提升整体粤港澳大湾区业态水平的关键。产业结构整合、国际化场馆建设、公共安全及环境、交通物流、文旅酒店配套等，对于促进会展产业发展起到积极的作用。

从全球湾区发展的步伐可以明显看出，湾区在港口经济—工业经济—服务经济—创新经济的发展过程中，具有海洋特征、创新引领、高度开放、集聚发展和宜居宜业的特点，符合世界一流滨海城市的显著标志（见图4）。服务经济在发展过程中起到了推动作用，从原有的制造业格局转向全球资源

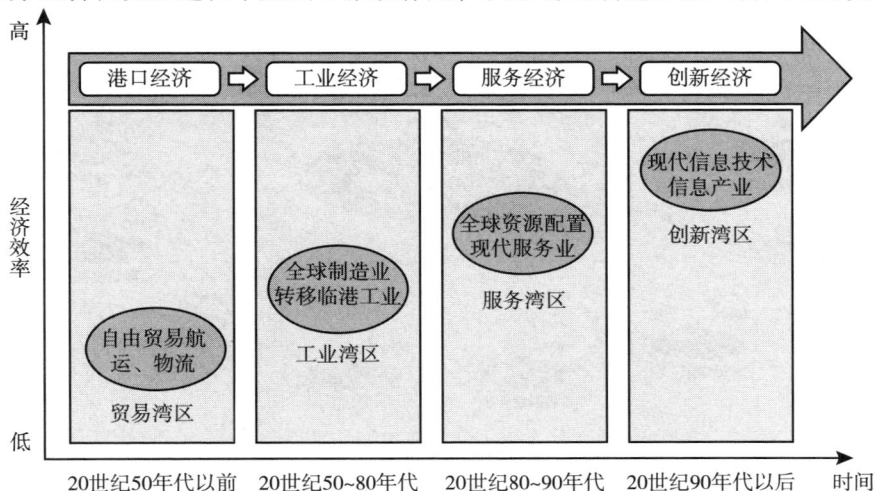

图4　全球湾区发展的演进

资料来源：杜昕然：《湾区经济发展的历史逻辑与未来趋势》，前瞻产业研究院。

配置的现代服务业，可以集合全球创新产业及传统结构性产业，传递信息，开发新市场，满足新需求，从而推动创新经济朝着市场需求转变，以满足日益增长的新群体。

粤港澳大湾区作为新兴的湾区经济，融合了"金融+产业+科技"多形态，服务业更趋全面，在一定程度上成为人流、物流、资金流、信息流等要素集聚区，需要引入高端服务业资源匹配发展需求。根据三地发展过程中面临的困难，首先要打破体制机制障碍，促进三地资源自由流通，推动专业服务业加速发展。其次要加快完善产业发展配套设施，建立信息互通平台，理顺信息渠道。再次是粤港澳三地制度壁垒破冰，建立金融互通平台实现结算的便利，调整三地人员通用的优惠政策。最后是税制改革，推行普惠、统一政策，支持湾区整体发展。

随着政策支持和科技赋能，大湾区文旅行业迎来新的发展时代（见图5）。在数字化大时代下，智慧科技已逐渐成为人们生活中不可或缺的一部分。智慧科技工具的普及，引发流量争夺，文旅企业要实现全域引流，必须通过智能化手段，实现对全域旅游的覆盖和服务。借助大数据和人工智能技术，可以了解消费者个性化需求和质量需求，实现精准推送，产生转化、裂变效应。

图5 科技赋能文旅数字化模型

数字化应用是旅游发展的大趋势，智能化、个性化、沉浸式交互体验是提升游客体验的关键。智能旅游是助推旅游业转型升级的新引擎，通过智能化手段，实现消费者与文旅企业之间的互动和交流，增加消费者的体验感和满意度，同时产生复购。粤港澳大湾区文旅融合发展迈向数字化，依托成熟的移动技术及信息技术手段，形成包括航空公司、高铁高速、景区景点、会务展览、OTA 平台、旅行社、酒店业、餐饮业等不同旅游业主体于一体的文旅生态圈，为建设生态城市、数字化城市、科技创新、智慧产业城市、创意城市的粤港澳大湾区服务。大数据实现了为政府参谋、为商家赋能、为消费者提供便利三大目标，满足了公共服务与市场运营的实际需求。

（四）创新发展模式，实现会展、旅游、酒店业多元特色发展

文化和旅游产业在国民经济中占比近 10%，经济属性突出，在稳增长、扩大内需方面的作用越来越大。疫后经济复苏，文旅产业发展迎来最好的战略机遇期。珠三角文旅行业在疫情三年中，灵活运用政策及金融工具，推出创新金融产品，为文化和旅游产业发展争取到了更多的机会。2023 年 4 月 2日，2023 中国（汕尾）文旅融合发展大会在汕尾召开，签约 14 个文旅项目，并联合 15 个城市组建全国红色研学旅游城市联盟。自"十四五"开局以来，重大项目成为各地推动文化和旅游产业高质量发展的重要抓手。2023年 3 月 20 日，广东省发改委在官网公布《广东省 2023 年重点建设项目计划》，指出文化旅游体育重点建设项目共 54 个，总投资额逾 3200 亿元。推动传统旅游文化、生态文化、数字文化、夜间消费、沉浸式旅游演艺、文博旅游、研学旅行等新模式项目发展，焕发出特色文旅新魅力。

住宿业在创新发展、新消费及数智化方面同样不甘示弱，品牌化及连锁化加速，"酒店即旅游目的地"的空间美学大行其道，住宿新消费成为新时代的选择。酒管集团加快下沉市场布局，一些偏远的西北部区域、东北区域成为连锁集团的新地标，逐步改善了东西部供需失衡状况。数智化建设成为住宿业的标配项目，在增强客户体验感的同时也降低了人工成本。住宿业现阶段的变革，正朝着健康、务实的方向前进。以市场为导向，以客户为目标，着重抓好产品创新与客户体验，打造消费者满意的酒店品牌。

加快特色城镇建设是 2023 年的重要目标，政策加持与民间资本的作用，

激发了数量众多的特色小镇迅速落地。粤港澳大湾区特色城镇建设弱于浙江省，处于层次低、结构散、布局少、创新弱的状态。粤港澳大湾区应发挥好滨海旅游文化、客家文化、粤语系特色文化、粤菜美食特色文化，塑造观光、游乐、商业、滨海度假、生态休闲、文化艺术、特色酒店等融合性旅游产业链条；优化产业结构，扶持文旅龙头企业创业创新板块，在特色城镇、特色文旅板块下培养一批具有国际竞争力的文旅新产业；利用粤港澳大湾区冬季气候温暖舒适的特点，以生态建筑、绿色旅游构建多维立体文旅，开发出适合冬季旅居的新产品，成为冬季"旅行候鸟"的新家园。

（五）重塑粤港澳形象，大力培养会展、旅游、酒店业优秀人才

粤港澳人才需求缺口明显，要实现粤港澳大湾区快速发展，提高整体竞争力，首先就是人才的竞争。区域内经济发展不均衡，导致人才分布也不均衡。湾区内香港、澳门、深圳、广州历来是人才高度集中的区域，其他 7 个市人才缺口显著。与世界其他著名湾区相比，大湾区内部具有更为丰富的土地资源、更为庞大的人口资源储备，对于打造教育和人才高地有着独特的优势。

统一职业技能认可标准有助于粤港澳旅游服务标准体系全面对标国际先进水平，其目的是为一系列旅游相关工种制定技能标准，并设立培训和考核制度，提升旅游业人力资源素质。建立粤港澳大湾区旅游教育培训基地，设立实训、合作中心，使粤港澳大湾区旅游职教联盟统一课程，达到实训一致。通过培训及考核，将技能标准与旅游类专业课程全面融合，形成跨区旅游专业人才培养新范式。政府要鼓励高校与企业合作，推动产学研合作，提高科技成果转化的效率。

实行粤港澳大湾区"人才绿卡"，吸引优秀人才落地生根。在落户奖励、购房补助、子女就学、夫妻随迁、社会保障等方面给予政策激励，打通人才流通等通路。对于"高精尖缺"人才，采取个人所得税优惠政策、财政补贴办法，鼓励优秀人才自主创业，并在创业政策上予以优惠。

2023 年 1 月 19 日，广东省统计局发布数据，2022 年，广东省的 GDP

超 12.9 万亿元，常住人口规模已经达到 1.27 亿人，均排名全国第一①。广东省的高等学校数量为 162 所，其中 69 所为本科院校，占比为 42.6%，长三角有 35 所"双一流"高等院校，而珠三角仅有 5 所，是长三角的 1/7。从经济总量、工业总产值到人口总量，广东在国内拥有许多个第一，但在高等教育上，只能是教育大省，非教育强省。对比世界上其他四个著名的湾区，粤港澳大湾区高等院校数量非常之少。《粤港澳大湾区发展规划纲要》明确要求支持粤港澳高校合作办学，鼓励联合共建优势学科、实验室和研究中心；支持大湾区建设国际教育示范区，引进世界知名大学和特色学院，推进世界一流大学和一流学科建设。通过高等院校的增扩建，为湾区培养人才，通过培养人才推动区域经济发展、助力科技创新。

为高质量推动粤港澳文旅产业融合发展，技能人才的互融互通互认是"软联通"不可或缺的重要内容。文旅产业人才培养有三个路径：一是技能交流合作，通过大型的技能大赛，促进粤港澳三地加强技能切磋、服务展现。同时优化服务方法，推广服务标准，建立服务准则，形成一套完整的、可操作性强的服务规范。二是加大行政管理部门、旅游院校、行业协会及文旅企业之间的协同创新力度，共建共享运转高效的实训人才教育标准，推动产学研一体化发展。三是共建互融互通互认的人才体系，共同成立"专业资格人才库"，实现大湾区内行业资格的互认，推动优秀人才流动和知识转移，增强大湾区内部的合作竞争力，有助于优化大湾区内文旅人才布局。

六　结语

粤港澳大湾区作为中国战略发展的重点之一，具备得天独厚的地理优势、政策优势和产业优势。在国家政策的推动下，粤港澳大湾区正努力超越世界其他湾区，成为全球经济的瞩目之地。打造粤港澳大湾区，建设世界级

---

① 广东省统计局：《2022 年广东 GDP 超 12.9 万亿元　居民人均可支配收入超 4.7 万元　同比增长 4.6%》，http：//www.gd.gov.cn/gdywdt/bmdt/content/post_ 4084772.html？eqid＝8a26 a1c1000656660000000264268b29，2023 年 1 月 20 日。

城市群，有利于丰富"一国两制"实践内涵，进一步密切内地与港澳交流合作，为港澳经济社会发展以及港澳同胞到内地发展提供更多机会，保持港澳长期繁荣稳定。粤港澳大湾区的成立，对于经济发展、区域稳定、科技创新、旅游服务起到引领和带动作用。

综观世界著名湾区成功发展定律，首先是科技创新，其次是人才聚集。粤港澳大湾区是一个综合性湾区，是纽约湾区、旧金山湾区、东京湾区优势的综合，汇集金融贸易、科技创新、产业制造三项，粤港澳大湾区未来发展成为世界级中心是完全有可能的。在历史发展背景下，湾区已走过资源性的港口经济、创造性工业经济时代，现在迎来服务经济时代，因此，会展旅游的发展具有跨时代的意义，粤港澳大湾区推行"一业一展、展产结合、展销融合、展旅一体"，将助推湾区快速跨入创新经济时代，迎来经济发展新阶段。

参考文献

陈微微：《乡村旅游地公共空间感知对游客地方感的影响研究》，《长江技术经济》2020 年第 S2 期。

梁逍遥、文谨：《流动性视角下乡村旅游地游客地方感差异分析》，《资源开发与市场》2021 年第 1 期。

吴琦：《基于蓝海战略的经济型酒店发展战略研究——以 T 快捷酒店为例》，《财讯》2018 年第 36 期。

施国新：《我国酒店产业发展战略研究——基于酒店文化模式视角》，《湖北大学学报》（哲学社会科学版）2016 年第 6 期。

郭子忠、薛文丽、潘新林：《我国城市会展产业发展瓶颈及出路》，《经济问题探索》2019 年第 6 期。

陈军、李奇涩：《城市会展业务模式分析》，《国际会展研究》2018 年第 4 期。

分 报 告

Sub-reports

B.2
2023年粤港澳大湾区会展业经济
发展分析与展望

李 薇*

摘　要： 2022年粤港澳大湾区会展业利好政策频出，强势推进会展业复苏，具体表现为经济总量向好、会展基建过硬、会展规模扩大、会展质量领先，同时会展人才储备充足，支撑高质量发展，数字赋能会展全方位降本增效，总体呈现"会展业结对合作更紧密、产业体系更完善、营商环境更优化、数字服务更高效"的发展特点。基于此，本文提出粤港澳大湾区会展业在优化结构、提升能级、扩大开放的发展机遇面前需进一步释放会展制度政策红利，发挥优势互补共促发展，制定会展标准助力内引外拓，夯实名展馆、名展会、名展企建设，落实会展人才强业工程的对策建议，以期应对新挑战、实现新发展、增添新优势，破解会展业高质量发展障碍，形成可复制可借鉴的创新

* 李薇，博士，广东轻工职业技术学院教授，主要研究方向为会展经济、会展文化。

成果。

关键词： 会展业　营商环境　展馆　展会　展企

"十四五"时期是粤港澳大湾区全面开启会展业建设的重要阶段，是巩固提升大湾区会展业发展位势的关键时期，是会展业优化结构、提升能级、扩大开放的战略机遇期。作为国家战略的粤港澳大湾区会展业贯彻习近平总书记对粤港澳大湾区建设做出的指示和要求，发挥会展业联通撬动功能，为打造富有活力、国际竞争力一流的湾区和世界级城市群做出卓越贡献。

一　粤港澳大湾区会展业发展现状

（一）利好政策频出，会展业强势复苏

持续的利好政策为会展业注入新活力，会展经济展现强劲的复苏势头。中共中央总书记、国家主席习近平于 2022 年 8 月 31 日、9 月 19 日、11 月 4 日分别致辞北京服贸会、第七届中国-亚欧博览会、第五届进博会，强调会展业在国家战略布局中发挥重要平台作用。

1. 营商环境方面

2022 年 1 月 1 日，《区域全面经济伙伴关系协定》（RCEP）正式生效，该协定覆盖人口 23.7 亿、区域 GDP 总值 25.6 万亿美元、进出口总额 10.2 万亿美元，成为北美、欧盟、RCEP 世界三大自贸区中规模最大、活力最强、潜能最大的自贸区。RCEP 生效可降低贸易成本，提升区域产品竞争力，为中国进出口企业带来重大利好。[①]

① 中国国际贸易促进委员会：《珠海市内外经贸发展专项资金》，https：//www.ccpit.org/a/20230425/20230425wu9q.html，2023 年 10 月 16 日。

2. 业态发展方面

2022 年 4 月，国务院办公厅印发《国务院办公厅关于进一步释放消费潜力促进消费持续恢复的意见》（国办发〔2022〕9 号），提到持续办好中国进出口商品交易会等；2022 年 5 月，国务院办公厅印发《国务院办公厅关于推动外贸保稳提质的意见》（国办发〔2022〕18 号），要求优化创新线上办展模式，促进中小微企业采取"境内线上对口谈、境外线下商品展"的方式开展贸易；2022 年 9 月，商务部印发《支持外贸稳定发展若干政策措施》（商贸发〔2022〕152 号），支持企业参加各类展会，扩大境外自办展规模；2022 年 10 月，国务院办公厅印发《第十次全国深化"放管服"改革电视电话会议重点任务分工方案》（国办发〔2022〕37 号）提出力促境外自办展帮企业拿订单、拓市场；2022 年 12 月，中共中央、国务院印发《扩大内需战略规划纲要（2022-2035 年）》，提出办好中国进出口商品交易会等，推动进口来源多元化、结构优化、规模扩大；2023 年 4 月，《国务院办公厅关于推动外贸稳规模优结构的意见》（国办发〔2023〕10 号）明确指出优化重点展会供采对接，包括支持中国进出口商品交易会优化展区设置和参展企业结构，常态化运营线上平台；2023 年 7 月，横琴粤澳深度合作区出台《横琴粤澳深度合作区加快会展产业发展三年行动计划》《横琴粤澳深度合作区会展产业发展扶持办法》共计 28 条，鼓励"一会展两地"创新模式，对各类会展项目补贴范围广、力度大；2023 年 8 月，国务院印发《国务院关于进一步优化外商投资环境加大吸引外商投资力度的意见》（国发〔2023〕11 号），提出支持粤港澳大湾区"试点探索形成可自由流动的一般数据清单，建设服务平台"。

3. 政府支持方面

香港特区政府 2022 年 10 月发布《行政长官 2022 年施政报告》，宣布支持会展业措施，巩固香港作为国际大型会展的首选地、亚洲贸易展览之都的地位。现行"会议展览业资助计划"由 2022 年届满延长至 2023 年 6 月。特区政府在本期计划到期后推出"发展品牌、升级转型及拓展内销市场计划"共计 179 亿港元（48200 亿美元）专项资金，资助三年内在香港举办的 200

场展览会议。同时大幅增加对亚洲国际博览馆第二期项目以及香港会议展览中心湾仔北重建项目的投入，巩固香港作为亚洲会展活动首要场所的地位。

澳门特区政府在《2023 年财政年度施政报告》① 中提出做强文旅会展商贸产业，加快建设澳门文旅会展产业的延伸区、拓展区。经济及科技发展局、旅游局、贸促局等多个部门出台专项政策扶持会展业发展。2023 年 2 月实施《会议及展览激励计划》《会展专业人才培训激励计划》《参展财务鼓励计划》，邀请权威人士担任会展大使，将澳门打造为会展活动目的地。2023 年 "全球展览日" 澳门发布 "澳琴·会展" 品牌标志，启动会展人低碳行动小程序，全年会展活动预计超过千项，投资总额超过千亿元。

广东省政府 2022 年 1 月发布《广东省推动服务贸易高质量发展行动计划（2021—2025 年）》（粤府函〔2022〕3 号），提出 "高水平办好广交会、高交会、文博会、粤港澳大湾区服务贸易大会等展会，推动一批重点展会向世界高端展会升级"。广东省商务厅 2022 年 4 月发布《2022 年粤贸全国活动目录》（粤商务交函〔2022〕42 号），此乃落实《关于推动贸易高质量发展的行动方案》做好贸易高质量发展的十大工程之一。广东省商务厅 2022 年 10 月印发《关于做好 "粤贸全球" 广东线下境外国际性展会有关工作的通知》（粤商务贸函〔2022〕117 号），力促 "粤贸全球品牌工程" 落地，具体包括帮助外贸企业抓订单、拓市场、促发展 "代参展"、评选会展项目 "百强" 等具体举措。

4. 组织建设方面

香港设有香港贸易发展局（HKTDC）。香港旅游发展局下设香港会议及展览拓展部（MEHK）。除此之外，成立于 1990 年，超过 100 名会员的香港展览会议业协会（HKECIA）已是全球展览业协会（UFI）和亚洲展览会议协会联合会（AFECA）成员，正在筹备制定《香港展览会议业协会可持续约章》。

---

① 澳门特区行政区政府：《2023 年财政年度施政报告》，https：//www.gov.mo/zh-hans/news/655259/，2023 年 10 月 16 日。

澳门设有澳门特区贸易投资促进局（IPIM），提供"会展竞投及支援一站式服务"。澳门经济局产业发展厅更名为会展业及产业发展厅，专门主管会展业。联合会展业界 2010 年成立会展业发展委员会，设立澳门会议展览业协会、澳门展贸协会、澳门会展产业联合商会、澳门会展旅游业协会等。

其他 9 市，如表 1 所示，设立政府主管的会展部门 12 个，位居全国第三。广东省设立的会展民间社团 12 个，位居全国之首，占总数的 12.75%。事业单位有广州商务会展促进服务中心。研究机构共 3 个，分别是广州会展经济发展研究中心、广东省会展业标准化技术委员会、华商会展研究院。

表 1　2022 年会展组织设立情况

政府管理部门	
序号	会展部门
1	广东省商务厅服务贸易与商贸服务业处
2	广东省贸促会展览部
3	广州市商务局会展促进处
4	深圳市商务局会展业管理处
5	深圳市经济贸易和信息化委员会(会展办)
	深圳市宝安区企业服务中心(深圳市宝安区会展事务中心、深圳市宝安区产业经济研究所)
6	佛山市商务局服务贸易与商贸服务业科
7	佛山中德工业服务区(三龙湾)管理委员会会展局
8	东莞市商务局对外贸易科
9	中山市商务局会展科
10	惠州市商务局商务交流科
11	肇庆市商务局贸易管理科
12	珠海市商务局会议展览局
民间社团	
1	广东省会展组展企业协会
2	广州市会展业行业协会
3	广州市会展服务促进会
4	广州琶洲会展经济促进会
5	深圳市会议展览业协会
6	珠海市会展旅游业协会
7	珠海市会议展览业协会
8	中山市会议展览行业协会

续表

政府管理部门	
序号	民间社团
9	惠州市会展行业协会
10	佛山市顺德区会议展览业协会
11	佛山市会议展览业协会
12	东莞市会议展览业协会

资料来源：中国国际贸易促进委员会编《中国展览经济发展报告（2022）》。

（二）总量基建托举，会展量质双提升

1. 经济总量向好

2022 年粤港澳大湾区经济总量突破 13 万亿元①，比 2020 年增长 0.4 万亿元。根据各省市统计局数据，大湾区 11 个城市发展水平层次清晰，经济总量、人均 GDP 各项指标、增幅如表 2 所示。

表 2　2022 年粤港澳大湾区经济指数②

城市	GDP 总值（亿元）	GDP 增幅率（%）	人均 GDP（万元）	人均收入（元/年）
香港特区	24279.5	—	33.05	180600
澳门特区	1478.2	—	21.80	190800
深圳	32387.7	3.3	18.34	72718
珠海	4045.5	2.3	16.33	62976
广州	28839.0	1	15.39	71358
佛山	12698.4	2.1	13.29	64150
东莞	11200.3	0.6	10.73	64611
惠州	5401.2	4.2	8.93	44890
中山	3631.3	0.5	8.20	59764
江门	3773.4	3.3	7.83	38756
肇庆	2705.1	1.1	6.55	31470

资料来源：各地区统计局。

---

① 中国国际贸易促进委员会：《新形势下会议业发展趋势及对贸促会借鉴研究》，http：//ccoic.cn/cms/content/381442022-12，2023 年 10 月 16 日。

② 《2022 大湾区 11 城市 GDP 排名出炉》，https：//business.sohu.com/a/659577018_120106186，2023 年 10 月 16 日。

2022 年港澳地区 GDP 略有滞涨，但人均 GDP 香港为 33.05 万元、澳门为 21.8 万元，大大超过全国人均 9 万元的水平。惠州、中山、江门、肇庆人均 GDP 低于全国水平。从人均收入来看，港澳地区民生富裕水平更高，肇庆指数严重偏低。

2023 年 7 月全球展览业协会发布《UFI 全球展览行业晴雨表》（*Global Exhibition Barometer*），显示全球会展复苏步伐加快。截至 2022 年 3 月，多数国家恢复正常水平，到年底 70%的公司恢复展览活动，展览业平均收入水平已恢复至 2019 年的 73%。香港仅恢复至 34%，内地恢复至 57%。[①] 会展业未来将继续保持稳定增长态势。到 2023 年，全球展览行业规模达到 3286 亿欧元，年均增长率保持在 4.0%左右。亚洲市场继续担当全球展览业重要引擎，保持高速增长，欧美市场增速放缓。[②]

2. 会展基建过硬

香港特区方面，位居亚洲心脏，优势鲜明。约 120 家航空公司链接逾全球 220 个目的地，包括亚太、欧洲、中东、北美地区。香港距离亚太地区主要金融市场仅 4 小时航程，距离全球半数人口不到 5 小时航程，距离亚洲国际博览馆仅需 2 分钟车程，离中环商业区仅需 24 分钟车程，由此香港成为会展目的地热门之选。海陆空等多元交通方式通达内地 66 个站点。港珠澳大桥车程 30 分钟，广深港高铁将香港纳入世界最大规模高铁网络。跨境轮渡加强了珠三角与港澳码头往来，涵盖广东、深圳及蛇口等客运港口，享有世界级枢纽港美誉。近 170 个国家及地区的旅客无需签证，可留港 7~180 天。经香港入境广东省，享受 144 个小时免办签证政策。全港设有 320 家酒店，提供逾 89000 个客房。邻近机场的亚洲国际博览馆以及位于市中心的香港会议展览中心，耗资逾 10 亿元升级扩建，满足不同类型不同规模会议展览活动需要。亚洲国际博览馆有全港最大的室内文娱活动场地（AsiaWorld-

① UFI：《2023 年全球展览业晴雨表》，https：//www.ufi.org/archive－research/the－global－exhibition－barometer－july－2023/，2023 年 10 月 16 日。
② UFI：《2023 年全球展览业晴雨表》，https：//www.ufi.org/archive－research/the－global－exhibition－barometer－july－2023/，2023 年 10 月 16 日。

Arena）可容纳 14000 位参会人员，室内会议及宴会场地（AsiaWorld-Summit）可容纳 500~5000 名宾客，时尚场地（Runway11）可举行 3800 人的活动。亚洲国际博览馆设有全新的"流动直播室"，引入会展首个"Wifi6"项目。沉浸式体验展现香港前瞻视野和先进技术，获亚洲展览会议协会联盟颁发的"AFECA 亚洲会展奖-最佳场地大奖"，被会展旅游业权威杂志《M&C Asia》评选为"北亚最佳会议中心"。

澳门被联合国教科文组织评为"创意城市美食之都"。澳门面积 32.9 平方公里，20 分钟可去往全域任何地点。拥有 24 万平方米会展场地，46000 间酒店客房，25 个联合国教科文组织世界遗产名录，20 家米其林星级餐厅，81 个国家享受免签证入境待遇，50 多个目的地直飞。每年入境 3500 万名游客，香港国际机场到达澳门仅需 1 小时。24 万平方米会展场地，支持各种类型会议展览需要。澳门银河国际会议中心（GICC）设施先进、服务一流，是少数可容纳上万人的会展目的地之一。顺应珠海-澳门跨境金融合作示范区建设，珠海、澳门两地依托横琴粤澳深度合作区会展业深度融合发展。澳门拥有"世界文化遗产名录-澳门历史城区""联合国教科文组织-创意城市美食之都"两张城市名片。依托 2017 年成立的粤港澳大湾区城市旅游联合会，促进"旅游+会展"跨界合作，打造"一中心"（世界旅游休闲中心）"一平台"（中国与葡语国家商贸合作服务平台），提升会展对旅游业的拉动效应，开拓"一程多站"会展旅游线路，推广粤港澳大湾区特色旅游元素，提升品牌会展活动的国际影响力。

2022 年广东省共有展馆数量 41 个，展览面积达 255.7 万平方米，实际投入运营展馆 14 个，与浙江省并列全国第二，仅次于江苏省（16 个）。实际投入运营展馆室内可租用总面积达到约 163 万平方米，占全国展馆室内可租用总面积的 17%，居全国首位。[①] 广州实际投入运营展馆室内可租用总面积约为 63.4 万平方米，约占全国总量的 6.7%，居于全国首位，位列全国会

---

① 中国国际贸易促进委员会：《中国展览经济发展报告（2022）》，https：//www. ccpit. org/a/20230425/20230425wu9q. html，2023 年 10 月 16 日。

展第一梯队。深圳国际会展中心建成，深圳实际投入运营展馆资源约为51万平方米，位居全国第三。东莞实际投入运营展馆2个，室内可租用面积合计22.2万平方米，位居全国第12位。

据表3显示，2022年有20万平方米以上投入运营的展馆分别有深圳国际会展中心、中国进出口商品交易会展馆、佛山禅城区东方广场、广东现代国际展览中心、广州国际采购中心。

表3　2022年粤港澳大湾区内地城市5万平方米以上的展馆

展馆	城市	可租用面积（平方米）	举办展览数量（个）
深圳国际会展中心	深圳	400000	77
中国进出口商品交易会展馆	广州	338000	71
佛山禅城区东方广场	佛山	250000	
广东现代国际展览中心	东莞	210000	
广州国际采购中心	广州	200000	
深圳中亚会展中心	深圳	148000	
深圳会展中心	深圳	105000	52
潭州国际会展中心	佛山	100000	
常平会展中心	东莞	93600	
华南城国际会展中心	深圳	72000	
广州保利世贸博览馆	广州	71400	36
佛山中国陶瓷城	佛山	60000	
广州国际采购中心	广州	52000	

资料来源：中国国际贸易促进委员会编《中国展览经济发展报告（2022）》。

3. 会展规模扩大

根据《香港贸易发展局2021-2022年度年报》，2022年香港聚焦可持续发展、创新科技、全人健康三大范畴，基于疫情专设中小企业支援计划"T-box升级转型计划"、"创业快线"（Startup Express）初创培育计划、"香港·设计廊"、"商贸大使计划"（Trade Ambassador Programme），优化会展模式，创新运作机制。具体体现在联合 50 个海外办事处，携手 47 个香港商会，协同 36 个社交媒体国际账号，持续向全球各地商家传播香港优势；举办 37 项实体、线上及"实体 EXHIBITION+网上商对易"（Click2Match）混合模式展览及会议，包括 26 项贸易展览和会议（5 项开放给公众）及 11 项公众展，集聚超过 488000 名贸易买家、8800 名本地及海外参展商、30000 名与会者、176000 名观众，组织超过 29000 场商贸配对会议。

根据澳门统计暨普查局资料显示，澳门共举办会展活动 1536 项，与会人次 200.3 万人次，增加值总额升至 29.4 亿澳门元。[①] 2023 年第一季度澳门举办会展活动 208 项，同比增长 1.1 倍。与会者（入场观众）19.9 万人次，同比上升 20.5%。[②]

《中国展览经济发展报告（2022）》统计数据显示，2022 年中国境内举办经贸类展览 1807 个，展览总面积 5576 万平方米，珠三角办展数量为 373 个，全国占比 20.6%；办展面积 1371 万平方米，全国占比 24.1%。2022 年广州举办 127 个展览，办展数量全国第二，占比 7.0%，同比下降 31.7%；深圳办展 121 个，占比 6.7%，同比下降 5.5%，居全国第三。2022 年深圳展览面积 602 万平方米，全国占比 10.8%，同比上涨 10.7%，居全国第一；广州市展览面积 447 万平方米，占比 8.0%，同比下降 52.0%，居全国第二。[③] 广州有四个展馆投入运营，是中国实际投入运营展馆数量最多的城市。同 2021 年相比，珠三角地区办展数量减少 163 个，同比下降 30.4%；办展面积减少 593 万平方米，同比下降 30.7%。2022 年广东省办展 314 个，全国占比 17.4%，较 2021 年下降 25.1%。办展面积 1180.64 万平方米，全国占比 21.2%，是全国唯一办展面积超过 1000 万平方米的省份。无论是办

---

① 中国服务贸易协会：《粤澳文旅会展融合发展报告》，https：//www.sohu.com/a/504559664_121094725，2023 年 10 月 16 日。

② 中国服务贸易协会：《粤澳文旅会展融合发展报告》，https：//www.sohu.com/a/504559664_121094725，2023 年 10 月 16 日。

③ 中国国际贸易促进委员会：《中国展览经济发展报告（2022）》，https：//www.ccpit.org/a/20230425/20230425wu9q.html，2023 年 10 月 16 日。

展数量还是办展面积，广东省均处于全国首位。①

地级市层面，佛山市办展62场，占地级市办展总数的2.49%，居全国第一；展览面积92.75万平方米，占总规模的2.01%，居全国第二。中山市办展14场，占地级市办展总数的0.56%，展览面积18.30万平方米，占总规模的0.40%，居全国第22位。珠海紧随其后，办展8场，占地级市办展总数的0.32%，展览面积17.40万平方米，占总规模的0.38%，居全国第23位。②

2022年，清单项目办展机构按展览规模排序前十的机构有中国对外贸易广州展览有限公司，共举办9场，展览面积113.61万平方米；振威展览举办9场，面积27.55万平方米；广东鸿威国际会展集团有限公司举办13场，面积23.3万平方米；等等。③

2022年中国境外办展主展机构共7家，粤港澳大湾区共有两家。广东新之联展览服务有限公司（广州）在印度甘地纳格尔举办2022年印度国际陶瓷工业展览会（India Ceramics Asia），办展面积0.72万平方米，办展总面积占比为3.44%。博闻创意会展有限公司（深圳）在印尼雅加达举办2022 IECIE国际电子雾化产业博览会，办展面积2.2万平方米，办展总面积占比为10.52%。④境外线上展发展得如火如荼，广东鸿威国际会展集团有限公司举办12场，方欣科技有限公司举办5场，广州阿拉丁物联网络科技有限公司、广州慧聪网络科技有限公司、广东琦亚展览有限公司各举办4场，澳门贸易投资促进局举办3场。

截至2022年，上市的展览公司共计21家，粤港澳大湾区拥有三家，分

① 中国国际贸易促进委员会：《中国展览经济发展报告（2022）》，https://www.ccpit.org/a/20230425/20230425wu9q.html，2023年10月16日。
② 中国会展经济研究会：《2022年中国展览数据统计报告》，http://www.cces2006.org/index.php/home/index/detail/id/15721，2023年10月16日。
③ 中国会展经济研究会：《2022年中国展览数据统计报告》，http://www.cces2006.org/index.php/home/index/detail/id/15721，2023年10月16日。
④ 中国会展经济研究会：《2022年中国展览数据统计报告》，http://www.cces2006.org/index.php/home/index/detail/id/15721，2023年10月16日。

别是深圳市易尚展示股份有限公司，属民营控股 A 股中小板，主营展示工程，资产规模达 31.66 亿元；深圳市卡司通展览股份有限公司，属民营控股新三板，主营展示工程，资产规模达 47104.85 万元；广州市广百展览股份有限公司，属国有控股新三板，主营展览主办，资产规模达 86196.82 万元。易尚展示 2022 年收入 2.01 亿元，较 2021 年的 8.04 亿元，降幅达到 75%，净利润比 2021 年有较大幅度提高，但仍为负，毛利率为 33.55%。卡司通2022 年收入 37462.18 万元，净利润 715.29 万元，毛利率为 24.24%。广百展览 2022 年收入为 14885.11 万元，净利润为负，毛利率为 9.7%。

4. 会展质量领先

2022 年 12 月，国务院发布应对新冠疫情联防联控机制 10 条措施后，全国会展业迅速转入复苏阶段，12 月成为线下展最为密集的月份。粤港澳大湾区会展业复苏进程领先全国。

根据《进出口经理人》公布的《世界商展 100 大排行榜》、中国会展经济研究会公布的全国展览 100 大名单，各地上榜展览如表 4 所示。

表 4   2022 世界商展 100 大排行榜暨全国展览 100 大排行榜

城市	名称
深圳	➤第二十四届中国国际高新技术成果交易会(全国第 1)
	➤第 36 届深圳时尚家具设计周暨深圳国际家具展览会(全国第 4)
	➤第 30 届中国(深圳)国际礼品及家居用品展览会(全国第 7)
	➤第 39 届深圳医疗器械展(全国第 10)
	➤2022 第 24 届亚洲宠物展览会(全国第 11)
	➤2022 年深圳秋季礼品及家居用品展览会(全国第 12)
	➤2022 深圳工业展(全国第 31)
	➤2022 第三届粤港澳大湾区国际汽车博览会暨新能源及智能汽车博览会(全国第 36)
	➤2022 深圳家纺展(全国第 37)
	➤中国(深圳)国际文化产业博览交易会(全国第 42)
	➤第 34 届国际玩具及教育产品(深圳)展览会(全国第 46)
	➤电博会(全国第 54)
	➤2022 大湾区(深圳)国际时尚内衣博览会暨时尚生活内衣主题秀(全国第 79)
	➤2022 中国海洋经济博览会暨深圳国际海洋周(全国第 100)
珠海	➤第十四届中国国际航空航天博览会(全国第 53)

续表

城市	名称
广州	➤第四十九届中国(广州)国际家具博览会(全国第2)
	➤第二十届广州国际汽车展览会(全国第17)
	➤第59届中国(广州)国际美博会、2022广州国际健康养生产业博览会(春季)(全国第19)
	➤2022广州国际专业灯光、音响展览会(全国第30)
	➤2022中国广州国际家具生产设备及配料展览会(全国第38)
	➤第11届中国广州定制家居展览会(全国第44)
	➤第二十五届中国国际食品添加剂和配料展览会(全国第47)
	➤广州国际照明展览会＆广州国际建筑电气技术展览会(全国第63)
	➤2022第28届铝门窗幕墙新产品博览会(全国第77)
	➤第30届广州博览会(全国第90)
	➤中国(广州)国际建筑装饰博览会(世界排名第2)
	➤中国国际塑料橡胶工业展览会(世界排名第8)
	➤广州国际汽车展览会(世界排名第35)
	➤广州国际木工机械家具配料展览会(世界排名第83)

资料来源:《进出口经理人》《中国展览经济发展报告（2022）》。

上述上榜项目，有如下特征：民营举办展览数量最多；政府举办展览面积最大；外资企业举办展览数量、面积降幅明显；[①] 展览题材广泛，涉及装备制造、造纸包装、医药、休闲娱乐、电子信息、文教、食品饮料、汽车、能源、矿物采掘、建筑建材、家居、航空、高新科技、纺织服装与穿戴用品等。

综上所述，粤港澳大湾区会展产业开放程度高、经济活力强，会展市场类型全面、应用场景丰富，会展实体经济水平和效能提升。

（三）人才储备充足，支撑高质量发展

人才储备方面，2022年全国累计有132所本科院校开设会展经济与管理专业，其中广东省12所位列榜首，55个城市中广州有8所，与上海、成

---

① 中国服务贸易协会：《粤澳文旅会展融合发展报告》，https：//www.sohu.com/a/504559664_121094725，2023年10月16日。

都并列第一；深圳有 2 所，中山、珠海各 1 所。

2022 年全国累计有 130 所高职高专开设会展策划与管理专业，广东省开设了 67 个专业点，位列全国第一。广东轻工职业技术学院、广州科技贸易职业学院会展策划与管理专业获批广东省二类品牌专业。除此之外，广东省还有广东轻工职业技术学院、顺德职业技术学院等 7 所院校开设"展示艺术设计"（专业代码：550110）9 个专业点，广东女子职业技术学院开设"服装陈列与展示设计"（专业代码：550127）1 个专业点，广东省外语艺术职业学院开设"婚庆服务与管理"（专业代码：590304）2 个专业点，广东科学技术职业学院、广东信息工程职业学院等 16 所院校开设"体育运营与管理"（专业代码：570311）20 个专业点。

香港理工大学酒店及旅游业管理学院设有国际旅游和会展管理专业，香港科技大学、香港大学、香港城市大学、香港浸会大学等均设有会展相关专业。截至 2021 年 11 月，澳门已培育 252 个注册会展经理（CEM-注册会展经理培训课程）、97 个高级会展经理（EMD-高级会展管理国际认证课程），130 多人获澳门劳工事务局"提升技能导向带津培训计划"会展相关课程证书。①

（四）数字会展赋能，全方位降本增效

以表 5 广交会数字化成果表为例，会展业紧贴客户需求，通过优化人工智能在线、人工语音应答、社交媒体等渠道算法，搜索更为精准，内容更为多样。搭建"云展厅"，增设专精特新、高新技术、绿色低碳等特色标识，方便参展商展示展品，采购商快速定位展商展品。

第 131 届广交会主办方面向全球 57 个国家和地区，组织 50 场"贸易之桥"全球供采云推介、8 场贸促活动，4000 名境外采购商参与，累计观看量 148.40 万人次。组织 24 个交易团 147 家企业举办 150 场新品首发首展首

---

① 中国服务贸易协会：《粤澳文旅会展融合发展报告》，https：//www.sohu.com/a/504559664_121094725，2023 年 10 月 16 日。

秀活动。

第132届广交会线上举办200场新品首发首展首秀活动、80余场"贸易之桥"全球供采对接和"好宝、好妮探广交"连线展示活动，覆盖全球46个重点市场，包括美国、德国等欧美国家。

表5　2022年广交会数字化成果

要目	第131届广交会	第132届广交会
线上平台	访客数1009万人，访问量3390万次	访客数1042万人，访问量3856万次（比上届增长3.27%、13.75%）
展商展品	2.55万家企业线上参展累计上传展品305.21万件，其中新品95.15万件（比上届增加17.65万件、5.28万件）累计访客数1009万人，访问量3390万次累计连线展示8.53万场次	3.5万家企业参展，比上届增长40%，累计上传展品330万件（比上届增长10%，其中智能产品超13万件，绿色低碳展品超50万件，拥有自主知识产权的产品超26万件，分别比上届增长21%、11%和14%）。累计访客数1042万人，访问量3856万次（分别比上届增长3.27%、13.75%）累计连线展示（直播）7.9万场
参展	228个国家、53.6万境外采购商注册观展（比上届增加41.8%）	229个国家、51万境外采购商注册观展，出口展参展企业共计34744家（增长约40%）进口展参展企业416家，来自34个国家和地区，其中品牌企业2094家，有称号企业3700多家
供采对接	展客商共发出21.05万张电子名片，10万次即时沟通	展客商共发出78152次电子名片，11.52万次即时沟通
贸易服务	累计访问量9.9万人次，发放贷款5596笔，办理结算业务117578笔	累计访问量11.17万人次，发放贷款4987笔，办理结算业务59463笔

资料来源：广交会官网。

二　粤港澳大湾区会展业发展特点

粤港澳大湾区会展业发展坚持和加强党的全面领导，增强"四个意识"，坚定"四个自信"，做到"两个维护"，与国家经贸业发展同向同行，主动承担推动国家经济建设、促进制造业高质量发展、为世界共享中国市场机遇、加快世界经济复苏的历史重任。2022年大湾区会展业取得全方位突破性进展，国家经贸类展览彰显国家对外开放格局，境内展受制于疫情长尾效应逐步复苏，境外参展办展有效助推外贸企业"出海"抢订单，会展业韧劲大、空间广，但面临国内外竞争压力，全球金融环境和产业链布局出现重大变革，国际国内会展业发展不确定性因素以及不稳定性增加，粤港澳大湾区会展业整体仍处于提质增效关键期。在时代机遇面前，攻坚克难、务实笃行成为大湾区会展业主要基调。

粤港澳大湾区会展业呈现以下特点。

（一）会展结对合作更紧密

在粤港澳大湾区建设领导小组领导下坚持规划引领、政策引导，结合粤港澳大湾区会展业现状，科学编制并实施会展业发展规划，深入推进落实粤港澳三地政府沟通协调机制，推动规则衔接、机制对接、信息互通、工作互动，使之更好地利用国内国际两个市场两种资源，发挥粤港澳大湾区链接国内国际双循环优势。

1. 依托平台，大湾区内部合作互联互通

粤港澳大湾区11市会展业是制度创新的试验田，更是产业融合的大平台。在建设粤港澳大湾区国家战略背景下，11市错位发展、功能互补、多元合作、业务联动。基于各类合作平台，粤港澳三地会展业联动发展，广东与港澳会展双向开放进一步扩大，区域交流合作进一步深化。以深圳前海、广州南沙、珠海横琴为载体，依托南沙粤港深度合作园、深圳前海深港现代服务业合作区、河套深港科技创新合作区、横琴粤澳深度合作区、珠西高端产业集聚发展区、广州穗港智造合作区、佛山三龙湾高端创新集聚区、顺德粤港澳协同发展合作区、江门华侨华人文化交流合作区等平台，强化协同共建，推进跨境要素高效流动，加大交通对接、产业共建、环境共塑、生态共享，破除粤港澳大湾区资本有序跨境流动的约束和障碍，吸引全球资本投资粤港澳大湾区会展业建设，引导和撬动社会资源投入会展业发展的关键与薄

弱环节，形成政府护航、市场主导的合力，推进粤港澳会展市场互联互通，打造精品聚集、接轨国际的会展项目，提供精细化、人性化、有温度的会展服务，提升大湾区会展国际引领度。

2. 以点带面，大湾区外部合作共享共赢

强化与成渝地区、京津冀、长江经济带、长三角、海南自由贸易港等国家重大区域的发展战略对接。如 2022 年广州举办中国西部国际博览城合作伙伴大会，300 多名来自四川省及粤港澳大湾区城市的政府部门、会展主办方、会展场馆、会展行业协会、媒体等，达成多项会展业合作成果，包括 8 个重大展会项目、4 个场馆战略合作协议、2 个会展场馆战略合作协议。① 成都会展联盟分别与广东会展组展企业协会、深圳市会议展览业协会达成战略合作。中国西部国际博览城分别与潭洲国际会展中心、广东现代国际展览中心、珠海国际会展中心、中山博览中心等 4 个场馆签署合作协议。① 重庆市人民政府港澳办邀请粤港澳大湾区商业联合会走访成渝经济圈。南京赴深圳召开城市推介会主动融入粤港澳大湾区发展战略，成立粤港澳大湾区企业家联盟南京投资服务中心，共签约项目 32 个，投资总额近 500 亿元。

（二）会展产业体系更完善

1. 产业强链，会展兴业

落实商务部"产业相融、市场相通、创新相促、规则相联"精神，落实粤港澳大湾区发展大协同、资源大集聚、交通大枢纽、贸易大通道、需求大释放要求，高水平建设穗港、穗澳合作产业园，系统重塑优质资源扩容和跨界协同平台，共建"广深港澳"科技创新走廊、"广佛惠"超高清视频和智能家居国家级先进制造业集群、"广深佛莞"智能装备产业集群、"广深惠"智能网联汽车产业集群等。基于产业集群、专业展会，协同政、校、

---

① 新华网：《中国西部国际博览城合作伙伴大会》，http：//www. gd. xinhuanet. com/newscenter/2023-02/21/c_ 1129383825. htm，2023 年 10 月 16 日。

行、企，用好外贸发展政策，瞄准产业共性领域，抓好会展知识产权、科技成果产权交易中心、信息系统一体化建设，畅通科技创新转化及产业化渠道，提升对产业链的影响力和话语权，带动综合服务、供应链、交易展示，集聚资源，联动香港、澳门开展跨境人民币业务、搭建要素交易平台等金融创新合作，提升大湾区国际知名度、通达便利度、政策引领度，实现会展业和相关产业经济增长，消费繁荣度、商业活跃度提升。

2. 产业强基，会展旺业

以中国南大门广州为例，作为华南唯一的国家中心城市，发挥"千年商都"底蕴优势，实现与东南亚、北非、欧洲、西亚贸易，联通海内外建成覆盖全球近 200 个国家的商业网络。拥有全国 41 个工业门类中的 35 个，是华南生产制造业最主要的产业链总部基地和供应链中心，纺织服装产业规模大、品类全、产业链条完整，服装企业及关联企业达 3 万家以上，拥有 3000 个以上品牌。[①] 产业基础雄厚，推动广州会展业专业化、特色化发展。以产业资源为依托的建博会、家博会、美博会、照明展、国际车展等专业展会体现"人有我优"的专业性；以动漫、手游、潮玩、智能产品、定制服务等新领域的消费类特色展会展示"人无我有"的特色性。再如，深圳作为全国规模最大、集聚性最强的战略性新兴产业高地，工业总产值位居全国首位，会展业紧密围绕"20+8"产业群布局，推动"产业+会展"模式。珠江东岸围绕东莞松山湖、惠州仲恺等国家级高新区，促进会展业与产业加快融合发展。东莞产业集聚性强，机械、家具、电子、化工等产业体系和产业链完整，专业展会数量较多，呈现互惠互利互动互补良好态势。珠江西岸依托先进装备制造产业带，佛山、中山、江门、肇庆围绕制造业推动会展精准发力，以会展整合之力促进先进装备制造业加快发展。

---

① 广州市人民政府：《广州市人民政府关于印发〈广州市建设国际消费中心城市发展规划（2022—2025 年）〉的通知》，https://www.gz.gov.cn/ysgz/tzzc/kjmy/yszc/conte nt/post_8845659.html，2023 年 10 月 16 日。

（三）会展营商环境更优化

粤港澳大湾区实施新一轮会展软硬件升级改造，建立规模化发展、标准化建设、市场化运作、一体化管理、智慧化服务粤港澳大湾区会展营商环境，吸引国际会展品牌运营商共赴粤港澳大湾区投资运管，成为国际会展组织机构进驻、国际性展览会议活动举办、国际性赛事组织首选地及全球新品策源地。

1. 夯实硬件

以广州为例。广州在 2021 年中国社会科学院发布的全球城市竞争力排名中居第 23 位，中国消费者协会测评消费者满意度排全国第 28 位。目前国际国内航班通达城市通航点 208 个，高铁动车直达城市 163 个，高铁动车直达车次 982 次，地铁运营总里程 590 公里，高速公路途径条数 40 条，网约车 12.05 万辆，提供三星级及以上旅游饭店床位 4.27 万个。[①] 会展场馆按《广州会展场馆布点规划》，以"一主两副为核心、五小片、多点支撑"为建设思路，连片统筹、精细分类空间布局初具规模，"一主"核心琶洲会展场馆集群头部效应进一步增强，以 2022 年 12 月投入使用的广交会展馆四期为抓手，包括 D 区展馆、指挥中心、会议中心等，总扩建面积达 56 万平方米，是广交会历史上最大扩建工程，扩建后广交会展馆建筑面积增加了40%，展位新增 5000 个，总面积达 162 万平方米、展览总面积达 62 万平方米、配套会议面积 5 万平方米，成为全球规模最大、功能和配套设施最为完善的会展综合体之一，进一步提升粤港澳大湾区会展示范功能，树立标杆样板，形成全球领先优势。"两副"空港会展区和南沙自贸试验区会展综合体以及相关配套设施一应俱全，空港国际会展中心建筑面积近 33.2 万平方米、展厅建筑面积近 25 万平方米。"五小片"番禺广州南站会展区、白云国际会议区、越秀流花会展区、白云国际会议区、增城新塘会展区、黄埔知识城

---

① 广州市人民政府：《广州市人民政府关于印发〈广州市建设国际消费中心城市发展规划（2022—2025 年）〉的通知》，https：//www.gz.gov.cn/ysgz/tzzc/kjmy/yszc/conte nt/post_8845659.html，2023 年 10 月 16 日。

会展区与琶洲会展形成题材互补、产业互补、共促增量良性竞争格局。"多点"包括荔湾区、越秀区、海珠区、天河区、白云区、黄埔区、番禺区、花都区、南沙区、从化区、增城区11个市辖区建设不同功能、各种性质用途、各具规模的演艺中心、体育场、文化馆、广场等,越秀流花展馆、中新知识城、广州东部交通枢纽等区域场馆,项目进展顺利,众多商业城、体育馆、旧厂房等均可按需适时改造为展览、演艺、节事活动场地。

2.升级软件

以深圳为例。深圳营造一流的创新生态环境,完善会展产业孵化机制,巩固展示发布主功能,推进供给侧结构性创新发展,增强研发设计、仓储物流等一体化全供应链专业展会服务,提升中国特色社会主义先行示范区会展发展能级,促成营销、仓储、支付、物流、通关、结算等全链条,形成贸易增长极,成为需求牵引供给、供给创造需求,引领全国、影响全球的绿色会展创新发展高地。

(四)会展数字服务更高效

1.会展基建领域,数字化生产力迅猛提升

持续推进5G通信、物联网、云计算、区块链等新型商务基础设施网络体系,智能化升级场馆基础设施,增加智慧服务设施,丰富智慧化应用,开展运行安全监测、客源监测、消费行为分析,开放面向参展商、观众的智慧小程序,精准捕捉消费者细分需求,提升场馆运营服务水平,发挥数据作为关键要素的重要价值。会展展馆周边地区市政路网、地下轨道交通、会展物流轮候区均列入数字化建设重点。以智能供应链、智能物流为核心的新一代基础设施建设成效显著,应用场景一应俱全,实现5G网络、人工智能、4K/8K/物联网全覆盖。云计算、大数据、人脸识别等引领会展核心区域数字效能快速提升。

2.会展服务领域,渗透深度应用广度增强

会展运用移动互联网、人工智能、知识图谱、大数据、影像识别、AI等数字技术提升会展行业营商环境智能化水平。具体体现在三个方面:一是增

强展览沉浸式体验，整合算力、算法、数据等，提高会展智能应用，对展示展览、主题研发、营销策划等重点领域进行数字化链条诊断、体系梳理，加快新技术、新材料、新创意、新时尚融合，引领会展业沉浸感强、吸引力大的体验展示场景升级换代，探索个性化定制、柔性制造等服务新模式，提升会展整体品质和能级。二是持续完善供采对接服务，充分调研展客双方需求，推动线下实体运营转变为交叉营销、跨渠道服务，促进数字链与产业链、供应链、消费链补强重整，线下流量与线上流量相互引流，推动客商有效对接。线上线下、全渠道一体化会展运营模式，已成为当下粤港澳大湾区会展业发展主流。三是具体环节数字化，如交易环节，为会展交易提供多样化算力服务，缩减业务办理时间，适应多频次、大流量会展交易，提升运营效率。

三　粤港澳大湾区会展业发展展望

新冠疫情影响深远，新一轮科技革命与产业革命深入进行，世界百年未有之大变局深度联动中华民族伟大复兴战略，会展业面临新的发展形势与发展机遇。

1. 国际层面，风险与机遇并存

粤港澳大湾区发展面临中美经贸摩擦、香港"修例风波"等重大风险挑战，加之新冠疫情全球流行加速了全球价值链、创新链、供应链重构，发达国家试图重建会展版图，为粤港澳大湾区会展业强湾区、固基础、保稳定带来不确定性。同时，中国主张维护经济全球化。通过上合组织、"一带一路"、中日韩自贸区谈判等举措，深化放管服改革，提高投资环境开放度、透明度、可预期性，为打造国际会展湾区、推进会展在效率与安全之间寻求平衡、高质量发展提供战略机遇。

2. 国内层面，机会与挑战共存

我国进入高速增长转向高质量发展期，迈入以国内大循环为主体、国内国际双循环促进的新发展时期。国内市场空间广阔，投资需求巨大，发展韧性强，经济长期向好，为会展深耕市场、拓展合作提供契机。特别是习近平总书记在 2023 年 4 月考察广东时再次强调广东要把粤港澳大湾区建设作为广东深化改革开放的大机遇、大文章，使粤港澳大湾区成为新发展格局的战略支点、高质量发展的示范地、中国式现代化的引领地。广东省委、省政府举全省之力支持粤港澳大湾区建设，既为会展业站在新的历史起点、拓展新的开放合作空间、汇聚高端资源要素注入源源不断的新动能，又为粤港澳大湾区会展业发挥境内境外两个金融市场优势，利用国际国内两种金融资源，实现数字化、智能化、绿色化提出更高要求。

粤港澳大湾区会展业贯彻新发展理念，明晰会展业是国内大循环、国内国际双循环的重要枢纽，是构建新发展格局中坚力量的定位要求，综合衡量粤港澳大湾区发展趋势，全面对接国际规则，以整体优化、协同高效为原则，适度超前部署会展布局，将粤港澳大湾区打造为国际会展举办地、国际赛事承接地、国际奖励旅游目的地，在促进双循环中实现新飞跃，在推动高水平对外开放中谋求新发展。

（一）释放会展制度政策红利

综观全国，四川省设置的政府主管会展业部门数量高达 57 个，接近粤港澳大湾区的 5 倍。粤港澳大湾区更应加大顶层设计，以制度创新为引擎，加强政策引导和支持，发挥粤港澳大湾区建设领导小组、广东省会展业改革发展工作联席会议作用，发扬"两种制度、三个关税区、四个核心城市"优势，加大对会展业指导力度，将粤港澳大湾区全面深化改革中"制度之异"转化为"制度之利"，以更高质量、更具效能、更加安全的发展，引导产业发展，促进要素流动，优化资源配置，激活服务贸易。

1. 提前布局，保障制度供给

加大放管服改革力度，将政治职能转化、贸易便利、金融开放、综合监管等制度优势落实落细落小，拓展粤港澳大湾区会展业改革创新空间。积极向中央管理部门请示，建立专家顾问咨询机制，成立涵盖专业机构、行业代表、高校、研究院的专家咨询委员会，为会展业发展工作提供针对性指导。积极组织开展国家外贸展会项目，编制国家级展会攻略，争取更多会展改革创新先行先试事项方案在粤港澳大湾区落地，争取创建国家级会展改革创新试验区，拿下国家、省清单式批量授权一揽子工程，做好与国家、省发展规划衔接，确保与上位规划、上级规划协调一致，推动粤港澳大湾区会展业高质量发展走在全国前列。

2. 优化管理，确保制度功效

运用敏捷开发、灰度发布、开发运维一体化等方法提升会展项目创新研发质量和效率。突出功能性，科学选择成熟可控、稳定高效的项目方案，合理赋能会展项目和服务创新，完善"任务项目化、项目清单化、清单责任化"管理政策，加强会展项目约束性指标、总体布局、重大政策、发展方向、重大工程、风险防范统筹协调。量化具体目标，分解目标任务，细化任务举措，列出任务清单，明确职责分工，探索新兴技术在会展项目配置资源、资本投向领域的应用，减少重复建设，杜绝无序竞争。合理设置年度目标，综合形势发展确定工作重点，明确重大项目、重大举措的实施要求，实施监测分析、中期评估和总结评价，鼓励第三方评估，对规划目标进行必要的动态调整，强化评估结果应用转化，加大结果运用，保障规划实施科学高效，有序推动会展业集聚发展。

（二）会展优势互补共促发展

1. 以规划引导、优势互补为宗旨

强化粤港澳大湾区各地融合发展、功能互补。完善落实粤港澳大湾区联动工作机制，深化粤港澳大湾区各地常态化沟通协调机制，加强与港澳会展促进机构合作，推动粤港澳大湾区内各城市、各区域之间分工协调、融合发展，充分发挥政策叠加优势以及大湾区区位优势。高标准建设横琴粤澳深度合作区、广州创新合作区、深港科技创新合作区深圳园区等。统筹重大战略和重大举措时空安排，建立健全精简、高效的工作推进机制，及时召开会议推进会展发展工作，研究解决工作中遇到的重难点问题，优化制度供给，统筹适应新发展格局，突破地域壁垒，壮大总部经济，推动多层次、广覆盖、差异化的粤港澳大湾区会展业向专业化、价值链高端延伸发展，扶持会展企

业做大做强，塑造全球领先的粤港澳大湾区会展业品牌。

2. 以规则衔接、机制对接为契机

推动粤港澳会展业深度合作。强化粤港澳大湾区会展行业发展统筹，发挥议事协调机构横向协调、纵向落实作用，实现广深"双城"联动、广佛"极点"带动，横琴与前海战略互动。构建面向国际辐射型、创新型、服务型共享共建体系，开展跨境共同组织展会。统筹协调实施澳门·广州缤纷产品展高品质消费展会等"一会两地"新模式。共同举办粤港澳大湾区服务贸易大会、经济技术贸易合作交流会、知识产权博览会等，形成粤港澳大湾区联动发展、辐射全球的优质生态圈。强化交流合作集成创新，推动展会服务区域实体经济和流通创新。加快重大产业项目落户落地，整体提升会展业资源配置能力，成为国际品牌展会、新型活动登陆华南、登陆中国的首选地。

3. 以依法合规、风险可控为前提

调整优化会展发展布局。立足 11 市各地功能定位和比较优势，增强会展业发展整体性和协调性。各地之间优势互补，良性互动，加快培育扶持各地发展，推动会展场馆互动，争取形成头雁领航、群雁齐飞、资源共享、信息互动、监测联动的合力发展态势。同时按具体需要激活各地特色，推动会展业与城市功能定位匹配。鼓励各地发挥主力军、主阵地作用，根据自身特色，制定发展目标，营造你追我赶、比学赶超的浓厚氛围。广州激发老城市新活力，在综合城市功能、城市文化综合实力、现代服务业、现代化国际化营商环境四个方面出新出彩。深圳继续建设中国特色社会主义先行示范区。佛山继续保持经济总量万亿元、东莞迈入万亿元、珠海强化珠江口西岸核心城市定位、强化汕头省域副中心城市定位、深汕特别合作区发展"飞地经济"等。

4. 以综合平台、一体化服务为抓手

整合会展优质资源要素。完善立足香港及全球企业、国际绿色创业者的"湾区经贸通"GoGBA 一站式综合平台，包括微信小程序、双语网站、两周一版电子通信，辐射香港服务中心、深圳大湾区服务中心及东莞、南沙、前海、中山、珠海"GoGBA 港商服务站"，持续为会展企业联系伙伴，做好商

贸配对服务，协助推广产品及服务，寻找商机。同时提供商贸情报、前瞻性分析，提供培训，发展会展新技能，应对挑战。不断优化迭代"贸发网采购"平台，功能包括为买家推荐产品、指定社交媒体栏目及付费加大宣传力度等，在当前1200万次浏览量、28万社交媒体追踪人数基础上继续扩展。

（三）会展标准助力内引外拓

坚持面向国际全面发展，根据固链、强链、补链、延链原则，对标最好、最优、最先进国际一流标准，对接UFI、IAEE、ICCA、UIA、SISO等国际会展组织，运用国际会展新秩序、新机遇，增强会展业内生动力，高站位、高质量、高效率、高标准地建立粤港澳三地跨境体系，拓展与国际会展市场紧密对接通道，引进国际知名会展企业总部、境内外组展机构，提升会展服务技能和水平，获得更多国际权威机构认证。

1. "引进来"更有力

运用会展向全球推介粤港澳大湾区营商环境和投资商机。做大做强世界跨境电子商务大会、中国广州国际投资年会、从都国际论坛、官洲国际生物论坛、《财富》全球科技论坛、小蛮腰科技大会等高端论坛，吸引全球资源要素。引入一批可持续的会展项目、机构和平台，举办综合类专业性展览会议，持续提升会展创新资本能力与效率。联动粤港澳大湾区全面经济合作伙伴，成立招商招展联盟，编制招商招展地图，建立利益相关者数据库、目标展商观众清单，完善跨国公司直通车制度，利用展会招商链接产业链招商、定点招商、以商招商，带动更多国际品牌、产品和服务进入中国市场，将会展流量落地转化为招商引资举措，把"走进来"的参展商转变为"留下来"的投资商。

2. "走出去"更大步

强化境外会展开拓国际市场能力。推动在发展中国家、新兴市场国家、战略性新兴领域参展办展。构建全球营销服务网络，与各行业商会驻外办事处合作，依托国际商协会、专业中介机构，将中国展览公司、展览品牌植入国际市场，同时企业搭船出海主动出击招商招展。在会展公共服务平台、公众号等渠道投放粤港澳大湾区会展专业服务形象宣传片、全球宣传片等，加强新闻热点挖掘和推送，深入布局国际市场。结合各市会展布局，开展精准对接专场活动，培育一批具有全球采购、配送能力的供应链服务商，聚集一批投资额大、产业关联度高的优质项目，简化投资准入审批流程，推动会展经济与招商招展融合，成为全球技术、标准、品牌输出地。

（四）夯实名馆名展名企建设

1. 以展馆为平台，发挥极点带动效应

展馆紧抓粤港澳大湾区和深圳中国特色社会主义先行示范区建设重大机遇，打造会展全产业链核心，形成会展业高质量发展的强大引擎。立足展馆承载能力，坚持规划先行、计划引领、列表督办，梳理一批关系展馆国际位次长远发展的核心项目，纳入中长期项目库储备，分梯次动态审核，筛选确定展馆年度重点项目。按产业型、流量型、服务型分先后轻重，形成重点项目清单并推进。以全域全类型高质量发展为指引，细化展馆功能分区，强化数字化统筹设计，科学布局物理及云展空间。强化政府主导、企业社会各界参与，搭建展馆主体功能凸显、优势互补的开发格局，构建可持续的展馆价值实现机制，支持会展消费功能融合。提高展馆周边商业服务性用地供给，放宽展馆周边用地商业功能兼容性限制，小规模、渐进式地有序更新现有展馆周边商业配套功能，串接展馆设施与城市文化景观、文创空间、商务办公、城市展厅、艺术园区、演艺中心等，打造具有辨识度、高流量、高变现能力的融合型展馆。

2. 以展会为载体，增强头部虹吸效应

整合资源，做强迎春花会、烟花会演、美食节、庙会、灯光节、大马戏、音乐会等，打造粤港澳大湾区春节嘉年华等品牌活动。配合商务部全面提升广交会能级，重点扶持高交会、中博会、加博会等国际知名品牌展会，支持中国（广州）文化产业交易会、广州国际艺术博览会、粤港澳大湾区公共文化和旅游产品（东莞）采购会等提质增效。规范市场化综合信

用评价体系，探索新型包容普惠的展会监管机制，鼓励先进制造业、战略性新兴产业、现代服务业等各行业举办专业展会，引导展会做大做强。实施"粤贸全球"品牌工程，落实"双百双万"计划，每年举办线上线下海外展会 100 场以上，广货全国行经贸活动 100 场以上，五年带动超万家次企业参展。[①] 培育引进专业化、国际化品牌展会，与论坛、赛事、演艺、推介等活动融合，形成亚洲乃至全球规模第一展会，鼓励引导企业利用境外展会开拓国际市场。

3. 以展企为龙头，应用品牌马太效应

引导会展企业完善现代企业管理制度，运用先进管理理念，设计灵活变通的经营模式。通过技术改造等多种措施，提升会展企业应对风险的能力，发展为具有粤港澳大湾区特色的龙头企业。指导有条件、有基础、有自主知识产权的会展企业依法依规借助兼并、收购、控股、参股、合资等途径，组建具有国际影响力的会展企业集团。加快与体育、旅游、酒店等行业融合，鼓励企业给现有会展项目申请国际大会、会展协会等组织认证。引进国际高端会展项目，提升会展企业知名度与美誉度。支持大型会展国有企业全球布局做优做强，优化国有资本运营，发挥会展国有企业优势。通过做好增量、盘活存量，优化调整融资结构，进行多层次、多元化、多渠道融资，为重大项目建设筹集资本金，深度构建研发、执行、营销体系，提升专业化服务水准，实现战略性、安全性、效益性目标三者统一，增强会展国有资本竞争力，更好地发挥会展领军者和产业排头兵的示范引领作用。支持科技创新企业、中小微企业通过打通上下游、分工合作，开发个性化、差异化、定制化会展产品和服务，进入产业集群链主干企业体系。支持"专精特新"单项冠军企业、"瞪羚"、"独角兽"企业做大做强，越强越大。

---

① 广东省人民政府：广东省人民政府关于印发《广东省国民经济和社会发展第十四个五年规划和 2035 年远景目标纲要》的通知，http：//www.gd.cn/zwgk/wjk/qbwj/yf/content/post_ 3268751. html，2023 年 10 月 16 日。

（五）落实会展人才强业工程

围绕人才强业，加大政策扶持力度，贯彻《关于进一步支持澳门青年在横琴创新创业暂行办法的实施细则》《关于支持港澳青年在粤港澳大湾区就业创业的实施意见》等，落实会展人才兴产业旺原则，把粤港澳大湾区会展品牌推向世界。

1. 加强政策导航

加强宏观会展形势分析和战略研究，实施更加开放的人才政策，拓宽招才引智多元渠道，建立吸引多学科、多层级人才的有效机制。面向全球引才聚才，大力引进一批具有国际水平的高层次会展创新团队、学术带头人、专业领军人才。通过粤港澳大湾区人才绿卡制度，创造高端高薪工作机会，提供国际化社区、粤港澳大湾区优质生活圈以及各类生活保障，发挥家属入户、住房保障、医疗保障、子女入学、社会保险等政策激励作用，吸引国际人才在粤港澳大湾区定居。健全粤港澳大湾区外国人员服务管理工作系统，完善涉外配套设施与服务能力。推进移民事务服务中心、外籍人士管理服务站建设，探索人才国际化管理新模式。

2. 强化头部领航

引导和扶持基础条件较好的会展院校加强学科建设、理论研究、人才教育培训，强化人才支撑，加大人才培育力度，打造会展新型高端化、国际化、多样化智库，开展关键核心技术攻关及关联性研究，推动"卡脖子"问题成体系解决。完善产教融合规划和资源布局，校企联合组建校外产教融合实习基地和创新平台、校内生产性实训场所，共同设计人才培养方案，集聚融合教育、产业、创新资源，提高会展人才综合分析、组织协调、实际操作、开拓创新能力，培养复合型高素质高技能会展人才，激发会展创新发展活力。

3. 坚持交流续航

加强粤港澳三地常态化人才交流合作，推进三地会展人才资格认证、会展从业人员职业资格认可体系建设，促进职业资格与行业标准互认，促进会展高层次专业技术人员自由流动，营造近悦远来、惜才留才的人才发展环境，促进港澳会展精英、领军人才来内地就业创业、开展项目合作，共建高水平的会展人才队伍。建设粤港澳青年创业就业试验区，深化"青年同心圆计划"，落实人员出入境和工作许可等便利化举措，提供更多便利条件，吸引更多港澳青少年来内地就业生活。增进三地大学生交流来往，开展文化交流与联谊活动，加快融入社群速度，增强人才干事动力。

四　结语

旧有格局崩溃，新的稳定形势尚未建立，全球力量格局正在重构，保护主义、单边主义不断上升，全球产业链、供应链受到冲击，国际经贸规则面临重建，不确定性不稳定性促使粤港澳会展业从规模扩张转向结构优化，从要素驱动转向创新驱动，驱使会展业进入质量、效率、动力变革的关键期，必须坚持习近平新时代中国特色社会主义思想科学指引，贯彻习近平总书记对广东系列重要讲话和重要指示批示精神，把党的领导贯穿会展业发展全过程，充分发挥党总揽全局、协调各方的坚强领导作用，贯彻落实新时代党在会展领域的重大方针政策、战略规划和重大开放举措，将党的政治优势、组织优势转化为会展业全面深化改革和扩大开放的坚强保障，提升战略思维，增强战略定力，以更大魄力更高起点，谋划更高质量、更可持续、更为健康的发展，促进粤港澳大湾区会展业形成高质量发展的新引擎和高水平全面开放、创新融合、多元包容的新格局。

参考文献

周超：《中国会展产业发展》，浙江大学出版社，2017。
桑敬民主编《上海会展业发展报告（2022）》，上海科学技术文献出版社，2022。

李佳铭、艾红红：《数字、景观、对话：对博物馆"云展览"的解构分析》，《中国博物馆》2023 年第 1 期。

张静：《数字经济时代会展业绿色发展的实践路径研究》，《商业经济》2023 年第 10 期。

曲维玺：《新时期扎实推进会展业高质量发展》，《中国会展》2023 年第 17 期。

B.3
2023年粤港澳大湾区旅游业发展
现状趋势与对策建议

朱雪梅*

摘　要：　本报告聚焦狭义的旅游业，对粤港澳大湾区旅游资源、旅行社、
　　　　　旅游服务业态等现状与未来趋势进行分析。2023 年，大湾区旅
　　　　　游业正在经历疫情后的复苏，旅游市场规模庞大，产业基础扎
　　　　　实，进入向上通道繁荣可期，文旅融合孕育新动能。展望粤港澳
　　　　　大湾区旅游业发展，呈现产业一体化、文旅融合创新发展、旅游
　　　　　资源群集聚三级生态格局的新趋势，报告提出了建立协同治理机
　　　　　制，推进大湾区文旅融合协同联动、企业纾困与转型升级并举、
　　　　　加快旅游人才培养和交流等对策建议。

关键词：　粤港澳大湾区　旅游业　文旅融合

　　随着全面建成小康社会的持续推进，旅游已经成为人民群众日常生活的
重要组成部分，我国进入大众旅游时代，粤港澳大湾区建设作为重要的国家
战略，旅游业也以迅猛的势头成为全行业中的"朝阳产业"。2019 年《粤港
澳大湾区发展规划纲要》指出，要"推进大湾区旅游发展，建设世界级旅
游目的地"。但 2020 年初至 2022 年底蔓延全球的新冠疫情使得中国旅游业
几乎陷入停滞，出现长距离出行"冰封"、阶段性"熔断"等现象，粤港澳
大湾区旅游市场景气下探，旅游基本面受到重创，产业景气走低。面对旅游

* 朱雪梅，博士，广东轻工职业技术学院教授，主要研究方向为旅游管理、职业技术教育。

业最艰难的时刻，政府实施的托举政策和市场主体的产品创新对于稳定旅游经济基本面发挥了积极作用。2023年以来，随着疫情的结束，大量被压抑的旅游需求等待释放，我国旅游经济运行呈现旅游消费信心稳步回升、利好政策不断释放、产业动能进一步积聚的趋势，坚持以文塑旅、以旅彰文，推进粤港澳大湾区文化和旅游深度融合，是全面推进大湾区经济繁荣发展、实现中华民族伟大复兴的战略举措。

本报告聚焦狭义的旅游业，即以旅游资源为凭借、以旅游设施为条件，向旅游者提供旅行游览服务的行业，对粤港澳大湾区的旅游资源、旅行社、旅游服务业态等进行分析。

一 粤港澳大湾区旅游业发展现状与特征

珠三角九市是中国改革开放的前沿，也是中国经济发展最为强劲的地区，香港、澳门两地作为国际性门户城市与知名的国际旅游目的地，高速铁路、城际铁路、高等级公路、港口群、机场群等快速交通网络构建了大湾区高效连接的空间格局，大湾区已成为宜居宜业宜游的优质生活圈。拥有诸多旅游企业，如酒店业、在线旅游、传统旅行社、免税企业等，大湾区旅游业发展布局已日趋集聚。2020年突如其来的新冠疫情，使大湾区旅游业遭受了史无前例的寒冬，疫情过后旅游业经历了冰封后的重生，创新旅游发展模式、整合旅游资源，突破体制、意识形态等障碍开展合作，"9+2"携手打造泛珠三角国际级旅游区，并将它建设成为中国首个"无障碍"旅游区，实现粤港澳大湾区的旅游一体化发展，展现出大湾区旅游业未来发展的美好前景。

（一）粤港澳大湾区旅游产业基础扎实，旅游市场规模庞大

粤港澳大湾区包括广东珠三角的9个市和香港、澳门两个特别行政区，土地面积约5.6万平方公里，占全国国土面积的0.6%；2021年经济总量12.6万亿元，占全国的12%；常住人口8669万，占全国的6%，是继美国纽约湾区、旧金山湾区和日本东京湾区之后的第四大世界级湾区，也是我国

建设世界级城市群和参与全球竞争的重要空间载体。不同于国内其他区域和世界其他湾区,粤港澳大湾区是"一个国家、两种制度、三个关税区、四个核心城市"的特殊区域,经济开放程度和区域地理位置优越,有利于粤港澳大湾区旅游资源与旅游服务业发展与国际接轨。粤 9 市旅游产业体量庞大,不仅涌现了如华侨城集团、长隆集团等大型旅游企业,开发了吸引全国游客乃至世界各地游客的长隆旅游度假区、华侨城文化旅游度假区等旅游胜地,更开发了澳门珠海横琴、比邻香港开发深圳特区等中国特殊旅游区,带动粤港澳大湾区的旅游联动发展。

截至 2023 年,大湾区有 2 处世界遗产,包括世界文化遗产"澳门历史城区"和"广东开平碉楼与村落"。旅游资源丰富多彩且特色明显,形成了包括文化历史、休闲度假、乡村游、温泉养生保健、邮轮游艇、滨海(海岛)、购物、博彩等多元化、多层次的旅游产品体系。综观大湾区 11 个城市,已经形成了广佛肇、深惠莞和珠中江门圈层的 25 个文旅融合示范区。① 大湾区拥有包括长隆旅游度假区在内的 14 个国家级 5A 级景区 101 个,国家 4A 级景区、省级文物保护单位近 800 个,博物馆 108 个,文化创意产业园区数量超过 100 个,8 家省级文化产业示范园区。

2019 年粤港澳大湾区接待游客总量约 3.8 亿人次,实现旅游收入超过 1.3 万亿元,占全国旅游总收入的 23%。其中,珠三角九市的旅游收入为 10086 万亿元,港澳的旅游收入约 3000 亿元。但 2020～2022 年,受到疫情影响,旅游业遭到冲击,旅游人次和收入都大幅下跌(见表 1)。

表 1　2015～2022 年大湾区接待游客人次

单位:万人次

年份	珠三角	香港	澳门
2015	21903	5931	3071
2016	23610	5666	3100

---

① 郭璇瑄:《粤港澳大湾区文旅产业融合发展现状与对策研究——以大湾区内地九市为例》,《长春示范大学学报》2021 年第 11 期。

续表

年份	珠三角	香港	澳门
2017	25630	5847	3200
2018	27458	6515	3736
2019	29245	5591	3940
2020	16475	356.9	596.7
2021	19975	9.1	770.6
2022	—	60.5	570

数据显示，2000~2019 年，粤 9 市旅游业发展处于持续上升期，其中，广州和深圳在粤 9 市旅游业发展中处于龙头地位。在这 11 座城市中，广州、香港、深圳、佛山及澳门旅游产业规模突出；同时江门、惠州等二三线城市的产业增势较猛。但 2020 年以来，新冠疫情在全球爆发和蔓延影响了世界经济的运行，在全球许多国家疫情失控、经济负增长的背景下，中国内地较好地控制了疫情，旅游业逐渐恢复，实现经济正增长。2020 年，粤港澳大湾区游客接待人次仅为 1.7 亿人次，其中，珠三角九市为 16475 万人，香港为 356.9 万人，澳门为 596.7 万人，与上年相比呈现断崖式下跌。2021 年，香港接待游客仅为 9.1 万人，2022 年为 60.5 万人，均不及 2019 年之前的零头，大湾区旅游业陷入"冰封"停滞的艰难处境（见表 1）。随着疫情的结束，粤港澳大湾区旅游业再现勃勃生机，强劲的发展潜力和庞大的经济规模为旅游业的发展提供了巨大的经济基础和有力的保障。

（二）粤港澳大湾区文化渊源深厚，文旅融合孕育新动能

粤港澳地域相近、文脉相亲，具有深厚的地缘、族缘、史缘和商缘关系，有着深刻的文化渊源和人文价值链。大湾区文化底蕴深厚，旅游资源丰富。广府文化、客家文化、潮汕文化，"海丝"文化、华侨文化、海防文化以及红色革命文化，这些构建了"人文湾区"的重要文化基础和文化根源血脉。大湾区 11 个城市承袭着作为中华文化支系的岭南文化，具有共同的历史基因、相似的文化禀赋。湾区城市领风气之先，文旅产业起步较早，产

业基础较强。如，广州市目前规模以上文化及相关产业法人单位超 3200 个，营业收入超 4000 亿元，其中仅原创漫画发行就占全国市场的 30% 以上，中国国际漫画节、中国动漫金龙奖等国家级活动纷纷落户广州。

粤港澳大湾区优秀文化旅游项目不断增加。近年来，大湾区文化与旅游进一步融合与创新，推出了丰富多彩的旅游项目、多条历史文化路线、多条大湾区文物路线等。在开发非物质文化遗产资源方面，深圳、东莞等城市相互推荐非物质文化遗产团队和具有代表性的项目，并举办了"国际博物馆日"等活动。自 2020 年以来，广东省在粤港澳大湾区共公布了 8 条主题文化遗产通道，包括 44 条实体通道。两年来，先后开展了粤港澳大湾区文化遗产旅游和广东省历史文化旅游，使三地青少年对古邮路文化、孙中山文化和侨文化的起源、发展和传承有了更深刻的认识。在节日旅游项目中，举办了两届大湾区文化艺术节，整合了粤港澳三地的优质文化艺术资源。通过"城市联动"的方式，文学、影视、音乐、舞蹈、歌剧、民间艺术、杂技、书法等领域的合作与交流活动已在大湾区 11 个城市广泛开展。

新的文旅形式和模式不断涌现。在文旅融合的道路上，湾区正在培育"文旅+"生态圈，推动"非遗+旅游""文创+旅游""博物馆+旅游"和"演艺+旅游"等业态快速发展。在广州，新的商业模式和产品正在涌现，如永庆坊非遗街区、广州塔"潮墟·CPARTY"创意集市、沙湾镇紫泥堂、佛山欢乐海岸 PLUS 等"文化+"[①]。为顺应香港文旅融合的潮流，香港旅游发展局推出了"香港·大城小区-西九龙"活动；香港故宫博物院于 7 月正式对外开放，以及正在香港国际机场进行的天城太空城项目，都是香港文化与旅游新融合的典范。在澳门，特区政府提出了"旅游+"的概念，以旅游业为核心要素，带动不同行业发展，共同举办跨境文化活动、节庆、比赛，开发跨境"多目的地"旅游产品。

文化与旅游融合，科技智慧赋能趋势明显。大湾区拥有大量高科技领先企业，这也意味着大湾区在通过智能和技术手段创造新的文化和旅游消费场

---

① 邹开敏：《粤港澳大湾区文化和旅游融合高质量发展研究》，《新经济》2023 年第 3 期。

景方面具有更大的创新潜力和空间。2021 年，文化旅游部发布了《文化旅游科技创新"十四五"规划》，提出技术创新是推动文化旅游创新发展的根本动力和主要内容。目前，"广州深圳港澳科技创新走廊"的形成日趋成熟，其辐射和带动作用日益明显。虚拟现实、人工智能、云端运算、5G、区块链、元宇宙等各种新兴的数码科技正在大湾区得到发展和应用，为大湾区的文化和旅游发展开辟了新的道路。以预订作为风景名胜区的规范化管理方式为例，广东省文化旅游厅积极推广使用"广东话"迷你项目，为全省 4A 级以上旅游景区的游客提供预订服务。在建设智慧型风景名胜区方面，横琴广东澳门深水合作区的"超级实验场"将逐步出现。中国第一个以"冒险小王子"IP 为核心，结合先进的 AR、VR 和全息投影技术的元宇宙主题公园落户深圳，增强了互动性和亲身体验。此外，CBD 智能酒店、身临其境的游乐园、数字展览博览会、历史悠久的数字博物馆等新景点也纷纷出现。① 放眼湾区，一大批著名旅游综合体的存在，也让湾区旅游的品牌价值潜力无穷。粤港澳大湾区多业态、多元化、规模化的文旅产业在文旅康养、文商旅融合、旅游演艺、文旅品牌输出、乡村特色游等方面孕育着新动能。

（三）大湾区旅游业疫情后复苏，进入向上通道繁荣可期

2020~2022 年，深度萧条的景象已经成为大湾区旅游业永远的记忆。中国旅游研究院（文化和旅游部数据中心）对比疫情前国内和出入境旅游市场的潜在增速，首次对 2020~2022 年全国旅游经济损失建模测算，国内游客数量下降了 124.03 亿人次，导致国内旅游收入损失 13.48 万亿元。入境游客数量下降约 3.70 亿人次，导致国际旅游收入损失约 3620.6 亿美元，即 2.41 万亿元。加上出境游客在购买国内机票、保险、旅行前装备、签证和面对面签证申请时产生的旅行和住宿费用，约损失 3708.90 亿元的行前消费（见表 2）。在过去三年中，中国旅游业损失了约 10.95 万亿元的增

---

① 《共建粤港澳大湾区文旅新高地》，人民网，https：//www.360kuai.com/pc/952a6066a144b 55a0? cota＝3&kuai_ so＝1&sign＝360_ 57c3bbd1&refer_ scene＝so_ 1。

加值，平均每年将名义 GDP 增长率拉低 1.27 个百分点，人均旅游消费平均每年减少约 3841 元。根据行业人均 GDP 估算，全国旅游就业人数从 2875 万人减少到约 1600 万人，43.4% 的旅游业从业者暂时或永久地离开了该行业。

表 2　2020~2022 年旅游市场潜在损失估算

年度	国内旅游人数损失（亿人次）	国内旅游收入损失（万亿元）	入境旅游人数损失（亿人次）	国际旅游收入损失（亿元）	出境旅游行前消费损失（亿元）
2020	36.07	4.04	1.20	8014.45	1236.01
2021	37.59	3.95	1.23	7748.55	1201.87
2022	50.36	5.48	1.27	8349.91	1271.02
合计	124.03	13.48	3.70	24112.91	3708.90

统计数据显示，2020~2022 年疫情三年期间，广东全省旅游住宿接待过夜游客分别为 2.3 亿人次、2.6 亿人次、2 亿人次，其中约 98% 的游客为国内旅游者，港澳台同胞及国外游客仅占接待量的 2% 左右，大湾区的出入境旅游发展几乎陷入停滞状态（见表 3）。

表 3　2020~2022 年广东全省旅游住宿单位接待过夜游客情况

单位：万人次

游客来源	2020 年	2021 年	2022 年
入境旅游者合计	468.85	320.43	190.16
外国人	80.46	64.48	44.46
香港同胞	282.59	178.58	97.28
澳门同胞	58.71	50.50	29.77
台湾同胞	47.09	26.87	18.65
国内旅游者合计	22590.61	25380.63	20116.99
合计	23059.46	25701.06	20307.15

表 4 数据显示，2022 年广东省旅游业更是跌至冰点。

表4　2022年广东省旅游住宿单位接待过夜游客情况

项目	本月止累计	比上年同期比较(±%)
一、接待过夜游客(人次)	203071500	-20.99
1. 入境游客	1901591	-40.66
台湾同胞	186535	-30.59
香港同胞	972791	-45.53
澳门同胞	297674	-41.05
2. 国内游客	201169909	-20.74
二、接待过夜游客人均停留天数(天/人)	2.96	0.27
1. 入境游客	12.3	9.20
台湾同胞	11.68	8.29
香港同胞	13.26	10.35
澳门同胞	6.87	4.51
外国人	14.08	10.00
2. 国内游客	2.87	0.19

　　2023年上半年，广东省共接待游客3.28亿人次，同比增长41.1%，广东省接待游客人数回升率比全国增加9.4个高百分点。旅游总收入3791.3亿元，同比增长95.5%。入境旅游570.6万人次，同比增长611.8%，实现外汇收入160.8亿元，同比增长207.3%。[①] 随着澳门全面恢复通关，仅2023年1月和2月前往澳门的旅客人数就接近300万人次，平均酒店入住率为74%。香港的旅游业也经历了令人满意的复苏。2023年第一季度，内地访港旅客人数已回升至疫情前水平的45%。每逢周末访港旅客达10万人次，而东南亚的短途旅客人数亦已恢复至疫情前水平的60%。来自日本、韩国和其他国家的游客人数已经恢复至45%。"五一"黄金周期间，访港旅客人数已恢复至疫情前水平的50%。[②] 根据香港旅游发展局公布的数据，预计2023年访港旅客约有2580万人次，约占2019年访港旅客总数的46%。

[①] 《2022年全省旅游住宿单位接待过夜游客情况》，广东统计信息网，http://stats. gd. gov. cn/lyjdrs/index. html。

[②] 香港旅业网：https://partnernet. hktb. com/sc/research_ statistics/latest_ statistics/index. html。

到 2023 年底，访港旅客人数可恢复到疫情前水平的 60% 左右。

三年的深度萧条，让大湾区旅游业经历了有史以来最艰巨的挑战和最漫长的复苏，也表现出最顽强的韧性和最坚定的信心。2023 年，大湾区旅游经济进入了"稳开高走、加速回暖、量价齐升、供需两旺"的全面复苏新通道。无论是居民出游意愿、游客满意度、企业家信心、旅游经济运行综合景气指数，还是出游距离、目的地游憩半径，均已达到或者接近 2019 年水平。暑期旅游市场复苏继续提速，多数目的地接待游客人数达到历史最高水平。随着市场热度不断走高，旅游产业开始由景区、餐饮、住宿、交通等上游资源商向以票务代理、渠道分销、导游、领队为代表的旅行服务业全面扩散，客群流向也开始由近程向远程目的地扩散。受研学、亲子、避暑、康养、度假旅游需求高涨的影响，城乡居民更愿意在目的地居停更长时间。

（四）香港、澳门旅游业动能积聚，与粤港澳大湾区的融合度加深

全球新冠疫情的暴发，使得香港入境旅游于 2020 年降至冰点。2020 年香港旅游入境游下跌 90% 以上，据数据显示，2020 年 1~8 月，访港游客为 354.1 万人次，比 2019 年同期下跌接近 92%。但 2023 年以来，据香港旅游发展局 9 月 13 日公布的数据，2023 年前 8 个月访港旅客超 2000 万人次，其中内地旅客超 1600 万人次。数据显示，受暑假旅游旺季带动，初步计算，8 月份约有 410 万人次旅客访港，其中超过 343 万人次为内地旅客。香港旅游业正稳定有序地复苏。

澳门旅游数据表明，澳门过夜游人数保持平稳，而入境游人数及不过夜游客大幅增加，自 2016 年以来一直处于迅猛发展并不断攀升的趋势，这充分说明了，港珠澳大桥的开通等便利的交通条件使两地交流更加活跃频繁，澳门与粤港澳大湾区的融合度逐渐加深。随着旅游业的复苏发展以及粤港澳大湾区的不断融合深化，澳门作为"世界旅游休闲中心"，其发展定位及功能也进一步凸显，而文旅商业也将进一步迎来发展的强劲动力。

同时，随着港珠澳大桥、广深港高铁等基建工程的落成，香港与大湾区

其他城市的联系将更加紧密，区内的客源流动和业界合作也将加强，从而激发更大的旅游市场潜力。香港旅发局发布 2023~2024 年度工作计划时提出，新一年的工作重点将集中在四方面，包括陆续推出短片宣传香港，在不同媒体平台播放，推动旅游业复苏；举办多项活动，巩固香港"亚洲盛事之都"地位；宣传大湾区旅游，推动"一程多站"，相互推广区内盛事；持续和业界保持紧密联系，鼓励业界开发更多旅游产品吸引旅客等。除此之外，深中通道、虎门二桥等也将相继完成，未来游客在大湾区的出行将更加便利，给旅游业带来了新机遇。

二 粤港澳大湾区旅游经济发展趋势展望

（一）粤港澳大湾区产业一体化发展

粤港澳三区之间的地理人文一脉相承，资源要素的流动便捷而快速，其中旅游业已成为粤港澳发展活力最强、合作程度最高的服务产业之一。但具体而言，粤港澳三地又各具特色和优势，同时又互相依存与互补：香港、澳门以服务业为主导，在金融、贸易等服务业上有优势，但其面积有限、旅游资源过于单一，旅游产业过于依赖购物，旅游客源过于依赖大陆，缺乏覆盖面广和内涵丰富的旅游业，无法成为国际旅游城市。广州是广东省省会城市，岭南文化特色明显，具有较强的政治文化影响力，但其旅游产业市场仍需时间成熟和规范，这种不平衡在旅游发展的基本条件和公共服务体系方面表现得尤为明显。而深圳，尽管经济发展迅速，科技企业集中，但城市在文化、旅游景区资源等方面存在短板。由此，广、深、港三个城市各有优势特色，也有弱势短板，旅游综合实力不分伯仲，哪一个都无法独自成为粤港澳大湾区旅游业的领头羊。[①]

区域协调、产业一体化发展是大湾区旅游业发展的必然趋势。大湾区旅

---

① 庄伟光、武文霞、邹开敏：《粤港澳大湾区旅游协同高质量发展》，《广东经济》2019 年第 4 期。

游业发展必须通过加强城市间的交流合作、资源共享、优势互补，充分统筹社会资源、自然资源和经济要素，发挥各自长处协同联动，达到区域协调一体化发展的目标。如针对澳门，应重点发展休闲旅游，结合博彩业和综合旅游服务推出独具澳门特色的休闲游产品；针对广州，应重点发展都市商务游，通过完善酒店、餐饮配套设施，承办各种大型国际会展，推动旅游业发展。[1] 在确保"一国两制"的前提下实现区域协调一体化，是粤港澳大湾区旅游经济发展的挑战，也是粤港澳大湾区旅游业发展的特色道路。

（二）粤港澳大湾区集聚发展三级生态格局

大湾区拥有绵延一体的全球最大城市群。世界银行发布的《东亚变化中的城市图景：度量十年的空间增长》指出，中国珠江三角洲地区已取代东京成为全球最大的都市区。随着港珠澳大桥通车、广深港高铁的运营，粤港澳大湾区构建了网格化、快捷的交通系统，成为9市2区绵延一体的全球最大城市群。粤港澳大湾区11个城市各有千秋，按照入境游热度和国际化程度，可以分为三个层级：第一层级为入境旅游发展成熟的港澳两区；第二层级为旅游产业完备、旅游经济发展蓬勃的深圳和广州；第三层级为珠三角其余七市，旅游组织和集散功能均有待提升。为推动三地在旅游发展中合作交流、往来联系加深，粤港澳大湾区"9+2"城市旅游市场联合监管协作体于2020年签约并正式组建运作，进一步推动了大湾区旅游业的高质量发展。

大湾区三级旅游资源有着天然整合的趋势，不仅是市场的驱动，更是旅游规划区域合作的结果，粤港澳大湾区具有"外圈山—中部江—内圈海"的地理格局特色，形成了以"三山三江三湾"为代表的绿色生态旅游带、黄金水道旅游带和蓝色滨海旅游带，旅游资源的类型与数量都得天独厚。9市2区形成重点景区、一般景区、景区周边休闲度假区、城市休闲产业区、乡村休闲产业区多元发展、彼此联动的发展格局。大湾区的旅游

---

[1]　赖梅东主编《粤港澳大湾区生态资源与环境一体化建设》，中国环境出版集团，2019。

资源中，港深莞惠的主要旅游资源为海滨资源，深圳和香港作为城市群内旅游经济发展的主导力量着力打造世界级海滨旅游湾区，同时发挥其优势与周边城市东莞、惠州联动，形成香港-深圳-东莞-惠州国际化都市旅游和海滨休闲旅游圈；澳门与珠海横琴自贸区逐渐走向融合，形成旅游休闲、特色小镇及生态环境等方面的特色旅游圈，并带动中山、江门两市，推动澳门-珠海-中山-江门城市群旅游经济崛起，与传统的旅游发展较为发达的香深莞惠城市群连成一片。广州为省会城市，历史人文资源丰富，广佛同城的城市群发展规划加强了旅游发展综合效应，形成广、佛、肇综合都市旅游和生态旅游圈。

由此，按照空间重构、网络化的趋势，粤港澳大湾区在空间上形成了三个城市群，一是广州—佛山—肇庆城市群，广州作为该城市群内旅游发展的主要枢纽，主辐射佛山次辐射肇庆，形成了一大一中一小的旅游经济格局；二是香港—深圳—东莞—惠州城市群，深圳和香港作为城市群内旅游经济发展的主导力量，以其强劲动力带动东莞、惠州的旅游业发展，形成联动效应；三是澳门—珠海—中山—江门城市群，澳门与珠海横琴自贸区融合，推动了澳珠中江城市群旅游经济崛起。

（三）粤港澳大湾区文旅融合创新发展

2018年广深港高速铁路的通车和港珠澳大桥落成，在空间上进一步将香港、澳门连接上珠三角城市，真正将粤港澳大湾区城市连为一体。粤港澳大湾区的交通网越织越密，香港、澳门和内地之间的距离也越来越近。大湾区城市间的互联互通将促进旅游资源的多元融合，将带动旅游行业进一步发展。粤港澳地缘相邻，人缘亲近，语言文化同根同源，旅游合作有着悠久的历史。在政府主导和市场逻辑下，粤港澳三地间的物流、信息流、人流、资本流的要素流动越来越通畅迅速，粤港澳大湾区将文化理念、文化元素、文化符号融入旅游项目中，让文旅融合焕发新活力。随着世纪工程港珠澳大桥的开通，粤港澳大湾区文旅产业发展的高速公路也随之开通。粤港澳大湾区进一步打破行业壁垒，激活"粤文旅"，更深入理解文旅产业各自特性、行业机理及市场需求，更好地整合文化和旅游资源，促进"文"与"旅"跨界发展、深度融合、相互赋能，集聚多元力量形成发展合力。

深化文化遗产的活化利用，推进文旅产品创新升级。一方面，大湾区促进了"文化记忆"的复兴。文化认同在很大程度上受到集体文化记忆的影响，如粤剧、影视、粤语等"符号"和地标性建筑，既承载着香港和澳门人民共同的文化印记、文化认同和强烈的文化情感，又具有坚实的群众基础。激活、重现和重构这些承载集体记忆的经典文化旅游产品，可以更好地发挥"身份认同的力量"，增强对群体的归属感，深化岭南文化的传承，激活相关旅游产品的消费需求。另一方面，可以利用历史文化遗产发展文化旅游，实现文化旅游价值，打破粤、香港、澳门三地的空间隔阂，为塑造湾区文化精神共同体架起桥梁。粤港澳大湾区的 44 条文化遗产游径，覆盖广州、中山、东莞、惠州等城市，以线性的形式串联起零散的文化遗产资源，为人们了解岭南提供新的机遇和动力，促进文化旅游消费。近年来，广州高标准打造红色文化、岭南文化、海丝文化、创新文化四大文化品牌。接下来，还会加大力度推介广府文化，充分展现广州文化鲜活、包容的生命特性，塑造"粤文化老家"、岭南文化中心地的形象定位。利用广州文交会等综合性文化旅游节展活动为企业搭建项目对接、产业合作、文化交流平台，加快推动广州文旅产业提质升级。

激励创新，注入动力。大湾区积极探索和推广"文化旅游+乡村""文化旅游+科技""文化旅游+夜间经济"等文化旅游生态系统的各种新路径。以文化为导向，创新和升级文化旅游模式。推动业态创新，大力发展文化体验旅游、研究旅游、自驾车旅游、商务展览旅游、工业旅游、珠江生态旅游等多种形式，加快拓展布局多元化的新型文化旅游业态。加强产品和服务创新，注重虚拟现实、增强现实、XR 等技术，优化产品内容和体验，提升智能文化旅游平台功能，加强智能景区建设。我们依靠各种数字技术来增强文化和旅游业的能力，为湾区文化和旅游业的融合和创新赋能。

三 粤港澳大湾区旅游业发展对策建议

（一）精准把握旅游业发展趋势，企业纾困与转型升级并举

目前，疫情在我国已基本结束，粤港澳大湾区旅游业发展面临新的变化。一方面，要积极帮助旅游企业解决实际困难，增加对行业发展的信心；另一方面，要创新旅游产品，加强文旅融合，打造新的消费热点和活力，促进广东－香港－澳门大湾区旅游和文化产业融合转型升级。借助"一核一带一区"（珠三角核心区、沿海经济带、北部生态开发区）旅游区域发展规划，在这些非核心城市打造一批旅游龙头项目，打造文化、山水、美食、康养等大品牌，提高这些城市文化和旅游产业发展的综合水平。粤港澳大湾区旅游产业管理部门要积极抢抓节假日、寒暑假等消费窗口，推出文化旅游券和惠民补贴，增加文化旅游消费，激发文化旅游消费潜力。

粤港澳大湾区的高水平规划，形成了文化旅游产业互利共赢的格局。珠三角要以美食文化旅游、工业遗产旅游、历史文化旅游、乡村旅游和健康旅游为重点；香港应以成为中外文化交流中心为目标，着力打造具有中外文化交流氛围、多元而丰富的城市文化空间；澳门应不断丰富世界旅游休闲中心的内涵，以建设"世界旅游休闲中心"为目标，进一步推动集美食、度假、观光、购物、娱乐、文化创意、医疗、体育等元素于一体的旅游休闲产业全面发展。同时，针对疫情冲击后香港在大湾区旅游网络中核心地位下降的趋势，建议进一步推动香港旅游减免签手续，内地与香港共同开发旅游线路，共享游客资源，丰富粤港澳大湾区多地"一程多站"城－郊－野旅游精品线路。① 粤港澳大湾区充分发挥各自特色优势，精准把

---

① 杜洁莉、张跃：《后疫情时期粤港澳大湾区"城市－郊野"旅游流网络结构特征——基于网络数字足迹的分析》，《热带地理》2022 年第 11 期。

握旅游市场新需求和新趋势，在旅游市场复苏的大背景下，做到企业纾困和产业升级并举。

（二）建立协同治理机制，推进大湾区文旅融合协同联动

在发展战略上，要丰富"高质量发展"的内涵，强化促进湾区旅游业协同发展的理念。当前，我国已进入高质量发展阶段，主要特征是从"数量上追赶"到"质量上追赶"，从"规模上扩大"到"结构上升级"，从要素驱动到创新驱动，从高碳增长到绿色发展。① 目前，大湾区旅游业发展仍面临"行政壁垒"等制度限制。充分调动社会各界的参与，形成"政府主导、市场导向、公众参与"的社会协调治理格局，有助于解决上述问题，从而为粤港澳大湾区文化旅游产业的发展创造有利环境。

一是进一步完善民间组织机构，建立联盟，有效联系各地区文化、旅游、经济、信息技术等部门，协调和促进文化旅游综合开发。"一个国家、两种制度、三个关税区、四个核心城市"的格局是粤港澳大湾区最大的特点，也充分说明了大湾区建设存在跨社会制度、跨法律体系、跨行政管辖的特殊性和复杂性。要促进跨行业、跨产业形态协同。文化产业与旅游产业相互依存、互动共进，具有很高的产业关联性。为此，要进一步完善民间组织机构，建立联盟，有效联系各地区文化、旅游、经济、信息技术等部门，协调和促进文化旅游综合开发。粤港澳大湾区已形成多个旅游合作组织，例如于2017年成立的粤港澳大湾区城市旅游联合会，以及于2020年成立的粤港澳大湾区"9+2"城市旅游市场联合监管合作组织等。② 要共建湾区文旅城市集群，就必须以更大魄力打破机制壁垒，通过各地协调联动，整合各类文旅资源形成互补、共振效应，提升粤港澳文化空间构建的整体性。

二是建立"粤港澳大湾区文化旅游数据平台"，推进大湾区旅游经济的

---

① 冯敏妍：《粤港澳大湾区区域经济、人居环境与旅游产业耦合协调发展研究》，《旅游研究》2023年第5期。

② 澳门特别行政区政府官网：《"粤港澳大湾区城市旅游联合会"成立"9+2"城市携手打造世界级旅游目的地》，https://www.gov.mo/zh-hans/news/188180/，2021年6月11日。

互通互鉴和共享共建。粤港澳大湾区文化旅游数据平台可与区内高科技企业，如华为、腾讯等合作，利用这些高科技企业在云计算、5G、大数据等方面独特的基础设施优势，建立高效优质的文化旅游资源数据平台，为政府与文旅企业发展提供数据参考，充分释放数据价值。运营模式可以采用"政企合作、管运分离"的建设思路，进一步促进文化旅游数据的交流与共享。

三是围绕文化旅游服务场景和社会新需求，进一步提升文旅文创产品供给，推进大湾区服务质量和文创产品升级，促进粤港澳大湾区文化旅游服务提升和效益提升。

（三）加快旅游人才培养和交流，为大湾区旅游发展注入源头活水

在新时代背景下，大湾区旅游业高质量发展的创新能力、管理能力和协调能力提升是一个难题，这其中最重要的影响因素就是旅游人才的缺乏。第一，高校和职业技术学院要担起培养重任，加强对学生的理论和实践培训，开设文学与旅游相结合的课程，合理、全面地规划人才培养。第二，高校和职业学院要积极联合企业，探索构建"大学+基地+企业"的文旅复合型人才培养模式，推进深度校企合作，建立培养实践基地，有效推动人才链、教育链、创新链的有机衔接，为湾区旅游业发展提供人才支撑。第三，要建立和完善文化旅游产业人才市场，完善从业人员的生存环境和生态环境，创造吸引和留住人才的环境，这样才能确保大湾区文化旅游产业长期稳定繁荣发展。

目前，大湾区文化旅游新业态亟须具有国际化思维和中西文化融合能力的文化旅游人才，打造更多具有大湾区特色的旅游项目，因此，要提高大湾区旅游人才的交流、合作和自由流动水平。第一，除了大力培养本土人才外，更要破除制约文化旅游人才等生产要素便利流动的制度性障碍，鼓励文化旅游人才在湾区自由流动，为人才流动提供配套，提供各种便利条件，如简化内地与香港人才流动程序、扩大内地与香港澳门专业资格互认范围、方便港澳人士在内地购房等。第二，要积极支持三地文化旅游企业协会，依托

横琴-广东-澳门合作区、前海-深圳-香港合作区、沙头-深圳-港澳国际旅游消费合作区等国家级重大产业平台建设，畅通粤港澳地区人才要素流动。第三，要积极创造交流机会，结合三地实际，探索交流合作新模式，联合举办广东-香港-澳门大湾区文化和旅游人才交流论坛，建立"广东-香港-澳门大湾区青年创意设计人才"等培训项目，促进文化和旅游人才"蓄水池"的发展。

B.4
2023年粤港澳大湾区酒店业
经济发展分析与展望

伍剑琴　刘秀珍*

摘　要： 粤港澳大湾区经济发达，产业协同发展带来巨大发展机遇，酒店业
一直在全国居于领先地位。三年新冠疫情对酒店业产生巨大的冲击，
2023年借助商贸、展会、文旅市场的快速复苏，粤港澳大湾区酒店
迅速恢复正向的发展。粤港澳大湾区中，香港、澳门凭借国际化程
度高，以高端酒店数量、品牌的竞争力居于第一梯队；广州、深圳
以国内一线城市的经济体量、科技产业、展会经济形成国际品牌，
占据高端酒店市场，国内酒店集团以中高端酒店市场形成优势的市
场特征，居于粤港澳大湾区第二梯队的位置。本文通过大量数据分
析粤港澳大湾区酒店业经济现状，指出粤港澳大湾区酒店业在存量
市场竞争压力下，酒店集团以多品牌战略、特色化经营深耕市场，
持续扩大连锁化规模，通过数智化技术提高效率，并呈现下沉二三
线城市的趋势，同时提出发展的建议以供业界参考。

关键词： 粤港澳大湾区　酒店业　酒店集团

一　粤港澳大湾区酒店业经济发展现状分析

粤港澳大湾区商贸、展会经济发达，疫情期间，商贸活动停滞，一年两次

---

* 伍剑琴，广东轻工职业技术学院教授，主要研究方向为酒店管理、旅游管理；刘秀珍，广东
轻工职业技术学院副教授，主要研究方向为酒店管理、旅游管理。

的广交会转为线上，国际客源大幅减少，对星级酒店的影响较大。2023年疫情结束后，国内旅游率先恢复，商贸展会也恢复正向发展，酒店业发展预期良好。

（一）疫情前后星级酒店的数量与结构特征

疫情导致星级酒店数量减少，内地九市星级酒店结构呈现"中高端及以上档次酒店比例扩大"的特点，酒店中高端化升级趋势明显。

截至2022年底，珠三角九市各城市宾馆（酒店）住宿设施数量如表1所示。

表1 珠三角九市城市星级酒店的数量（截至2022年底）

城市	宾馆（酒店）（家）	星级酒店数量（家）					客房（间）	床位（张）
		五星级	四星级	三星级	二星级	一星级		
广州	4439	23	29	61	11		302155	425524
深圳	716	20	16	22	3		289085	374189
珠海	542	6	7	21			53006	75664
佛山	1128	9	12	11			88427	122634
惠州	1177	4	5	7			77507	107559
东莞	1542	9	7	1			132800	166600
中山	553	2	1	8	1		41740	59935
江门	1364	2	1	5			47000	71500
肇庆	538	1	7	19			32546	50532

资料来源：根据《广东统计年鉴2023年》整理。

与疫情前相比，2022年底珠三角九市各城市酒店数量有所下降，住宿业和餐饮业营业额虽平稳增长，但尚未恢复至疫情前水平。珠三角九市地区星级酒店数量基本都有小幅下滑，广州由2019年的161家降到目前的124家，深圳减少24家，珠海减少18家，惠州和东莞分别减少20家、22家，佛山保持数目不变，只有中山和肇庆实现了逆风增长，分别增加15家、18家。港澳在疫情期间也受到不同程度的影响，截至2022年，香港高端酒店共有53家，其中国际品牌32家，根植于本地的高端酒店品牌共有21家。

2019~2022 年有香港丽晶酒店、香港帝逸酒店、香港瑰丽酒店、香港瑞吉酒店等 8 家五星奢华酒店开业；2019~2022 年澳门有上葡京综合度假村、摩珀斯酒店、澳门伦敦人、卡尔拉格斐奢华酒店、安达仕酒店、银河莱佛士酒店、范思哲豪华酒店、W 酒店等 8 家酒店开业。疫情期间大陆游客成为澳门旅游最大的客源，是澳门酒店业在入境游客大幅减少（相比 2019 年同期，2021 年减少 80%，2022 年减少 45%）的背景下仍有发展的原因之一。

进入 2023 年，广州市共有星级旅游酒店 123 家，其中五星级 26 家，较 2022 年底增加 3 家，四星级 29 家，高星级旅游酒店的数量和占比不断提升，星级旅游酒店和五星级旅游酒店数量均居全省第一。从星级酒店数量来看，广州、深圳星级酒店数量较多；从星级酒店的结构分布上看，集团酒店新开店往中高端发展。三星级酒店占比最高，为 49.32%，接近一半；其次是四星级，占比 26.71%；五星级酒店占比 20.09%，约占 1/5。星级酒店结构从传统的"金字塔形"向"橄榄形"转变过渡，粤港澳大湾区酒店业逐步成熟。

（二）粤港澳大湾区星级酒店经营情况分析

对比 2020~2022 年的住宿餐饮营业额，粤港澳大湾区住宿业和餐饮业都有平稳的发展，深圳、珠海、佛山、惠州、中山、江门住宿业均是先增后小幅下降，餐饮业方面佛山、东莞、中山、江门、肇庆 2021 年增长较快，2022 年小幅度的回落，整体成绩令人鼓舞，体现粤港澳大湾区酒店餐饮业韧性十足（见表 2）。

粤港澳大湾区酒店除 2021 年同比有一定增长外，整体呈下滑趋势。从餐饮收入和客房收入占比情况看，2019 年以后，餐饮收入占比有一定幅度的提升，客房收入占比则相对下降，主要原因是疫情期间商务旅游活动大幅减少，酒店为了渡过难关积极开拓线上线下餐饮业务，面向本地商务、居民生活服务市场，开展上门订制服务、餐饮外卖、预制菜等业务。即使困难重重，粤港澳大湾区酒店仍然通过灵活调整经营策略，在客房出租率大幅下降的情况下维持酒店业务。2022 年粤港澳大湾区核心城市星级酒店的平均每晚房价高于 400 元/间的有深圳、东莞、广州、珠海，位列全国前十；深圳客房的平均出租率为48.89%，在全国城市中排名第五；星级酒店每间可供出租客房收入（RevPar）225.74元，排名第二，整体表现突出。

表2 珠三角九市城市住宿餐饮业营业额（2019~2022年）

单位：万元

城市	2019年		2020年		2021年		2022年	
	住宿业	餐饮业	住宿业	餐饮业	住宿业	餐饮业	住宿业	餐饮业
广州	1993311	8494257	1416831	7128240	1696967	8608782	1613596	8366780
深圳	2050963	11169666	1424318	9589290	1657184	10973943	1524365	10263105
珠海	894122	990731	667432	799218	447571	931552	409869	912515
佛山	529838	2927989	379780	2384380	444643	2848668	415876	2832740
惠州	378342	1612340	280813	1312192	328072	1539417	302508	1516162
东莞	614187	4655105	453784	4066568	517455	4904266	515083	4899398
中山	214280	1084263	146623	944428	175042	1128499	159605	1114831
江门	234434	1266913	175514	1087373	190514	1267584	169946	1243733
肇庆	139785	1002104	98848	807114	115811	952946	102720	921106

资料来源：根据2020~2023年《广东统计年鉴》整理。

2023年第一季度为自2020年以来酒店行业恢复正常经营秩序的首个季度，受社会经济环境的利好影响，人们旅游、商务出行消费需求强劲复苏，进而推动酒店行业旺盛发展。粤港澳大湾区星级酒店的营业收入、平均房价、出租率、RevPar等经营指标同比均实现正增长。各项指标同比增长均超过25%，整体经营情况显著增强。但同2019年第一季度相比酒店平均出租率、RevPar指标仍低于2019年同期水平。

2023年上半年，伴随着政策的宽松，在旅游市场回暖和消费复苏的驱动下，星级酒店的经营业绩大幅度提升。中端酒店及中高端酒店复苏较快。随着大环境的好转，出行需求空前高涨，社会生活稳步有序发展，商旅需求复苏好于休闲需求恢复，延后的商旅需求集中释放带动中高端酒店超越了疫前水平。酒店市场强势复苏，客房预订量和客房价格均有所上涨；同时酒店业投资也保持良好的发展势头；新店开业、签约频率加快，随之而来的"五一"、端午小长假的预订量整体超预期。粤港澳大湾区市场中，主要都是通过市场需求的恢复推动业绩回升，平均房价恢复程度最高的市场分别为深圳、佛山和澳门，平均房价指数均达到98，但其入住率对比2019年同期均有不同程度的差异。粤港澳大湾区除广深之外的各个次级市场中，珠海的需求较高，平均入住率达到63%，东莞和佛山紧随其后，但未能超越。进入7月份，粤港澳大湾区市场入住率都呈现抬头上升趋势，而珠海的上升幅度较其他市场显然更高，迎来热烈的暑期。整个粤港澳大湾区市场（含广州、深圳），奢华级别酒店的恢复程度最高，超越2019年同期，主要是通过平均房价的增长推动业绩提升，在所有级别酒店中表现最优。中高档酒店紧随其后（见表3）。

表3 广州、深圳星级酒店关键性经营指标统计（2023年上半年）

城市	营业收入（亿元）		平均房价（元/间）		平均出租率(%)		每间可供出租客房收入（元/间）	
	Q1	Q2	Q1	Q2	Q1	Q2	Q1	Q2
广州	13.48	16.09	478.02	544.54	53.82	58.91	257.28	329.68
深圳	7.02	8.6	611.38	629.34	53.68	57.63	303.27	382.56

资料来源：迈点网。

（三）粤港澳大湾区酒店业竞争情况分析

1.粤港澳大湾区各城市定位不同，星级酒店差异化特征突出

广州、深圳、香港、澳门四个中心城市的人均GDP均领先于其他城市。粤港澳大湾区整体的酒店市场和广州、深圳一样仍以商务相关需求（商务、会议）为主，会议需求有明显增长，商务仍是粤港澳大湾区最为显著的特色标签。粤港澳大湾区的商务相关需求所占比例约为70%。粤港澳大湾区各城市因为经济规模和经济结构的差别，高端酒店的定位也有一定的差异，高端酒店的市场基本分为三大梯队。香港、澳门依托经济的国际化程度高，高端酒店的数量多，平均房价、出租率领先于其他城市，居第一梯队位置。广州、深圳是第二梯队，作为国内的一线城市，经济规模和活力依然吸引了大量高端酒店入驻，住宿率逐渐向第一梯队靠拢，其他非中心城市为第三梯队，仍

处于"以价换量"的发展周期之内，高端需求有限。

每座城市的位置、资源、经济发展程度各有特点，定位差异化特征明显。其中，广州以商贸、会展、综合都市旅游为特色；深圳发展高科技、海滨休闲；佛山发展商务与历史文化旅游、主题公园与商务综合旅游；珠海打造国际休闲旅游度假区，重点突出海洋海岛游和主题公园游等；香港、澳门因其国际化程度高，五星级酒店的占比远超内地九市。内地九市中，广州和深圳现有酒店的数量遥遥领先于其他七市，五星级以上的高端奢华酒店，广州、深圳占比超过60%，四星级酒店的占比在50%以上，东莞、珠海、佛山、惠州紧随其后，中山、江门和肇庆相对落后。

2.粤港澳大湾区酒店集团品牌化发展形成竞争优势

（1）香港、澳门、广州、深圳的五星级高端酒店，国际品牌酒店占比高，优势明显

2023年，酒店市场进一步回暖，国内外酒店迎来发展新机遇，各大酒店集团加快全球扩张，高频开业重塑酒店阵营。在当前酒店市场中，酒店供给的多元化，逐步由"星级导向"向"品牌导向"演变。随着酒店品牌的迅速发展及国内酒旅市场的稳步成熟，同质化产品逐渐失去受众，个性化消费趋势逐渐显现，产品的优化及更新迭代成为必要举措。

粤港澳大湾区中，香港、澳门特殊的政治经济形态、旅游地位、酒店发展历程，使得他们依旧是整个粤港澳大湾区酒旅行业的"龙头"。香港、澳门的酒店"首店"作用更强，对于万豪、希尔顿、洲际等全球连锁酒店品牌在亚太区的第一落地，很有可能选在香港，而娱乐界的美高梅选择了澳门。香港酒店市场，万豪集团有丽思卡尔顿、瑞吉、JW万豪、W酒店、喜来登、万丽、万怡、艾美等9个品牌12家店，排名第一；洲际酒店集团有英迪格、洲际、皇冠假日、丽晶、假日5个品牌6家店，排名第二；凯悦酒店集团有凯悦、君悦2个品牌4家店，排名第三；瑰丽酒店、香格里拉酒店各2家店。澳门酒店市场，万豪集团有丽思卡尔顿、瑞吉、JW万豪、W酒店、喜来登5个品牌5家店，与洲际酒店集团的洲际、皇冠假日、假日3个品牌5家店并列第一，其余酒店集团如凯悦、希尔顿、雅高集团、文华东

方、四季酒店等都只有一家店（见图1、图2）。澳门的奢华酒店中，除了以上国际品牌外，赌王家族开的酒店也占了一席之地。

内地九市中，广州、深圳这两个一线城市中国际酒店集团以多品牌战略占据了主要的五星级高端酒店市场，四星、三星则由国内酒店集团占主导（见图3、图4）。2023年新开业的酒店从品牌类型上看，中高端酒店签约24家，占比第一；经济型酒店和中端酒店分别位于第二位和第三位。市场布局上，在呈现全国扩张态势的同时，酒店品牌都在加码旅游目的地城市和下沉市场。

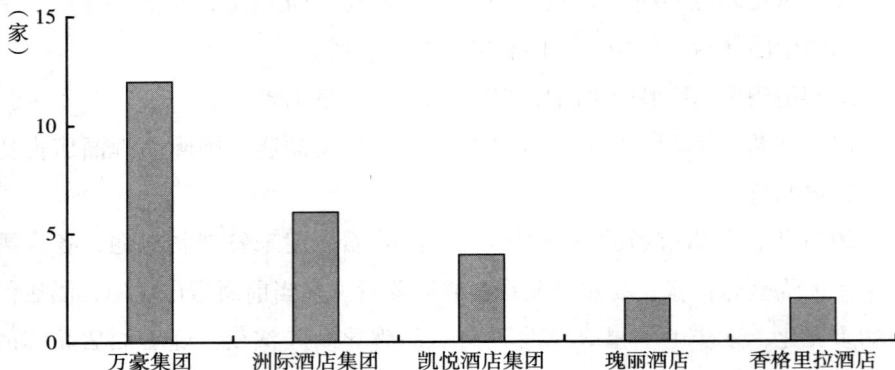

图1　香港五星级高端酒店分布

资料来源：根据各酒店官网数据整理，下图同。

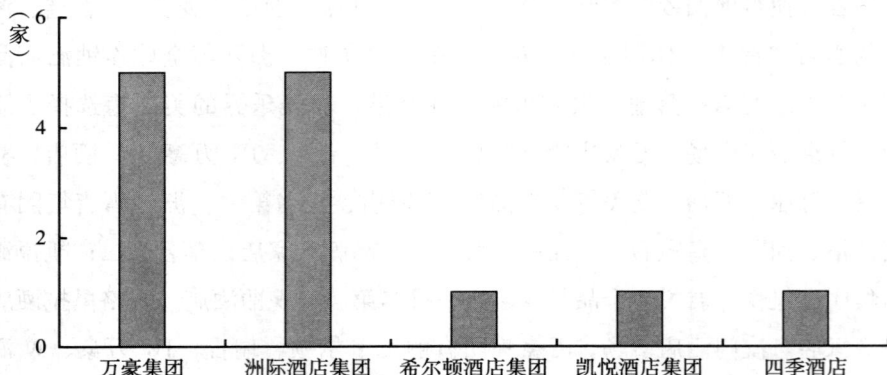

图2　澳门五星级高端酒店分布

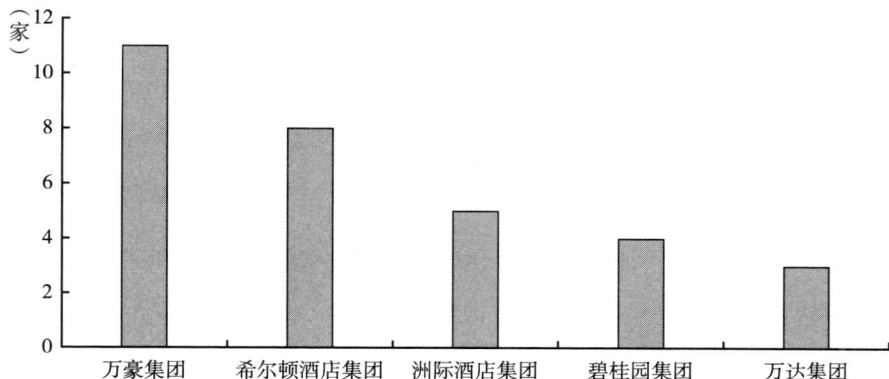

图3　广州五星级高端酒店分布

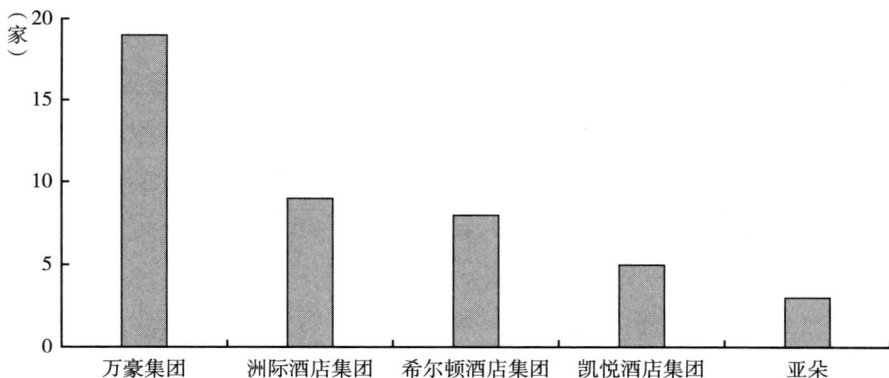

图4　深圳五星级高端酒店分布

（2）国内酒店集团深耕中端及中高端酒店市场，并占据优势

国内酒店集团将更多的资源集中在大湾区中端及中高端酒店市场。广州的四星级酒店锦江集团排名第一，有维也纳、丽枫、凯里亚德、希尔顿欢朋（与希尔顿酒店集团合资）等品牌共23家；柏高集团以柏高、柏高·雅、柏高·颂三个品牌16家酒店排名第二；东呈集团以宜尚、宜尚PLUS、铂顿、柏曼、怡程五个品牌共7家酒店排第三；国际酒店集团中洲际酒店集团的假日酒店有3家，温德姆集团的戴斯酒店有3家。深圳的四星级酒店中，亚朵以44家排名第一；华住集团以全季、桔子水晶、CityGo欢阁、美仑四个品牌共30家

酒店数量排名第二；锦江集团以维也纳国际、维也纳两个品牌共 8 家酒店排名第三；国际酒店集团中希尔顿酒店集团有 22 家，洲际酒店集团智选假日有 8 家（见图 5、图 6）。

广州的三星级酒店市场，国内酒店集团中锦江集团以丽枫、希岸等品牌 224 家排名第一，东呈集团以 78 家排名第二，华住集团以全季、宜必思、桔子、怡莱等品牌 38 家店排名第三，首旅集团以如家商旅、如家精选、和颐等品牌排名第四。深圳的三星级酒店，锦江集团、华住集团、首旅集团位列前三。

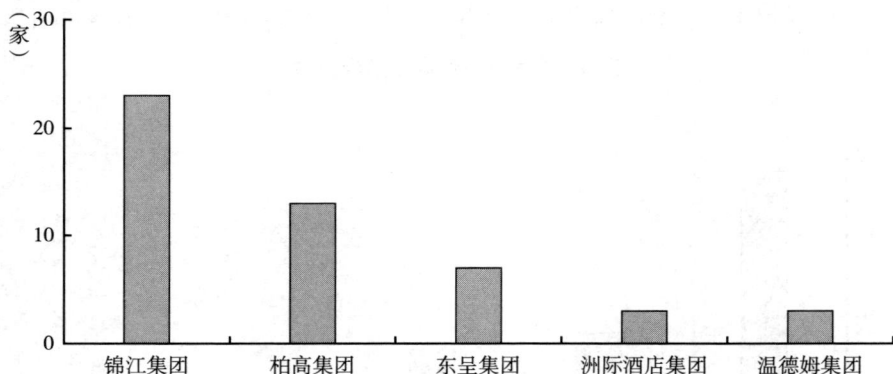

图 5　广州四星级酒店分布

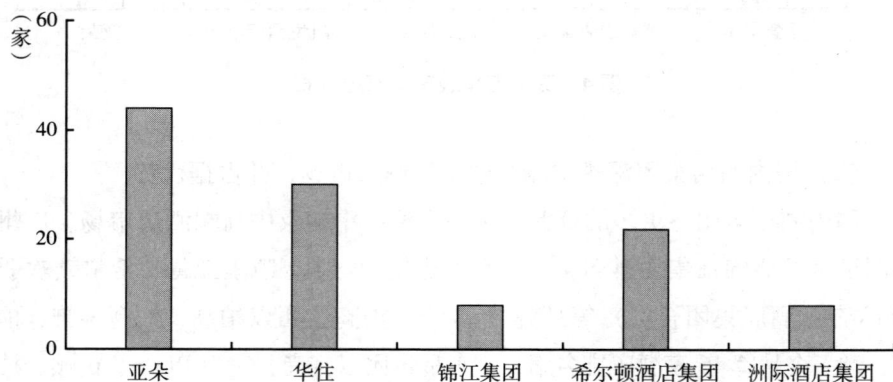

图 6　深圳四星级酒店分布

3. 粤港澳大湾区酒店市场为迎合顾客年轻化的倾向重视特色主题酒店的开发

粤港澳大湾区商业、会展、旅游发达，资源聚集度高，人才吸引力大，年轻人成为未来的主力消费人群。此类消费者倾向于体验式消费，对产品的社交性、活力程度有极高的偏好，对于出行的居住要求更加品质化，个性化与特色主题酒店产品有较大发展空间。主题酒店与文化和应用场景密切相关，在酒店设置上区分消费场景可避免游客产生同质化审美疲劳，而差异化经营对于未来酒店行业的市场竞争是非常重要的方向。主题酒店开发非常成功的案例是长隆酒店，借助番禺长隆野生动物世界打造长隆酒店，珠海横琴长隆国际海洋度假区打造横琴湾酒店、企鹅酒店、马戏酒店、飞船酒店、迎海酒店公寓等。

据迈点研究院分析，2023年第一季度，在新开业的62家高端酒店中，59家酒店有主题特色。其中，31家酒店的主题定位涉及商务休闲、商务度假、商务旅居，占比为52.54%。度假酒店数量位居第二，共有14家，占总数的23.73%。其他主题还包括生活方式、美学、文化、养生、潮牌等。

二 粤港澳大湾区酒店业发展趋势

随着粤港澳大湾区产业的宏观布局，以及《广东省"十四五"旅游业发展规划实施方案》中建设湾区"世界级旅游目的地"的落地实施，粤港澳大湾区在旅游及住宿板块上，坐拥极大的人口红利，也催生了更多元化和个性化的住宿需求，原有的酒店数量、布局、服务质量等方面均有提升空间，从而决定了粤港澳大湾区酒店发展的总体趋势。

（一）酒店连锁化将继续保持加速发展态势

从粤港澳大湾区酒店总体发展情况来看，酒店数量呈上升趋势。在酒店存量有余的情况下，连锁化成为满足旅游业超速度、酒店实现新增量的有效举措。随着行业整体回暖，各家酒管品牌为抢占复苏红利，进一步加大了市场投入，从而加快了行业连锁化的步伐。据中国饭店协会发布的《2022年中国酒店业发展报告》，国内酒店连锁化率达到35%，较上年增长4个百分点，但较发达国家酒店的60%仍有很大提升空间。从粤港澳大湾区核心区域来看，进入2023年，广东省的酒店存量甚至超过了疫情之前，增长至33129家，但在连锁化率方面，仅有25.31%，还没达到全国平均水平。从各大国际及国内酒店品牌在粤港澳大湾区的连锁布局情况来看，其连锁化势头仍强劲不衰。

国际酒店品牌万豪国际集团总部位于美国马里兰州贝塞斯达，旗下31个知名酒店品牌在138个国家和地区拥有近8300家酒店，包括直接经营酒店、特许经营酒店和授权分时度假酒店。截至2023年上半年，万豪国际在粤港澳大湾区经营酒店74家。作为粤港澳大湾区的核心城市，香港、澳门、广州、深圳是重要的商旅及MICE（会议、奖励旅游、大型企业会议及活动展览）目的地，集团在这四大核心城市共布局51家酒店。2023年5月26日，广州白云国际会议中心越秀万豪酒店、广州白云国际会议中心越秀福朋喜来登酒店、广州白云国际会议中心越秀源宿酒店宣布盛大开业。珠海华发万豪酒店和汕头万豪酒店也先后开业，将进一步扩大集团在粤港澳大湾区的布局。万豪国际将在保持一线市场良好份额的前提下，积极拓展佛山、珠海、江门等二三线市场。同时，万豪国际将在广州、深圳等重点城市群2小时自驾范围内布局酒店，做强短途周末休闲游板块。

同为国际酒店品牌的洲际酒店集团在大中华区拥有12家品牌酒店，旗下正在运营或筹建的酒店总数超过1000家。2023年，集团继续在大中华区扩张，覆盖200多个城市，以其多样化的特色品牌为游客提供难忘的旅程。新开业酒店涵盖了多项细分市场，如豪华、高端、中端等。产品方面，洲际酒店集团旗下皇冠假日酒店及度假村品牌"Moden商旅"计划于2023年正式亮相粤港澳大湾区及整个大中华区，包括深圳国际会展中心皇冠假日酒店、深圳深铁皇冠假日酒店等品牌旗舰酒店。新一代设计从公共空间到客房都极大地满足了商旅客人对灵活性、私密性及高效性的不同需求。

国内中高端酒店品牌也相继加快连锁化步伐。如华住集团华住南方公司于 2022 年 3 月，针对粤港澳大湾区及广西、广东两省，推出了优惠加盟新政策，具体包括：管理费方面，自 2022 年 3 月 1 日起至 6 月 30 日之内完成签约缴费的海友、你好、汉庭、宜必思/尚品、星程、全季、桔子、桔子水晶、漫心品牌加盟项目的合格门店，开业之日起至 2025 年 12 月 31 日期间出租率未达到 80% 享受减免 2% 的管理费（总营收的 2%）的优惠政策；加盟费方面，海友、你好、汉庭、宜必思/尚品、星程、全季、桔子、桔子水晶、漫心品牌加盟项目，自 2022 年 3 月 1 日起至 6 月 30 日内完成签约缴费的，享受一次性加盟费六折的优惠政策；CRS（Cost Responsibility Surcharge，成本的责任附加费）费用方面，非会员在门店首次购卡，2021 年 12 月 1 日后回到本店入住，只要卡在有效期内，产生的 CRS 费减半；在旗舰店加盟方面，旗舰店签约完成后，华住集团奖励加盟商每个项目 30 万至 50 万元，开业后抵扣管理费，并赠送价值 5 万至 10 万元的开业营销支持大礼包。

国内锦江集团也重力布局大湾区。如旗下维也纳酒店已经在广州、深圳、东莞、珠海、惠州、佛山等一线城市和部分二线城市形成了门店集聚的市场效应，持续释放品牌影响力。在这些门店中，既有经典的维也纳酒店，也有品牌焕新后的维也纳酒店 V5.0，它们共同为投资者创造价值，为业界提供具有建设意义的发展方向和可资借鉴的方法论。

（二）酒店数智化将全方位发展

随着科技的迅猛发展和消费者需求的变化，酒店数字化、智能化已经成为酒店行业的新潮流。通过数智化技术，智慧酒店可以提供更加高效、个性化的服务，同时优化管理流程，降低运营成本。智慧酒店将成为行业的主流趋势，引领住宿体验的革命性变革。

1. 酒店前端数智化将进入平台化、系统化阶段

在经历了前期的试水之后，越来越多的新开业酒店配备了各种前端数智化设施，在提升用户体验的同时，也提高了效率。2023 年，随着大厂商、大平台的进入，住宿业的前端数智化迎来平台化的关键阶段，各类前端数智化设备将与住宿企业的运营管理系统更好地协同，"好玩，更有价值"成为

Z 世代选择酒店的首选项。

比如，为了简化宾客预订和入住流程，万豪国际开发了万豪旅享家 App 和微信小程序，让宾客可以线上订房、提出需求，还可以在到达酒店前用手机登记办理入住，用手机房卡开门等。截至 2023 年，万豪国际在中国大陆市场已有近 90% 的酒店上线了小程序；香港、澳门地区酒店也在 2022 年陆续推出小程序订房功能。

比如深圳宝安希尔顿惠庭酒店为使顾客更快地切换独处、工作、会客休闲模式，智能客控在其中扮演了重要角色。欣赏一本书，点击"阅读模式"，轻音乐响起，室内灯光更加柔和；有要事相谈，点击"会客模式"，在安静、私密的环境，与伙伴灵感碰撞；暂时离开，按下客房电源的总关，"记忆模式"记下客房模样，回来时快速恢复。客房状态"打扫卫生""勿扰""呼叫服务"可同时转入酒店管理后台，便于酒店人员提供有针对性的服务，避免出现令人尴尬的打扰情况。

2. 住宿数智化"一站式"解决方案的普及率将进一步提高

将品牌运营、门店管理、会员管理、收入管理等多个子系统整合在一起的"一站式"数智化智能解决方案，将逐渐成为酒管集团的标配，而整合后的效率优势和成本优势，也将被市场进一步认可。通过"AI+人证核验+可信身份认证+刷脸支付+个性化服务"功能的"一站式"解决方案，实现从入住到退房、从服务到管理的智慧化升级。

一是享受兼具科技感与人性化的入住体验。入住前，旅客可以在网上预订房间；到酒店后，旅客可以在智能终端核验身份；身份核验通过后可以自助领取房卡，做到快速入住。在人证核验环节，智能终端支持读取证件信息与现场采集的指纹和人脸信息进行 1：1 或 1：N 比对核验，确保人证合一。既保障核验准确率，又可提高入住登记效率，有效避免了入住高峰期排队等候等问题。二是实现快捷支付，旅客可自助离店。智能终端可通过微信验收，支持扫码在线支付，还能打印交易凭证。对旅客来说，无论是想要续房还是结账退房离店，均可在智能终端上自助完成相关操作。三是借助智能终端，旅客还可享受更多增值服务。如果酒店房间配置了科技智能云锁，旅客在前台完成人证核验后，进入房间时可直接用指纹或身份证开锁，行程更方便。

深圳宝安希尔顿惠庭酒店以"智慧管理智能"为理念，利用一套 SaaS 系统，使设备协同更加顺利。顾客选房时，"AI+人工"客房准备模式已精心准备好 100% 安心客房，这样的体验支撑起希尔顿惠庭在顾客心中的良好印象，创造了酒店特色。它还借助 U Data 酒店数智化管理平台的资产管理系统，无纸化高效在线登记各类用品，精准到个位数；借助 U Data 酒店数智化管理平台的能耗管理，依托 AI 策略节电和空调集控管理，只需动动手指即可管理全店电器，从宏观、微观上双向降低不必要的电力损耗，同时又不影响顾客的住店体验。

3. 在数智化基础上，虚拟化、元宇宙渗入酒店业

粤港澳大湾区作为科技创新集中区域，在酒店数智化上具有天然的基础。同时，新一代酒店消费者越来越追求个性化的消费体验，服务的定制化、虚拟化成为趋势。虚拟客服、虚拟员工代言人、虚拟直播已经在探索的路上，而虚拟环境、虚拟店铺等越来越丰富的服务场景，对酒店管理提出了前所未有的新挑战。在拥抱并开启虚拟化未来的同时，元宇宙的概念也开始延伸至酒店业。未来元宇宙的技术或可以帮助酒店在客户体验和酒店建设方面带来新的创新，通过画面或 360 度全景获得更生动、真实的体验。

一是元宇宙可以用于实现虚拟旅游体验。通过虚拟现实技术，宾客可以在酒店内的元宇宙中参观各国名胜古迹、自然风光等，无需实际出行。如登上珠穆朗玛峰、潜入大堡礁等。二是元宇宙还可以用于丰富酒店内的娱乐设施和活动。在元宇宙中，宾客可以参与各种虚拟娱乐活动，如打游戏、看电影、参加社交聚会等。这些虚拟活动可以满足宾客对娱乐的需求，同时也节省了实际空间和资源。酒店还可以通过与其他企业合作，引入知名 IP 和虚拟现实技术，打造独特的娱乐项目，吸引更多的宾客。三是元宇宙还可以用于酒店的市场推广和品牌建设。通过虚拟现实技术，酒店可以创造出令人惊叹的虚拟场景，展示酒店的豪华设施和服务。宾客可以在元宇宙中亲身体验

酒店的奢华与舒适，增加对酒店的好感和认同。酒店还可以通过虚拟现实技术在元宇宙中举办各种活动，吸引更多的宾客关注和参与。

（三）酒店"下沉时代"到来，布局三四线城市，细分酒店品牌

酒店"下沉"不仅体现在高端、奢华酒店布局三四线城市，还表现为各酒店集团重新细分酒店品牌，重推中端酒店。

第一，高端酒店集团放下身姿，"下沉"粤港澳大湾区三四线城市。近年来，粤港澳大湾区三四线城市凭借庞大的人口基数、不断提高的互联网覆盖率以及快速增长的消费需求，成为备受瞩目的宝藏市场，酒店业自然也对其青睐有加。如今，在粤港澳大湾区酒店市场中，中高端酒店品牌经历了20多年的高速发展，虽然还未进入美国等发达国家成熟酒店市场阶段，但由于核心城市土地稀缺等因素，也正从过去的增量时代，逐步向存量时代迈进，其中又以一二线城市最为严重。而存量市场往往代表着激烈的行业竞争，寻找增量市场是摆脱行业同质化竞争的最好方式。因此，三四线城市下沉的市场价值显现，成为酒店市场主要的外延地。

粤港澳大湾区三四线城市酒店"下沉"明显。2021年12月31日，肇庆喜来登酒店开业；2023年6月13日，肇庆市七星岩温德姆至尊酒店开业；2023年7月，江门头一家柏高雅酒店盛大开业。各大高星酒店集团在粤港澳大湾区三四线城市布局高星品牌，不仅是自身发展的需求，也为当地的旅游产业注入了新的活力，为创业者提供了良好的机会。

国内各大集团也厉兵秣马逐步推出下沉市场品牌。如锦江体系中的七天系列、轻简系列，首旅如家的如家NEO、"云"系列品牌，华住旗下的"海友"等，都在一步步向县城甚至乡镇下沉。而在行业内本身就被称为"小镇之王"的尚美生活（尚客优），"县城之王"的格美集团（格林豪泰）从一开始就瞄准了这个板块，并且大获成功。

第二，"下沉"酒店品牌，重推中端酒店。如全球最大的酒店集团万豪集团，其酒店品牌结构正悄然发生变革。此前，从万怡到丽思卡尔顿，万豪旗下的31个品牌几乎都是定位高端及以上的酒店品牌。2023年6月，万豪

宣布在北美推出"经济型中档"类别的长住品牌；5 月，万豪还正式吸收中端酒店品牌 City Express。无独有偶，距离推出第 19 个品牌不到半年，万豪全球最大的竞争对手希尔顿酒店集团也宣布推出第 20 个品牌——Project H3。希尔顿方面表示，因为服务严重不足，针对寻求入住 20 晚或以上的公寓式住宿客群，开发了 Project H3 这款中低档酒店品牌，旨在满足普通劳动者旅行的市场需求。

第三，国内品牌酒店也"下沉"品牌，重组品牌格局。广东省旅游控股集团有限公司旗下的"白天鹅"品牌序列覆盖了多个酒店细分市场，包括奢华五星、标准五星、四星商务酒店等，形成了各自独立、共创共享的管理矩阵和经营集群；锦江酒店集团旗下的潮漫、IU、丽怡、凯雷德等酒店品牌在广州继续"开疆拓土"；郁锦香、暻阁、云居、丽柏、枫渡等品牌也第一次亮相广州；同时，锦江酒店旗下约 150 家门店将陆续落地深圳、东莞、佛山、中山等区域。

相对而言，奢华酒店、五星酒店开业过程漫长，又面临疫情后经济复苏慢的大背景，高星酒店增长变得越来越难，以万豪为例，万豪希望缩小酒店规模以维持其增长。同时，引起万豪兴趣的另一个因素是中档酒店品牌深受开发商、投资者和业主的欢迎。相对于更为复杂的高端酒店项目，中型酒店物业的运营成本往往相对较低，贷款机构也能更快地为其融资。通过重新细分酒店品牌，向其酒店品牌中的空白区域扩张，万豪缩小了与希尔顿等其他前端酒店集团之间的净单位增长差距，吸引了更多业主，有助于未来酒店数量的快速增长。集团也有信心，通过入住经济实惠酒店从而成为万豪会员的客户，未来有可能转变为其高星酒店的拥趸。

三 粤港澳大湾区酒店发展建议

（一）酒店连锁化发展前景广阔，仍需谨慎应对风险

粤港澳大湾区酒店行业的连锁化发展前景广阔，连锁酒店将凭借其品牌

效应、规模经济和管理水平等方面的优势，逐渐成为市场的主导力量。同时，连锁酒店的发展也将推动行业内的创新和升级，为消费者提供更加丰富和优质的产品和服务。因此，投资者和经营者可以重点关注酒店行业的连锁化发展趋势，把握机会。

但投资者和经营者仍需谨慎应对风险。一方面，酒店行业的竞争依然激烈，投资者和经营者需要充分了解市场情况和企业实力，选择具有竞争优势的连锁酒店进行投资；另一方面，酒店行业的发展受到宏观经济、政策环境等多种因素的影响，投资者需要密切关注这些因素的变化，做好风险防范。

总的来说，过去几十年间，酒店产业经历了野蛮发展时期，疫情加快了酒店业的变革。酒店市场重新洗牌。粤港澳大湾区酒店业面临着经济型酒店、租赁酒店、地产酒店、高端酒店、国际品牌、国内品牌等多个维度的变化。国内酒店连锁化占比预计在 2025 年将达到 45%，之后进入一个缓慢的增长过程。国内酒店的连锁化大部分需要依靠内部调整供应关系变化而增长。面临百年未有之大变局，酒店业也将深刻改变结构与功能，做好风险评估和把控，粤港澳大湾区酒店业的连锁化发展将稳步健康前行。

（二）酒店加速数智化转型，为服务和产品赋能加量

随着信息科技的进步与国家政策的出台，数智化转型已成为酒店企业拓宽市场、实现创新发展的新方向。同时，疫情也加快了数智化重塑酒店管理模式的步伐。然而，尽管酒店数智化转型已成大势，但很多业内人士表示，由于酒店业传统性强的特性，其数智化转型面临着诸多难题，如酒店缺乏对数智化转型是否匹配自身定位、文化环境、战略决策等方面的综合考虑，从而陷入数智化转型误区；员工尚缺乏数智化思维；对消费者体验关注不足，淡化酒店和顾客情感联系。酒店应如何实现数智化转型，为产品和服务赋能加量，实现有序发展，本文提出以下三点对策建议。

1. 定位核准：需求与互联

酒店在进行数智化转型之前，应明确数智化技术是其发展的加速器，而非决定性因素这一底层逻辑，并且数智化转型必须与酒店的发展战略相匹配，牢

记自身定位与实际需求，从而实现系统且有序的变革。酒店在引入数智化技术后，应强调应用数智化的"一致性、联通性"，将其贯穿于整个服务环节，最终实现从顶层设计到具体操作的全方位、"端到端"的数智化改造目标。

2. 思维转变：培训与学习

一是数智化转型是战略层决策、"一把手工程"，酒店应从核心管理者，即从高层抓起。要求酒店高层管理者充分发挥领导带头作用，通过转变自身数智化思维，转变全体员工的数智化思维，在酒店中形成数智化思维的垂滴效应。二是加强培训学习，制定技术破壁计划。酒店可组织专业团队来扫除各部门的业务盲区，促进员工对数智化技术的理解与学习，最终达到统一思想认知和操作方法的目标。

3. 数据管理：安全与体验

一是酒店要加强对数据的管理、维护和分析，通过组建专业团队、增设信息安全部门或数据分析中心来有效掌握顾客信息。二是酒店应将服务的温度融入数智化转型中，注重与客人的情感沟通，提高顾客对用心服务的感知度及对技术使用的体验感、满意度。例如，对顾客进行住后调查，了解相关技术在服务中的优缺点并及时调整对策，最终达到酒店数据管理优、客人入住体验佳的目标。

（三）酒店做好下沉市场，应有强大的运营能力为支撑

1. 重新定义目标客群，重塑消费场景及服务，做年轻人喜爱的酒店品牌

在三四线城市酒店用户画像中，用户年龄集中在 30~40 岁，未婚居多。三四线城市新青年们具有明智的价值观，推崇实用价值主义，拒绝浮夸。同时极具个性化价值观，强调"悦己主义"，并追求超越旅居目的和年龄界限的自在探索体验。因此"一个人经济""闲暇经济"也成为中高端酒店团队在深化产品的过程中考量的重要方向。中高端酒店在开拓三四线城市市场过程中，要将新青年作为主要客群，针对群体的工作、学习、社交和娱乐需求，将旅宿场景融入酒店公共空间和客房空间，生产出应对下沉市场的全新产品线。

2. 中高端酒店核心竞争力发生转移，越后端越决定成败

中高端酒店作为大众消费升级后的住宿选择，有着广泛的消费群众基础，据迈点研究院数据分析，目前中高端酒店转型方向为：打造多元场景，在软硬件设施、美学设计和服务方面下功夫，更多元化、年轻化和时尚化。当前的白热化竞争则聚焦在运营端，包括中台系统打造、在地化运营的落地、经营人才的培养和输送等。尤其对于下沉市场而言，在地化运营落地和经营人才培养输送面临着巨大的挑战。例如，所有中高端酒店在进军下沉市场时，无一例外会陷入"中央客源无法输入本地市场"的窘境，于是，"门店 KOL"概念做好单店盈利模型、形成区域抱团做私域流量、建立多个营销社群、资源联动等方法被相继提出。

从中长期来看，后端优势也逐渐影响中高端酒店品牌的竞争力。因为从收益构成来看，酒管公司收益来源主要包括：一次性加盟费（看品牌影响力）、管理费（运营产生的价值收益）、供应链能力。品牌的供应链能力不仅仅是物资采购的成本优势，更重要的是供应链管理的能力。随着酒店投资的进一步分化和下沉，中高端酒店的核心竞争力在发生转移，经历过品牌力竞争、运营力竞争之后，后端供应链正在走向台前；从长远来看，经济型酒店的竞争拐点在运营力，赛点在供应链能力，且越后端越决定成败。

3. "下沉"品牌越多，市场风险越大

值得提醒的是，这些国际五星酒店集团增加工薪阶层负担得起的酒店品牌越多，经济下行时期的市场投资风险就越大。酒店通过增加更多经济实惠的酒店成功地实现了客户群多元化，但也将更容易受到游客波动的影响，因为他们的预订模式与宏观经济趋势相关。在下一次经济衰退中，酒店的命运可能不会那么有弹性。而能够负担得起高端酒店价格的度假者、会议奖励活动组织者相对不受宏观经济问题的影响。

总体而言，下沉三四线城市市场，是人、财、物的全面下沉，中高端酒店品牌进军下沉市场，它的品牌标准、发展模式、管理者及其考核模式都要全面下沉，它需要一套科学的行之有效的方法。

参考文献

蒋政：《国际酒店加码中国市场挖掘下沉生意》，《中国经营报》2023 年 6 月 5 日。

袁慧玲：《OTA 兴起背景下的酒店运营绩效研究——以华住酒店集团为例》，中南财经政法大学硕士学位论文，2020。

马晓雨：《季琦：逆势决胜》，《国企管理》2020 年第 5 期。

石海娥：《展望 2021 之三重体验与个性化是零售业发展主基调》，《光彩》2021 年第 1 期。

王昕：《经济型酒店网络服务场景对消费者购买意愿的影响研究——以网络信任为中介》，上海师范大学硕士学位论文，2019。

区 域 篇
Regions

B.5
2023年香港会展旅游酒店发展
现状和趋势分析研究

李瑞雪*

摘　要： 香港旅游业的发展对促进粤港澳大湾区的整体旅游业发展、提升区域形象和吸引力、推动粤港澳大湾区的综合发展具有重要意义。香港旅游业的发展对粤港澳大湾区的作用是多方面的，包括旅游枢纽、资源共享、文化交流、经济发展和人才培养与交流。本报告基于香港会展、旅游、酒店行业的统计数据及现状与趋势进行分析，从文化、政策、经济角度提出可行性建议，打造传承中华民族文化基因，彰显中国式现代化的文化旅游高地。

关键词： 粤港澳大湾区　会展业　旅游业　香港

---

* 李瑞雪，广东轻工职业技术学院讲师，主要研究方向为文化旅游、研学旅游。

一　概述

作为全球领先的会展中心之一，香港以其独特的地理位置、国际化的商业环境和高水平的专业服务吸引了大量的会展活动。香港位于亚洲心脏地带，连接中国内地与世界其他地区，方便参展商和参观者的来往。它是一个重要的国际交通枢纽，拥有现代化的机场、港口和交通网络。香港设有多个大型会展中心，如香港会议展览中心（HKCEC）和亚洲国际博览馆（AsiaWorld-Expo）。这些场馆配备了先进的设施和灵活的空间，能够容纳各种规模和类型的会展活动。同时，香港是一个开放、自由和国际化的城市，拥有成熟的金融体系、法治环境和知识产权保护。这为企业家和参展商提供了良好的商业机会和投资环境。香港拥有经验丰富、专业化的展览和会议服务团队。从活动策划、场地布置到物流运输和市场推广，各个环节都能提供高质量的专业支持和服务。香港会展业涵盖了多个行业领域，包括贸易、金融、科技、文化、娱乐等。各类展览和会议为企业提供了展示产品、交流经验和拓展业务的平台。香港会展业对于香港经济的发展起着重要的推动作用。它不仅促进了国际贸易和投资，还提升了香港作为全球商业和文化中心的地位。同时，会展业也给本地居民带来了就业机会和经济效益，推动了旅游业的发展。总体而言，香港凭借其优越的地理位置、完善的设施和服务、国际化的商业环境以及多元化的产业支持，成为亚洲乃至全球最重要的会展目的地之一。

香港是一个国际知名的旅游目的地，旅游业是香港的传统主要经济支柱之一。香港以其独特的地理位置、丰富的历史文化和现代化的城市风貌吸引着大量国内外游客。香港不仅是亚洲区内首选会展旅游目的地，也是亚洲邮轮旅游的中心之一，香港位于亚洲的中心地带，是许多国际航线的重要节点，其优越的地理位置使香港成为探索亚洲和中国大陆的理想起点。香港拥有多个现代化的邮轮码头，众多国际知名的邮轮公司在香港运营，包括皇家加勒比国际邮轮、嘉年华邮轮、诺唯真邮轮等。他们提供各种类型的邮轮，从豪华邮轮到主题邮轮，以满足不同旅客的需求。

香港的酒店业是该地区重要的经济行业之一。作为国际旅游和商务中心，香港吸引了大量的游客和商务旅行者。香港酒店数量规模庞大，涵盖了各个星级和价格范围。从豪华五星级国际品牌酒店到经济型酒店和客栈，游客可以根据自己的预算和需求选择合适的住宿。不仅如此，香港酒店的分布十分广泛，包括市中心、海滨地区和离岛等不同的地理位置。市中心的酒店通常更适合商务旅行者，而海滨地区和离岛上的酒店则提供更多度假和休闲的选择。香港的酒店以其高质量的服务而闻名。员工通常能够流利地使用英语和普通话，并提供专业和周到的服务，以满足来自世界各地的游客的需求。许多世界知名的国际酒店品牌在香港设有分店，如香格里拉、洲际酒店、万豪和喜来登等。这些酒店提供高端的设施和服务，适合追求奢华体验的客人。

二 香港会展业发展现状

香港会展业在过去几十年一直是香港重要的经济支柱，并享有国际声誉。香港每年都吸引来自世界各地的参展商和观众，举办大型的国际展览。

（一）世界级的会展中心

香港会展业以其国际性、专业性和创新性而著称。作为亚洲的商业和金融中心，香港拥有全球化的经济环境和多元文化，为国际交流和商务合作提供了良好的平台。香港的会展业具备高度的专业水平和丰富的经验。从组织和策划到场地管理和服务，各个方面都注重细节和专业性。展览和会议活动得到精心安排，满足参展商和观众的需求。

香港拥有多个专业会展场馆，其中最知名的是亚洲国际博览馆（Asia World-Expo）和香港会议展览中心（Hong Kong Convention and Exhibition Centre，HKCEC）。这些场馆提供了先进的设施和服务，能够承办各种类型和规模的会议、展览和活动。香港每年吸引着大量的国际会议和展览活动。

这些活动涵盖了广泛的行业领域,如金融、科技、医疗、物流、时尚等。参展商和专业人士从世界各地前来参与交流和商务合作。会展业对香港的经济发展起到了重要的推动作用。香港会展业不仅是产品展示的场所,更是商业合作和交流的重要平台。参展商可以与潜在客户建立联系,开拓市场,扩大业务网络。同时,各类行业论坛和研讨会也为参与者提供了分享知识和经验的机会。

(二)科技创新与互动体验

香港会展业积极采用创新科技,提供先进的展示和互动体验。虚拟现实(VR)、增强现实(AR)、智能展品等技术应用广泛,为参展商和观众带来更丰富、更吸引人的展览体验。

2019年是香港会展业的挑战性年份,主要受到社会局势的影响。由于香港的社会事件频发,一些会议和展览活动被取消、延期或受到影响。像全球范围内的其他地方一样,香港的会展业也受到了新冠疫情的严重影响。由于旅行限制、社交距离和活动限制等措施,许多会议和展览活动被取消、延期或只能线上进行。然而,尽管存在困难和挑战,香港仍然是一个重要的国际会展中心,吸引着全球各个行业的专业人士和参展商。在面对疫情挑战的过程中,香港的会展业积极采用创新技术来促进线上展览和虚拟会议的发展。通过虚拟展厅、在线商务洽谈和数字化展示等方式,参展商和观众能够在线上进行商务交流和展示产品。根据香港贸易发展局(HKTDC)的数据,2019年香港举办了大约140场国际会议和展览活动,参展商数量超过70000人次。这些活动涵盖了各个行业领域,包括金融、科技、医疗、物流等。2019年香港会展业的总收入约为132亿港元[①]。尽管与前几年相比有所下降,但这仍显示出香港作为一个重要的会展目的地的地位。

---

① 根据香港贸易发展局(HKTDC)数据整理。

（三）香港政府对会展业的投入与支持

根据香港特区政府的数据，2018 年香港的会展和会议旅游业创造了约 240 亿港元的经济产值，占 GDP 的 1.1%。此外，会展业还创造了大量就业机会，并促进了相关行业的发展，如酒店、餐饮、旅游和交通等。

政府致力于加强香港作为亚洲区内首选会展旅游目的地的吸引力。旅发局已于 2008 年 11 月成立了香港会议及展览拓展部专责有关工作。政府已预留约 2 亿元额外拨款给旅发局，让旅发局在 2023～2024 及 2024～2025 年度加大力度争取更多会展旅游活动在港举行，以吸引更多高增值旅客，巩固香港作为区内首选会展旅游目的地的地位。

香港贸易发展局是香港特别行政区政府设立的贸易推广机构，成立于 1966 年。主要致力于帮助香港企业拓展海外市场，开展国际贸易活动。他们组织和参与各种国际贸易展览会、买家洽谈会和商务考察团等活动，为本地企业提供平台和机会与国际买家建立联系。HKTDC 收集整理全球贸易信息，并为企业提供市场情报、贸易统计数据、行业研究报告等信息资源，帮助企业做出战略决策，把握市场机遇。此外，HKTDC 定期组织各类贸易展览、会议、论坛和研讨会等活动，涵盖多个行业领域。同时，他们还提供一系列贸易支持服务，包括买家配对、商务洽谈、市场推广、品牌推广等，帮助企业扩大业务。HKTDC 通过建立合作关系、开展宣传活动以及推动政策发展，致力于增强香港作为国际贸易和物流枢纽的地位，吸引更多的外国投资和贸易流通。总体而言，HKTDC 是一个重要的推动者和支持者，致力于促进香港的国际贸易、经济发展和商业合作。他们在推广香港企业、开拓市场、提供贸易信息和服务方面发挥着重要作用。

三　香港旅游业发展现状

香港是一个备受欢迎的旅游目的地，拥有独特的文化、美食、购物和景点。香港融合了东西方文化，游客可以在这里体验到不同的宗教和传统节日，感受独特的多元文化氛围。

（一）香港旅游业的天然优势

香港拥有许多具有历史意义的建筑和寺庙，如香港文化博物馆、天后庙和昂坪大佛。香港以其丰富多样的美食而闻名，可以品尝到各种传统和国际菜肴，包括粤菜、海鲜、火锅和甜品。香港还是购物者的天堂，拥有众多的商场、街市和奢侈品店。时装、电子产品、珠宝和化妆品等商品都可以在这里找到。除了繁华都市外，香港还有许多自然景观，如维多利亚港、大屿山和龙脊等著名景点。旅游者可以参加各种各样的活动，如乘坐观光巴士、游船旅行、夜间灯光秀和探索香港的夜生活。香港拥有丰富多样的艺术和文化活动，如电影节、艺术展览、音乐会和戏剧表演，并且每年都有许多传统的节日庆祝活动，包括春节、中秋节和圣诞节等。这些节日为游客提供了体验当地文化的机会。

香港一直以来致力于发展主题公园，旨在增加旅游吸引力和提升旅游业的多样性。香港迪士尼乐园是香港开设的首个主题公园，于2005年开园。该乐园位于香港新界大屿山，占地面积约27.4公顷，拥有众多经典迪士尼角色和主题区域，提供丰富的娱乐设施和表演。香港海洋公园成立于1977年，是一个海洋主题公园和动物保育中心。公园位于香港岛南部的山顶附近，占地面积约91.5公顷。它结合了娱乐设施、海洋生物展示、观赏设施和教育元素，为游客提供与自然、野生动物互动的机会。梦幻田园是香港金紫荆广场旁的一个农庄主题公园，由政府支持和农业发展委员会管理。它提供了近郊农场体验，包括动物马戏、手工艺品制作、果园探险等活动。此外，香港还计划开发其他主题公园，如中国文化主题公园和林村主题公园，以丰富旅游选择和吸引更多游客。香港主题公园的发展旨在满足不同游客的需求，提供娱乐、教育和文化体验。这些公园通常与旅游业一起发展，为香港经济做出了重要贡献，并成为香港作为国际旅游目的地的重要特色之一。

（二）香港旅游业可持续发展面临的挑战

虽然香港一直以来受到各地游客的喜爱，但也存在一些弊端。香港是一个高成本的旅游目的地，包括住宿、餐饮和交通等方面。这使得一些预算有限的旅行者可能会选择其他更经济实惠的目的地。香港是一个地域狭小的城市，土地资源有限。由于空间受限，香港无法提供大规模的自然景观和广阔的户外活动场所，相对缺乏与自然环境接触的机会。香港是世界上人口密度最高的城市之一，尤其是在繁忙的旅游季节，景点和公共交通往往非常拥挤。这给游客带来不便，并可能影响他们的旅游体验。

尽管面临这些劣势，但香港作为一个国际化城市仍然吸引着大量游客，这得益于其独特的文化魅力、购物和美食体验以及便捷的国际交通网络等优势。香港旅游业在过去几十年中一直是经济的重要支柱，吸引了大量国内外游客。

（三）香港政府的相关旅游政策

2017年，香港政府发布了《香港特别行政区旅游发展规划蓝图》，作为推动旅游业发展的长期规划文件。该蓝图旨在提出措施和目标，促进香港作为世界级旅游目的地的发展。蓝图确定了香港特别行政区旅游业的长远发展目标，例如提升旅游服务质量、增加游客到访数量、拓展市场多样性等。重点发展领域包括文化遗产旅游、商务旅游、休闲度假旅游等。旅游基础设施建设包括规划和改善旅游基础设施，如交通网络、酒店和旅游设施等，以提供更好的旅游体验。旅游产品开发主要致力于推动开发多样化和有吸引力的旅游产品，包括主题公园、旅游线路、文化活动等，以满足不同游客的需求。加强香港作为旅游目的地的品牌形象，提升知名度和吸引力。加强与相关机构、业界和国际伙伴的合作，共同推动旅游业发展。这些规划蓝图的实施通常需要跨部门合作，并在一定时期内进行评估和更新，以适应旅游市场和需求的变化。

政府在 2023~2024 和 2024~2025 年度预留共 1 亿元，争取更多能吸引旅客和极具旅游宣传效果的大型盛事活动在港举行，特别是一些著名或新兴的而过去未曾在港举办的盛事活动。大型盛事活动可以营造正面的气氛，同时展示香港的独有魅力，为游客提供丰富和多元化的体验。

（四）疫情影响下的香港旅游业

疫情前，2019 年旅游业占香港本地生产总值的比重约为 3.6%，雇用约232700 人，占整体就业人口的约 6.0%。由于疫情持续，旅游业在 2021 年占本地生产总值的比重跌至 0.1%，其就业人数亦缩减至只有约 22500 人，约占整体就业人口的 0.6%。2022 年 12 月份受新冠疫情影响，访港旅客为160578 人次（见图 1）。2023 年 2 月初，香港与内地及世界各地全面恢复正常人员往来，旅客人次持续上升，根据 2023 年统计数据，截至 5 月底，旅客累计达 950 万人次，远超 2022 年 60 万人次的水平。全面恢复正常人员往来后的日均旅客人次已恢复至疫情前水平的 47%[1]。

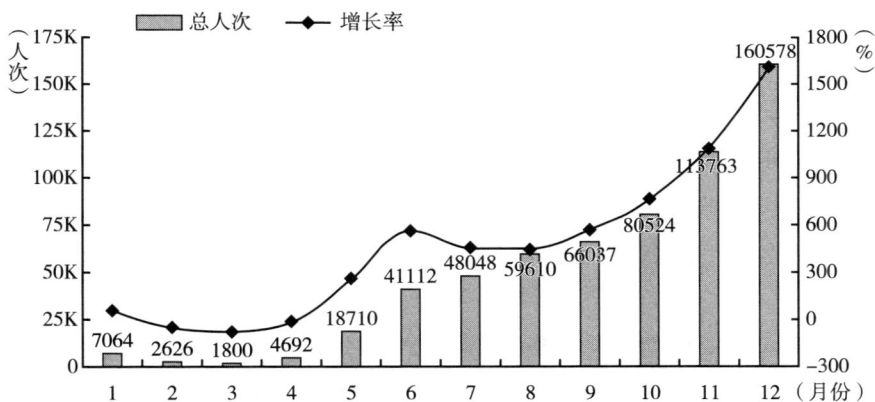

图 1 2022 年访港旅客总人次及增长率

资料来源：香港旅游发展局公布数据。

[1] 香港旅游发展局公布数据。

2023 年 2 月香港全面取消通关限制，截至 2023 年 8 月，访港旅客人数为 4077746 人次，同比增长 6740.7%，其中北亚地区的访港旅客人数增长速度最快，为 11720.5%。由于疫情期间的旅行限制，许多人推迟或取消了原计划的旅行。限制解除后，积压的旅游需求得到释放，旅游人数急剧增加（见表 1）。

表 1 2022 年和 2023 年访港旅客人数统计

单位：人次，%

居住国家/地区	2022 年 8 月	2023 年 8 月	增长率
美洲	2765	83897	2934.2
欧洲、非洲及中东	2373	69845	2843.3
澳洲、新西兰及南太平洋	506	19948	3842.3
北亚	628	74233	11720.5
南亚及东南亚	3114	179099	5651.4
中国台湾	1203	78100	6392.1
中国内地	48269	3435296	7017.0
合计	59610	4077746	6740.7

资料来源：香港旅游发展局。

据香港旅游发展局统计，2023 年 1~6 月与入境旅游相关的消费总额为 750.47 亿港元，其中过夜旅客的消费总额为 540.2 亿港元，过夜旅客人均消费额为 8212 港元；过夜旅客每日平均消费额为 2128 港元。过夜旅客中，人均消费最高的是北亚旅客，达 13541 港元（见表 2）。

表 2 2023 年 1~6 月香港入境过夜旅游相关消费

居住国家/地区	过夜旅客总消费（亿港元）	过夜旅客人均消费（港元）	过夜旅客每日平均消费（港元）
美洲	18.78	8409.00	1591
欧洲、非洲及中东	25.32	10072.00	1916
澳洲、新西兰及南太平洋	6.44	8667.00	1434
北亚	20.97	13541.00	4110
南亚及东南亚	84.98	11183.00	2723

居住国家/地区	过夜旅客总消费（亿港元）	过夜旅客人均消费（港元）	过夜旅客每日平均消费（港元）
中国台湾	12.65	8071.00	2292
中国澳门	6.65	4006.00	1795
中国内地	364.38	7605.00	2038
合计	540.2	8212.00	2128

资料来源：香港旅游发展局。

香港拥有众多的购物区和商场，包括中环、铜锣湾、尖沙咀等地。这些地方聚集了世界知名品牌和时尚潮流店铺，同时也有许多本地特色小店和市场，满足了不同消费者的需求。2023年1~6月，过夜旅客消费高达54亿港元，其中购物消费额为27.1亿港元，占过夜旅客总消费的50.2%（见表3）。

表3　2023年1~6月过夜旅客消费模式

单位：亿港元，%

消费模式	总消费	百分比
购物	27.10	50.2
酒店账单	12.62	23.4
酒店外膳食	9.76	18.1
娱乐	1.43	2.7
观光	0.075	0.1
其他	3.02	5.6
合计	54	100.0

资料来源：香港旅游发展局。

香港优越的地理位置、与全球紧密联通，以及具有吸引力的旅游资源，使其成为亚洲区内主要的邮轮枢纽，为亚洲旅客带来丰富的邮轮体验。位于前启德机场跑道的启德邮轮码头于2013年6月开始运作，可容纳两艘全球最大型的邮轮同时停泊。启德邮轮码头连同尖沙咀的海运码头，提供所需的基建以巩固香港的地位。然而，由于全球疫情的影响，旅游业受到了一定冲击，2022年邮轮游客增长率为-95.3%（见表4）。

表4　2021年和2022年香港邮轮旅客流量统计

单位：人次，%

乘客总流量合计（无目的地）		增长率	
2021年	2022年	2021年	2022年
253017	11843	86.4	−95.3

资料来源：香港旅游发展局。

疫情对于香港邮轮市场进行了梳理和洗牌。随着疫情的结束，邮轮市场面临大规模重启，船员需求激增，船员与邮轮之间的供需失衡，导致不少邮轮公司取消行程、降低入住率或减少服务内容。根据香港旅发局2023年1~6月的统计数据，邮轮乘客已达到163209人次，同比增长1278.1%（见表5）。2023年1月旅发局已成功争取到至少16家邮轮公司重返香港，提供至少82个航次，以满足运营需求。

表5　2023年1~6月香港邮轮旅客统计

单位：人次，%

居住国家/地区	过境邮轮乘客（乘同一邮轮进出港）	在香港登船或下船乘客	乘客总数	增长率
美洲	2850	1761	4611	
欧洲、非洲及中东	12226	14570	26796	
澳新及南太平洋	632	526	1158	
澳洲、新西兰	594	472	1066	
	38	54	92	
日本、南韩	42	80	122	
南亚、东南亚	258	3086	3344	
台湾	23024	3247	26271	
中国澳门	4	292	296	
中国内地	2118	4959	7077	
中国香港		93534	93534	689.8
合计	41154	122055	163209	1278.1

资料来源：香港旅游发展局。

四　香港酒店业发展现状

（一）香港酒店业的优势

香港酒店供应丰富，拥有各个价格段和不同类型的酒店。从高档豪华酒店到经济型酒店，游客可以根据自己的需求选择合适的住宿。香港酒店以提供高水平的服务而闻名。员工通常礼貌热情，并且能够迅速响应客人的需求。酒店设施和客房的维护也往往令人满意。酒店通常位于交通便利的地理位置，方便客人前往各个景点、购物中心和商业区。此外，香港的公共交通系统相当发达，包括地铁、巴士和电车等，使游客更容易到达目的地。香港酒店周围通常有许多餐厅、咖啡馆和购物场所。无论是品尝当地美食还是购买国际品牌商品，香港都能提供丰富的选择，满足游客的口味和购物需求。香港拥有丰富多样的文化和旅游景点，包括维多利亚港、太平山顶、迪士尼乐园等。住在香港酒店可以更加方便地探索这些独特的地方，并体验城市的独特魅力。

香港酒店业主联会（Hong Kong Hotels Association，HKHA）是一个代表香港酒店业的行业组织。它成立于1961年，旨在促进香港酒店业的发展、维护其权益，并提升服务质量和行业形象。HKHA的成员包括各类酒店，从五星级国际连锁酒店到小型独立酒店。该组织致力于为其会员提供支持和服务，代表会员与政府、旅游局和其他相关机构进行对话，推动制定有利于酒店业的政策和法规。通过组织研讨会、培训课程和活动，为会员提供行业信息、最佳实践和经验分享的机会。该组织为会员提供各种业务支持，包括市场推广、销售合作、技术咨询和人才发展等；促进会员之间的交流和合作，帮助他们建立业务合作伙伴关系，扩大业务网络；通过制定和推广行业标准和最佳实践，提高酒店服务质量和客户满意度。香港酒店业主联会在促进香港酒店业的可持续发展和提升行业竞争力方面发挥着重要作用。

（二）香港酒店业面临的挑战

香港酒店与其他地区相比也有不足之处，香港是一个高成本的城市，酒店价格通常较高，特别是在繁忙的旅游季节或商务活动期间，价格可能会进一步上涨。由于香港土地有限，酒店客房通常相对较小。尤其是经济型酒店或位于繁华区域的酒店，房间面积可能更为有限。香港是一个繁忙的城市，部分酒店可能受到交通噪声或周围环境的影响，导致客房内可能存在一定程度的噪声干扰。另外由于香港人口密度高，酒店经常面临入住率较高的情况，特别是在旅游旺季，这可能导致部分酒店公共区域拥挤，如大堂、电梯和餐厅，给部分客人带来不便。虽然香港的交通系统方便，但某些酒店可能位于离主要景点较远的地方。香港的酒店市场竞争激烈，酒店从业者需要不断提升服务质量和增加吸引力，以吸引更多客户。此外，价格也是一个考虑因素，特别是在经济型酒店领域，市场上存在较大的竞争和价格压力。

（三）疫情后香港酒店业的现状

2020年新冠疫情暴发后，由于国际和本地旅行限制的实施，香港的旅游业受到了严重冲击。入境旅客数量大幅下降，导致酒店入住率和收入下降。疫情限制了许多商务活动，如会议、展览和商务差旅。这导致商务旅行者需求锐减，对高端酒店和会议设施产生了负面影响。一些酒店面对低入住率和财务困难，被迫暂时关闭或采取其他措施。酒店业也面临裁员，以应对疫情带来的挑战。为了保护客人和员工的健康，香港的酒店普遍加强了卫生和安全措施。包括增加清洁频率、推行社交距离、提供消毒设施以及使用个人防护装备等。一些酒店调整了策略，将重点放在本地市场，例如推出优惠套餐和吸引当地客人入住。酒店也积极采用数字技术，提供在线预订和接触less服务等创新解决方案。随着疫情的结束，香港的旅游业开始逐渐回暖，本地游客和境外游客的数量逐渐增加，为酒店提供了更多的客源。

截至2023年8月，根据香港旅发局的统计数据，香港共有321家酒店，提供房间总数为89721间。在香港旅游发展局每月进行的入住率问卷调查中，有 173 家酒店及 32 家宾馆回应了调查并提供数据，这些酒店及宾馆所提供的房间数目分别占整体酒店所提供房间数的 63%，以及整体 1321 家宾馆所提供的 11298 间房间总数的 6%（见图 2）。

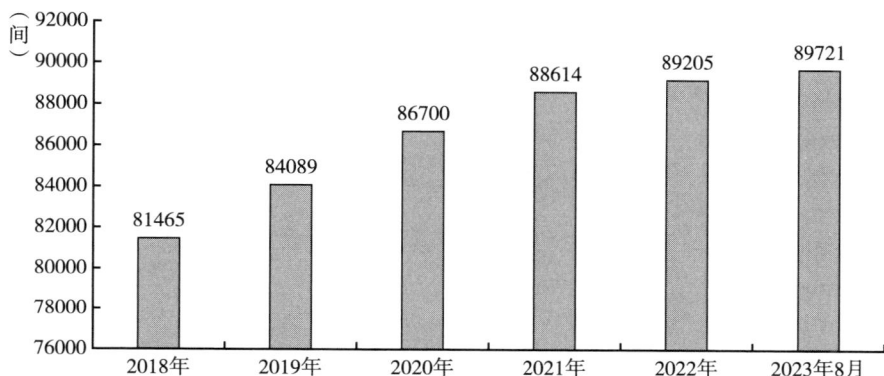

图 2　2018～2023 年酒店房间供应情况（客房数目）

资料来源：香港旅游发展局。

2022 年全年酒店房间平均入住率为 66%，与 2018 年和 2019 年相比分别低 25 个和 13 个百分点。随着 2023 年 2 月初人员往来全面恢复正常，2023 年前 4 个月酒店房间平均入住率上升至 78.5%，截至 2023 年 8 月平均入住率为 87%（见图 3）。

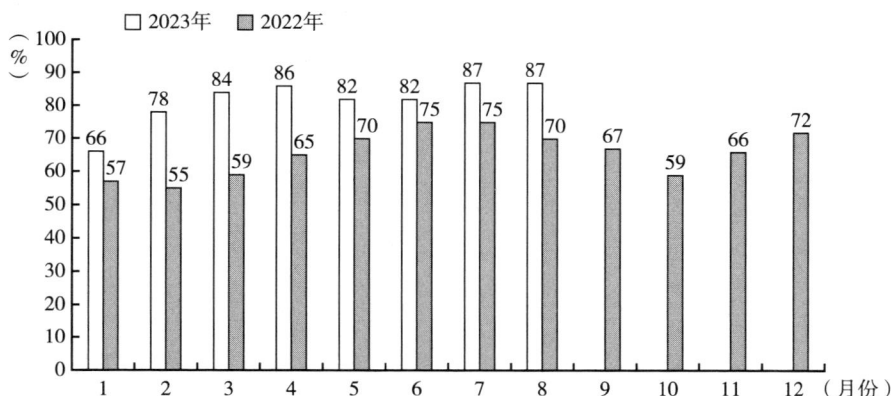

图 3　2022～2023 年所有酒店按月平均入住率

资料来源：香港旅游发展局。

2023 年香港酒店的按月实际平均房租与 2022 年相比有显著增长。截至 2023 年 8 月，香港酒店的实际平均房租达到 1477 港元，且实际平均房租不包括政府税项及与房客无关而附加在房租内的组成项目，例如餐饮、洗衣、机场接送等服务费（见图 4）。

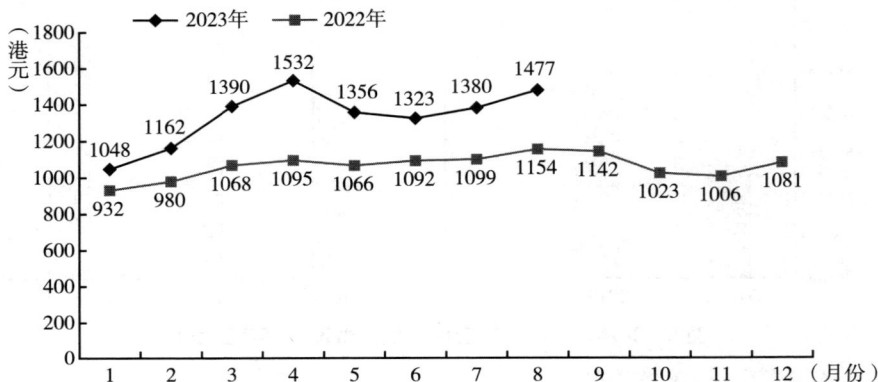

图 4　2022~2023 年所有酒店按月实际平均房租

资料来源：香港旅游发展局。

五　香港会展旅游酒店发展趋势分析

作为国际商业和文化中心，香港是一个受欢迎的旅游目的地和会议展览的举办地。作为亚洲重要的会展中心之一，香港每年举办大量的国际和区域性会议、展览和活动。通过承办重要的会议和展览。香港能够展示其先进的基础设施、专业服务和高效组织能力，提升了香港作为一个国际商业和会议中心的形象。

这些活动吸引了来自世界各地的参展商和专业人士，他们在会议期间有机会探索香港的文化、美食和购物等旅游资源。品牌形象的提升将吸引更多游客前往香港旅游，增加旅游收入。会展业的发展为旅游业带来了更多经济增长和国际交流合作的机会。旅游业的发展为酒店业带来了更多的客源、价格增长、投资机会和服务质量提升的机会，促使整个酒店业得以健康发展。投资者可能选择建设新的酒店或扩大现有酒店的规模，以满足不断增长的旅游需求。

（一）可持续交通模式与交通可达性的融合

广深港高速公路和港珠澳大桥提供了便捷的交通连接，缩短了香港与广东省及珠江三角洲地区的距离。这使得更多来自内地的游客可以通过陆路或海路更轻松地抵达香港，增加了香港的可及性和吸引力。广深港高速公路和港珠澳大桥的开通促进了香港与周边地区的旅游联动。游客可以通过快速交通网络方便地游览香港、深圳以及珠海等地，享受多样化的旅游体验，使整个区域成为一个更具吸引力的旅游目的地。便捷的交通连接也为香港旅游业带来了机遇，推动了旅游产品的多样化发展。香港可以更好地与周边地区合作，开发跨境旅游线路、主题旅游产品等，满足不同游客的需求。广深港高速公路和港珠澳大桥的建设也促进了香港与广东省及珠江三角洲地区旅游产业的合作。这种合作包括旅游资源共享、行业交流、市场推广等方面，为香港提供了更多的发展机会，并加强了整个地区旅游业的竞争力。总体而言，广深港高速公路和港珠澳大桥的开通为香港旅游业带来了巨大的机遇和影响。它们提升了香港的可达性、推动了区域联动旅游发展，并促进了旅游产业的多元化和合作。

（二）出入境人数呈上升的趋势

根据香港入境事务处数据，自 2023 年 1 月 8 日至 2 月 6 日，香港各口岸的出入境人数呈现逐步上升的趋势。相较于通关前每日单向跨境人数不超过 4 万人次的水平，通关后的出入境人数呈现明显的跃升，最高超过 18 万人次，相当于未与内地通关前近 9 倍的水平。具体而言，香港的总入境人数约为 250.5 万人次，而总出境人数约为 252.88 万人次。进一步观察发现，在出入境游客中，每日出境旅客数变动较为平缓，而每日入境旅客数更容易出现大幅度增长的情况（见图 5）。然而，若将出入境游客按照地区划分，则可发现实际上自通关后，内地游客在香港出入境游客数量中所占比例较小，更多的是香港居民往返于两地之间。具体数据显示，自通关后，香港居民在总体出境人数中占比达到 75.96%，而在总体入境人数中占比为76.24%。截至 2023 年 2 月，内地访港旅客量尚未恢复至疫情前的水平。

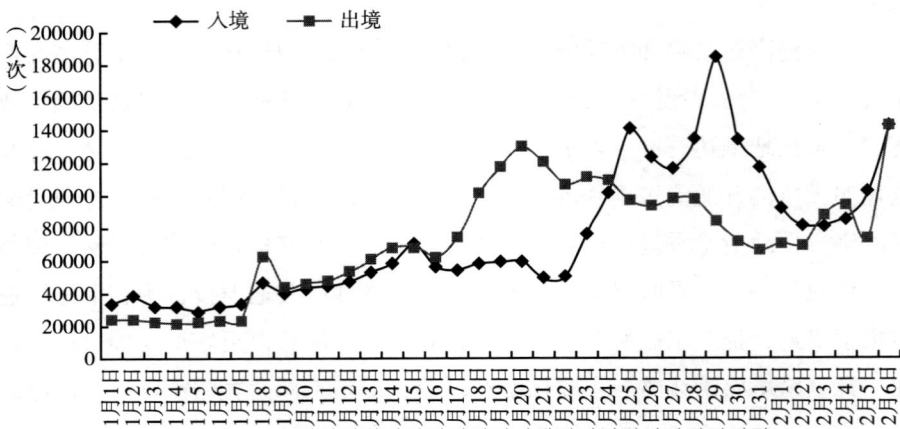

图 5　2023 年香港每日出入境旅客流量统计

资料来源：香港入境事务处。

（三）香港会展业发展趋势向好

2023 年香港与内地通关之后首次将 7 项同类大型活动集中在香港会展中心举行，包括香港礼品及赠品展、香港国际家用纺织品展、香港时尚家品展、香港时装节、香港国际授权展等。此次展览约有 70% 的非本地参展商参加，香港会展已恢复至疫情前六七成水平。

此次创意展览吸引了来自全球 4100 多家展商和 200 多个买家团参展，香港国际授权展是此次活动的重要内容之一，展览展出超过 500 个品牌及授权项目，分设九大展馆，包括规模最大的"中国内地馆"，来自海内外的知名授权品牌及参展商精心布展。由故宫博物院和香港大公网合作展开的故宫文创香港空间首次亮相，展示了一系列香港与故宫文化元素相结合的创意产品，包括"海错图系列""千里江山系列"等，旨在为业界带来更大协同效应，开拓跨行业、跨领域的商机，预计香港会展业国际展览之都的地位将会得到进一步的巩固与提升。

（四）香港旅游业的转型面临的挑战

在全面通关之后，香港旅游业是否能够通过与内地通关实现"涅槃重生"仍然面临着多重挑战。首先，香港面临的最大挑战是来自与香港隔海相望的澳门在 2019 年之后的逐渐崛起。根据文化和旅游部数据中心的数据，2019 年澳门已经超过香港成为内地出境游客的首选目的地。尤其是在疫情期间，由于更早向内地开放，澳门吸引了大量的内地出境游客。

其次，香港旅游业的转型能否突破原有的结构还存在疑问。不可否认的是，过去来香港的内地游客以消费购物为主，这也导致行业甚至政府对零售业产生了依赖。香港旅游发展局 2020 年发布的数据显示，2019 年到访香港的过夜内地旅客中，购物消费占总消费金额的 57.1%，远高于其他地区游客的水平；如果统计非过夜内地旅客的数据，购物消费占比甚至达到 88.9%。

香港旅游业面临的挑战迫使其在激烈竞争的环境中寻求新的发展机遇。为了增强吸引力，香港需要加强与除内地外的其他市场的合作，并推动旅游产品的多样化和提质升级。此外，香港还应积极探索其他旅游领域的发展，例如文化旅游、自然旅游和创意旅游，以减少对购物消费的过度依赖，实现可持续的旅游业发展。

然而，香港旅游业仍面临着一系列问题。一方面，由于缺乏来自内地的客流，许多本地商铺不得不停业或倒闭；另一方面，疫情期间海南和澳门等免税目的地崛起，香港失去了"购物天堂"的声誉，引发了焦虑情绪。

因此，香港旅游业迫切需要进行转型。然而，这一转型并不容易，因为它涉及突破原有的行业结构和旅客对香港的刻板印象。此外，全球范围内的人才流失也是疫情带来的共同问题之一，香港旅游业也受到了影响。根据 2022 年香港旅游业议会的统计数据，疫情导致香港旅游业的人才流失严重，有 76% 的旅行社员工数量不超过 5 人，较疫情前增加了 29 个百分点。作为服务业，旅游业的员工缺失意味着服务供给和质量无法得到保证，这也在一定程度上阻碍了行业的复苏。香港旅游业面临着多重挑战，需要积极应对并进行转型。为了实现可持续发展，香港应加强国际市场合作，提升产品的多样性和质量，并寻求新的发展领域。同时，解决人才流失问题和改善服务质量也是恢复行业的关键因素。虽然现阶段内地访港旅客数量尚未完全恢复，但香港旅游业的前景仍受到积极评价。香港政府的推广活动有望提高香港的全球吸引力，并进一步促进旅游业的发展。而旅游业的增长会带动相关产业发展，如餐饮、零售和娱乐等。这些行业的增长将进一步支持酒店业的发展，并形成一个相互促进的区域经济生态系统。

（五）香港酒店业的发展趋势

香港与内地通关后，将为香港带来更多游客，增加酒店业的需求。尽管国际客源对香港酒店业至关重要，但本地旅游也将在酒店业的发展中起到关键作用。香港政府可能会通过促进本地旅游活动和推出优惠措施来鼓励本地居民入住香港酒店，提升市场需求。另外，数字技术在酒店业中的应用将持续增加。这包括在线预订系统、自助入住、智能客房设施等。酒店需要积极采用新技术，提供更便捷、个性化的服务，以满足消费者的需求。

环保和可持续发展已经成为全球关注的焦点。酒店业也在积极采取措施，减少资源消耗、推广可再生能源和实施环境友好的运营实践。未来，香港酒店业有望更加注重环境可持续性，并提供具有环保意识的住宿选择。随着市场竞争的加剧，预计未来会看到更多国际和本地酒店品牌进入香港市场。这将增加消费者的选择，并推动行业的创新和发展。

六　香港会展旅游酒店业发展的对策与建议

香港作为一个经济发达、文化繁荣的地区，具有巨大的会展和旅游潜力，在粤港澳大湾区中充当着重要的角色。香港旅游业的发展对粤港澳大湾区具有积极的影响，通过经济贡献、地区推广、旅游产品和服务以及旅游交流与合作，可以促进整个区域的经济发展和旅游产业的繁荣。

（一）打造独特的文化体验

1. 探索和推广本土文化

积极保护和修复香港的文化遗产，如历史建筑、古迹和文物。同时，提供相关的导览和解说服务，使游客能够深入了解这些独特的文化遗产，并体验其中蕴含的历史和文化价值。香港拥有独特而多元的文化遗产，包括传统艺术、手工艺品、民俗风情等。通过策划和组织文化活动、展览和表演，将香港的本土文化呈现给游客，增加他们对香港文化的认知和兴趣。与其他地区或国家开展文化交流与合作，促进跨文化的理解和互动。举办文化交流活动、艺术展览、音乐表演等，吸引国际游客和专业人士前来香港参与，增加文化旅游的吸引力。结合香港的文化特色，开发和推广与文化相关的旅游产品，如文化之旅、传统手工艺体验、戏剧和音乐表演等，为游客提供丰富多样的文化体验。开设文化教育课程、工作坊和导览活动，使游客能够亲身参与和体验香港的传统文化，例如学习功夫、舞狮、传统绘画等。通过这些互动性的活动，加深游客对香港文化的理解和欣赏。

2. 丰富会展文化主题

明确展览的主题和目标，例如推广香港本土文化艺术、促进跨文化交流、展示当代艺术作品等。这将有助于指导后续策划和执行。确定展览的内容和形式，选择合适的艺术品和作品，并考虑如何呈现、展示和互动。可以包括视觉艺术、表演艺术、音乐、电影、手工艺等多种形式，以展示香港丰富的文化艺术景观。确保场地能够满足展品展示、观众流动和互动体验的要求。邀请本地和国际的艺术家、文化团体、画廊和博物馆等参与展览，提供他们的作品、表演或专业知识。建立合作关系并确保参与者的作品符合展览主题。除了艺术品展览外，可以组织相关活动，如艺术家讲座、工作坊、导览和演出。这些活动可以提升互动性和参与度，提供更深入的文化体验。

制定宣传计划，包括线上和线下媒体的利用、社交媒体宣传、印刷品和海报的制作等。与相关机构、媒体和社群合作，提高展览的知名度和吸引力。确保展览的顺利运营，包括安全管理、展品保护、票务销售、参观者服务等。提供良好的展览体验，为观众和参与者提供舒适和便利的环境。在展览结束后进行评估，收集参观者和参与者的反馈意见。根据评估结果，总结经验教训，为未来的文化艺术展览提供参考和改进。为观众提供独特的文化体验，并促进香港的艺术文化发展。

（二）优化旅游产业政策

1. 简化签证申请流程、加强国际合作与交流

推出电子签证、签证便利化措施，提高签证审批效率，减少游客的等待时间和不便之处，吸引更多国际游客前往香港旅游。鼓励旅游企业采用创新科技手段，如虚拟现实、智能导览、移动支付等，提升旅游体验和便利性。促进数字化转型，推动旅游业与互联网、电子商务等相结合，拓展新的商业模式和市场机会。积极开展国际旅游交流与合作，与其他国家或地区签订旅游合作协议，互通有关旅游信息和资源。加强与航空公司、旅行社、酒店集团等业界的合作，共同推进旅游业的发展。通过以上政策措施的实施，可以为香港旅游业创造良好的发展环境，吸引更多国内外游客，提升旅游业的竞争力和可持续发展能力。

2. 提升会展、旅游和酒店的品质和服务水平

可以进一步培养专业人才，提高服务质量，并关注参展商和参与者的需求，提供个性化的服务和良好的体验。加强旅游从业人员的培训和素质提升，提高服务态度和专业水平。建立监管机制，加强对旅游行业的监督和管理，确保旅游服务的质量和安全。确保酒店员工接受专业培训，包括客户服务、沟通技巧、礼仪和文化意识等方面。员工应具备良好的产品知识和解决问题的能力，以提供优质的服务体验。了解客人的需求和偏好，并提供个性化的服务。这可以通过定期收集反馈意见、建立客户档案和使用技术来实现，例如客户关系管理系统。不断投资更新酒店的设施和技

术，以提供更先进和便利的服务，包括增强网络连接性、提供智能家居设备、升级房间装修和设备等。另外，可以结合数字技术和互联网，开发虚拟展览、在线文化体验和互动平台，让游客能够通过网络或移动设备了解和参与香港的文化活动。这样可以扩大受众范围，提高香港会展、旅游及酒店的可及性和吸引力。

（三）经济刺激与多元发展

1. 拓宽旅游产品多样性

开发创新的旅游产品和线路，满足不同游客的需求。例如，设计精品旅游线路、主题旅游活动、文化体验项目等，提供特色和独特的旅游体验。加大对国际市场的推广和营销力度，吸引更多的国际游客前来香港旅游消费。与航空公司、旅行社等合作，共同开展市场推广活动，提高香港在国际旅游市场的知名度和吸引力。加大对会展业的支持和投资，打造国际一流的会展中心和配套设施。举办各类大型会议、展览和活动，吸引专业人士和企业前来参与，增加商务旅游的需求和收入。

2. 促进会展、旅游及酒店与其他产业融合

加强旅游业与文化、体育、娱乐、商业等产业的合作与协同发展。举办大型活动、展览和赛事，提高香港的品牌影响力和知名度，吸引更多游客前来参与。加大旅游业的宣传和推广力度，利用各种媒体渠道和在线平台，展示香港的旅游资源和特色。开展市场调研，了解不同目标市场的需求和偏好，制定有针对性的营销策略。鼓励旅游业与其他经济产业的融合发展，如文化创意产业、体育产业、商业消费等。通过联合推广活动、跨行业合作项目等，提高旅游业的附加值和经济效益。改善旅游基础设施，包括交通、酒店、购物中心等，提升服务水平和客户体验。同时，保护消费者权益，加强旅游市场监管，维护公平竞争和消费者利益。推动香港旅游业的发展，增加旅游业对经济增长的贡献，创造更多的就业机会和经济效益。

参考文献

孙九霞、肖洪根：《粤港澳区域旅游协同发展：文化融合视角》，《旅游学刊》2023年第 5 期。

董光龙、周俏薇、孙传谆等：《基于"多宜性—稀缺性—多样性"的粤港澳大湾区土地利用冲突识别》，《农业工程学报》2023年第 17 期。

陈云贤、王方方、李宜达：《以"有效市场+有为政府"双强经济模式助推数字湾区高质量发展》，《电子政务》2023年第 12 期。

董仁才、翁辰、焦亚冉：《粤港澳大湾区城市群生态系统智能化管理研究》，《生态学报》（网络首发）2023 年 10 月 18 日。

王起静：《展览产业发展模式国际比较》，经济管理出版社，2019。

李晓慧、蔡赤萌、戴金平、王春新：《粤港澳大湾区与香港》，商务印书馆，2018。

方舟：《粤港澳大湾区合作策略与香港未来》，香港城市大学出版社，2018。

B.6
珠三角旅游、会展、酒店业发展现状和趋势研究（2022~2023）

刘秀珍 柴爽*

摘 要： 2020~2022 年，珠三角九市旅游、会展、酒店业受新冠疫情冲击，行业发展面临严峻挑战。经过三年砥砺前行，旅游业和酒店业尚未恢复至疫情前水平，会展业发展态势良好；产业融合的集聚态势已经形成；数字化驱动发展得如火如荼。同时，因历史积弱和疫情带来的突变性问题，珠三角九市旅游、会展、酒店业存在诸多不足与短板，如城际发展不均衡、区域协同发展不充分、行业可持续发展能力有待提高。对此，本报告提出建议，并预估发展趋势。旅游方面，打造珠三角九市国际化都市旅游圈；会展方面，粤港澳联动，建成"世界一流会展湾区"；酒店方面，布局湾区，建设"世界级旅游目的地"游客主载体。

关键词： 珠三角九市 旅游业 会展业 酒店业

2020~2022 年，新冠疫情成为旅游、会展、酒店行业的最大黑天鹅，对全球旅游、会展、酒店业带来极大的负面影响。珠三角九市旅游、会展、酒店业面对前所未有的挑战，在艰难中度过三年，面对反复波动的疫

---

* 刘秀珍，广东轻工职业技术学院管理学院，副教授，主要从事酒店管理、旅游管理教学及科研工作；柴爽，广东轻工职业技术学院管理学院，讲师，主要从事会展旅游、酒店管理教学及研究工作。

情防控形势，珠三角九市旅游、会展、酒店业踔厉风发，顽强应对。2023年上半年，全国经济复苏，珠三角九市旅游会展酒店业把握机遇，利用人工智能及大数据技术，坚持服务构建"双循环"发展新格局，取得了稳定的成绩。

一　发展现状和特征

珠三角九市旅游、会展、酒店业发展具有优越的地域条件、雄厚的经济基础、完备的基础设施。珠三角九大城市经过 40 多年的改革开放，成为经济发展最繁荣、对外开放程度最高的地区，也是旅游、会展、酒店业实力最强、市场最大、产业集聚度最高的经济区域。尽管遭受三年疫情影响，但珠三角九市会展酒店旅游业逆风而行，开始迈入新的征程。

（一）旅游业、酒店业尚未恢复至疫情前水平，会展业态势良好

2022 年，党的二十大胜利召开，擘画了全面建设社会主义现代化国家的宏伟蓝图。结合 2020~2022 年的生产总值，对比疫情前 2019 年数据，珠三角九市受疫情影响，2020 年进入最低谷，2021 年开始逐渐复苏，2022 年持续发展，发展势头良好（见图 1）。2022 年全年，广州、深圳两大"龙头"城市生产总值实现跨越式发展，珠三角九市其他城市都有小幅度增长，整体处于上升趋势。这表明珠三角九市整体发展的大环境趋好，这为旅游、会展、酒店业未来的发展提供了保证。

结合旅游、会展、酒店三个行业的数据和资料来看，珠三角九市发展现状如下：

1. 旅游业尚未恢复至疫情前水平，但相比国内其他城市处于发展前列

2022 年，国内经济的稳步增长为珠三角旅游整体较快增长奠定了基础；国际上受金融危机影响的程度也逐渐下降，珠三角九市的入境旅游市场逐渐回归平稳，旅游板块也随之回暖。

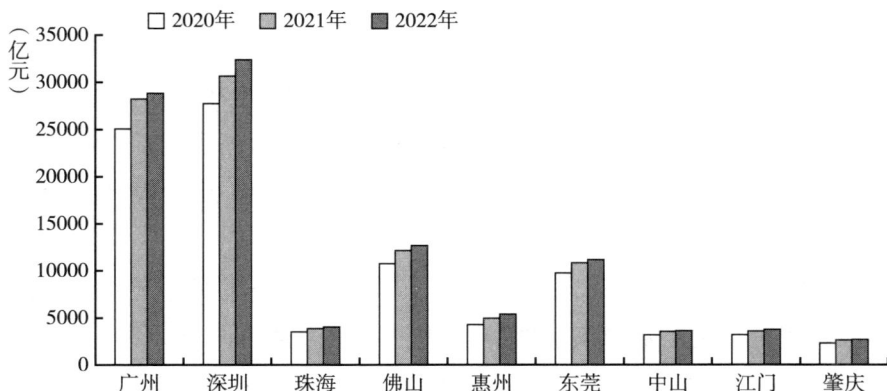

图1　2020~2022年珠三角九市生产总值

资料来源：根据《广东统计年鉴2023》整理。

由图2看出，相比疫情前2019年的旅游收入水平，珠三角九市旅游业尚未恢复。但就疫情后三年的数据来看：2020年是旅游业低谷，2021年开始反弹发展，但是2022年受国际经济发展大环境的影响，珠三角九市旅游业除广州、肇庆外都较2021年有所下降，其中深圳的下降幅度最大。

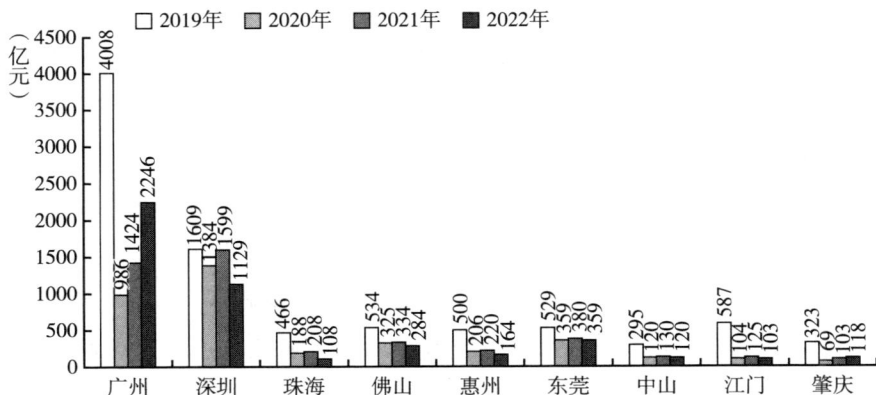

图2　珠三角九市2019~2022年旅游收入合计

资料来源：根据2020~2023年《广东统计年鉴》整理。

从其他指标来看，2022年广州市城市游客总接待量达到1.18亿人次，同比增长6.3%。其中广州的旅游外汇收入占全国（396.75亿美元）的9.14%、占全省（100.3亿美元）的36.14%，分别较上年提高了1.47个和2.03个百分点。这些数据表明广州旅游业的发展速度高于全省、全国的水平。2022年深圳旅游业发展也取得新突破，全市接待游客达10803.31万人次，旅游总收入1129亿元，国际旅游收入稳居全国第四。

2023年，全国旅游形势一片大好，尤其是在十一假期，珠三角九市旅游业表现非常出色。据测算，2023年中秋国庆假期第四天（10月2日），广东省纳入监测的150家重点景区共接待游客272.9万人次，同比2022年增长65.9%（以下均按可比口径），较2019年增长4.8%；全省4A级及以上景区接待游客352.9万人次，同比增长66.7%；纳入监测的14段古驿道重点区域共接待游客48.8万人次，同比增长62.4%，较2019年增长3.6%；纳入监测的13家红色旅游经典景区共接待游客26.2万人次，同比增长86.0%，较2019年增长2.2%；纳入监测的100个乡村旅游点和历史古村落接待游客38.6万人次，同比增长43.8%；纳入监测的75个重点公共文化机构接待游客37.7万人次，同比增长44.9%。其中，深圳旅游业复苏态势明显，旅游热点更加多元化。2023年春节，深圳上榜中国内地旅游热门目的地城市前十名，各大景区客流量创2019年以来新高。春节期间，全市共接待游客469.25万人次，旅游收入31.58亿元，较上年同期分别增长55.14%和56.18%。

旅游业随着全国经济复苏开始回升，虽然尚未恢复至疫情前水平，年度之间也存在波动，但是国内经济的稳定增长奠定了珠三角九市城市旅游业保持较快增长的基础；同时国际金融危机的影响也逐步减退，入境旅游市场逐步恢复发展。这三年珠三角九市城市旅游总收入增长幅度同比上涨最多达44.41%，广州、深圳增长速度最快；国内旅游收入发展迅速，以广州、深圳"双核"作为龙头，带动珠三角九市城市群发展，其中江门、肇庆近几年表现出色，发展势头猛劲。

2. 珠三角九市会展业在2023年上半年总体恢复至疫情前同期水平

广东长期保持全国展览面积第一大省的地位。2022 年仍以 850 万平方米居首。《2022 年广东省展览业发展白皮书》显示，2022 年广东省举办的展览会数量、展览面积同比下降，两项指标仅为 2019 年的 1/3，是受疫情影响最为严重的一年，但 2022 年广东省展览规模仍处于全国前列。据统计，2022 年广东共计举办展览会 213 个，同比下降 60.26%，展览面积 850.57 万平方米，同比下降 51.11%。其中，特大型展览会数量占全省展览数量的 11.27%，但面积占比为 53.87%，显示出特大型展会的规模效应。广州展览面积超过 400 万平方米，位居全国首位，雄踞全国办展领头羊地位；深圳首次跃居全国各城市排行榜前列。

根据广州市贸促会刚刚发布的《2020~2022 广州展览业专题调研报告》，近三年来，广州成为全球展览业最活跃的城市，2022 年展会规模跃居中国首位。随着相关政策的不断出台，广州会展业复苏按下"加速键"，行业发展预期和信心正在加速提振，广州会展业的影响力、吸引力也在不断提升。2023 年第一季度，广州会展业强势回暖、人气高涨，展览场次、面积、参展观展人次同比均翻倍增长。2023 年第一季度广州市重点专业展馆举办展会 56 场，展览面积合计约 192.9 万平方米，参展观展超 241.5 万人次，展览场次、展览面积、参展观展人次分别是 2022 年同期的 2.8 倍、2.35 倍、4.09 倍，分别同比增长 75%、26%、38.4%。一系列专业品牌展会轮番上演，热闹非凡。在第 51 届中国（广州）国际家具博览会上，展会面积近 70 万平方米，较上年增长近 10%，展会规模和参展企业数量均已恢复至 2019 年的 93.3%，观展人次更明显超出 2019 年的水平，第一期到会观众较疫情前增长 17.99%。

2023 年上半年，广东全省举办展览会面积达到 1250 万平方米，相较于历史峰值 2019 年同期增长超过 20%，实现强势复苏。据不完全统计，2023 年上半年，广东省共举办展览会 349 场，同比增长 481.67%，较 2019 年同期增长 23.32%。展览面积 1249.88 万平方米，同比增长 594.30%，较 2019 年同期增长 21.64%。由此可见，珠三角九市会展业在 2023 年上半年总体恢复到了 2019 年同期水平。

3. 与疫情前相比,酒店数量有所下降,但住宿业和餐饮业营业额平稳增
长,尚未恢复至疫情前水平

截至 2022 年底,珠三角九市各城市宾馆(酒店)住宿设施数量如表 1 所示。

表 1   2022 年底珠三角九市城市宾馆(酒店)住宿设施

市别	总数(个)	宾馆(酒店)(个)					客房(间)	床位(张)
		五星级	四星级	三星级	二星级	一星级		
广州	4439	23	29	61	11		302155	425524
深圳	716	20	16	22	3		289085	374189
珠海	542	6	7	21			53006	75664
佛山	1128	9	12	11			88427	122634
惠州	1177	4	5	7			77507	107559
东莞	1542	9	7	1			132800	166600
中山	553	2	1	8	1		41740	59935
江门	1364	2	1	5			47000	71500
肇庆	538	1	7	19	1		32546	50532

资料来源:根据《广东统计年鉴 2023》整理。

对比《粤港澳大湾区会展旅游酒店发展报告(2019)》数据,珠三角
九市地区星级酒店数量基本都有小幅下滑,广州由 2019 年的 161 家降到目
前的 124 家,深圳减少 24 家,珠海减少 18 家,惠州和东莞分别减少 20 家、
22 家,佛山保持数目不变,只有中山和肇庆实现了逆风增长,分别增加 15
家、18 家。这说明疫情对珠三角九市酒店产生了很大的影响,最起码在数
量上大部分都在减少。从星级酒店的结构分布上看,星级酒店倾向于往高端
发展,二星和一星酒店数量越来越少,也给酒店业市场带来暗示,即酒店产
品要往高端发展。

对比 2020~2022 年珠三角九市餐饮业和住宿业的数据,2020 年受疫情
影响最为严重,整体营业较 2019 年下降很多,但是 2021 年开始缓慢提升,
2022 年的发展又有了略微下降,这说明城市发展需要一定的时间。由此可
见,珠三角九市城市的整体旅游水平疫情后恢复发展,虽发展速度较慢,但
整体成绩令人振奋。

表2　珠三角九市城市2020~2022年住宿餐饮业营业额

单位：万元

市别	2019年		2020年		2021年		2022年	
	住宿业	餐饮业	住宿业	餐饮业	住宿业	餐饮业	住宿业	餐饮业
广州	1993311	8494257	1416831	7128240	1696967	8608782	1613596	8366780
深圳	2050963	11169666	1424318	9589290	1657184	10973943	1524365	10263105
珠海	894122	990731	667432	799218	447571	931552	409869	912515
佛山	529838	2927989	379780	2384380	444643	2848668	415876	2832740
惠州	378342	1612340	280813	1312192	328072	1539417	302508	1516162
东莞	614187	4655105	453784	4066568	517455	4904266	515083	4899398
中山	214280	1084263	146623	944428	175042	1128499	159605	1114831
江门	234434	1266913	175514	1087373	190514	1267584	169946	1243733
肇庆	139785	1002104	98848	807114	115811	952946	102720	921106

资料来源：根据2020~2023年《广东统计年鉴》整理。

（二）产业融合的集聚态势已经形成

产业融合发展是供给侧结构性改革的必然结果。粤港澳大湾区的规划建设进一步提升了珠三角九市内部产业融合度，既体现了以人为本的发展理念，又多层面提高了产业及产品附加值，推动了产业优化升级。

1.会展业加快产业集群建设

加快产业集群建设是会展业发展必行之路。产业群观念已深入人心，并在大数据、后疫情时代成为行业发展的法宝。珠三角核心城市深圳，正把握全球时尚产业新趋势，坚持设计引领、科技赋能，坚持生产端与消费端共同发力，加快推进产业集群的数字化转型，构建具有核心竞争力和强大市场影响力的产业集群，打造全球知名的现代时尚产业高地。例如打造世界高端会展服务产业群，引领珠三角九市城市会展向纵深高度发展，为会展、时尚设计、数字化转型赋能等，进行产业融合。2023年2月，深圳市出台了《深圳市现代时尚产业集群数字化转型实施方案（2023-2025年）》，构建"深圳市现代时尚产业集群数字化转型赋能中心+产业集聚区、行业数字化服务平台"的"1+N"数字化创新体系，大力支持各产业融合集聚发展。

2. 文旅融合成为旅游业重要的战略策略

文旅融合成为重要的战略策略。旅游正在与文化、金融、科技、农业和交通等各方面深度融合，为旅游业发展打开新的世界之光。文旅旅游也成为深入人心的旅游选择。2023 年广东文化和旅游产业投融资对接会和 2023 年广东国际旅游产业博览会接连举办，这是疫情后首个和首次省级文旅产业盛会，不仅展现了丰富的文旅产品和多元服务，也彰显了广东文旅强劲的连接力。文旅融合发展成为珠三角乃至全国重要的旅游发展战略。

3. 数字化和智能化正在酒店业释放科技革命和产业变革的巨大能量

2022 年以来，广东在智能制造、智慧交通、智慧医疗、智慧城市等多个领域走在全国前列，数字化和智能化正不断释放科技革命和产业变革的巨大能量。同时，虚拟与现实、数字和实体世界界限的愈发模糊也为法律规范、社会治理等带来了挑战，面对前沿科技带来的变革冲击需以创新方法来应对，广东致力于打造世界级 5G 产业集聚区和融合应用区。酒店行业以此为契机，加快了人工智能和数据管理的融合发展，如今在各种档次的酒店中，处处可见智能机器人、人脸识别登记入住、人脸开门等高科技、智能化与酒店业的融合现象，智慧融合酒店发展已经成为酒店业发展的一道靓丽风景线。

（三）数字化驱动发展得如火如荼

数字化驱动是经济发展的主要动力。珠三角城市群把数字化驱动创新作为加快发展的强大推力，推动发展方式变革，取得了明显效果。

1. 数字化驱动使珠三角九市会展业创新了会展服务手段，更新了服务理念，提升了服务价值

广州、深圳等大型展馆运用"互联网+"思维和互联网技术，推动信息共享，促进供需匹配，增强互动体验，实现展会管理、展会服务和信息运用智慧化。如通过互联网技术深入分析目标受众，了解客户需求，为其量体裁衣、精准服务；了解展会供给需求和双方交易项目需求，提供有针对性的交易服务，并进行在线配对；利用大数据技术，打造智能化、智慧化的客户关系管理及展会跟踪服务系统，提供增值服务。

2. 数字化驱动赋能文旅产业，在提升智慧服务效能、升级文旅产业业态、丰富数字化产品等方面取得了明显成效

珠三角九市大力推进旅游科技创新，建设旅游信息服务设施，为旅游企业和旅游者带来便利，开拓了新的行业发展和体验旅游模式。如以互联网、物联网、云计算技术为抓手，从导航、导游、导览、导购等方面为游客提供优质服务；推广一部手机游广东，将涉旅场所全覆盖，包括免费WIFI、通信信号、视频监控、智能导览、实时资讯推送等。例如深圳华强方特园区以"文化+科技+旅游"战略，实现优质IP与文旅景区的产业链融合发展。具体有推动"熊出没"等原创IP通过高科技与主题乐园深度融合，开发了众多IP主题的文化体验项目、主题乐园、酒店和旅游小镇等；广州长隆旅游集团每年都会有重大创新，数字化驱动成为其产业链扩张不可或缺的手段。

3. 酒店业利用云计算、大数据、人工智能等新一代信息技术，助力行业发展

提高酒店业的数字化水平成为影响酒店竞争力的一个重要因素。珠三角九市许多高端酒店利用云计算、大数据、人工智能等新一代信息技术，通过设施设备自动感知、及时传送和数据挖掘，满足客人个性化需求，助力行业发展。比如，客人从微信或酒店平台订房后，通过在线支付，到店后在自助机前完成信息比对，不经过前台就可以轻松入住，安全便捷。2022年以来，万豪、洲际、瑰丽、希尔顿、香格里拉、锦江、如家等酒店集团都在数字化智慧酒店方面推出新举措；腾讯、阿里、万达、苏宁等依靠资本和科技力量，也相继涌入智慧酒店领域，呈现跨行业产业融合的数字化发展新业态。

影响酒店竞争力的一个重要因素是提高酒店业的数字化水平。珠三角九市的众多高级酒店正借助云计算、大数据、人工智能等新一代信息技术，通过设备自动感知、适时传输和数据挖掘，满足宾客的个性化需求，助力行业发展。比如，客人通过在线支付从微信或酒店平台订房，到店后自助完成信息比对，不需经过前台即可以轻松入住，安全便捷。

二 主要问题和短板

珠三角九市是广东省经济最发达的地区，有影响全球的先进制造业和现代服务业基地，被冠以"南海明珠"美誉。如今，珠三角九市在国家战略的推动下，正与香港、澳门携手建设粤港澳大湾区，有望成为与美国纽约湾区、旧金山湾区和日本东京湾区比肩的世界四大湾区之一。

在全球注目和国家规划推动下，珠三角九市的整体发展正逢良好机遇。作为现代服务业的重要组成部分，旅游、会展和酒店业的发展也正振翅高飞，焕发出蓬勃生机与活力。但疫情三年，深刻地改变了消费市场和消费观念，行业也重新洗牌。结合历史积弱问题和疫情带来的突变性问题，旅游、会展和酒店业在层次和结构等方面暴露了以下问题和短板。

（一）珠三角九市城际发展不均衡

从整体来看，珠三角九市是全国人口集聚最多、创新能力最高、综合实力最强的三大城市群之一，但从珠三角城际发展来看，仍然存在不均衡问题，各市旅游、酒店、会展业也存在较大的发展差异。旅游业方面，各个城市 2021 年和 2022 年的《国民经济和社会发展统计公报》显示，2021 年，广州、深圳的旅游收入分别为 1424 亿元、1599 亿元，而收入排末位的江门、肇庆分别只有 125 亿元、103 亿元；2022 年，广州旅游收入高达 2246 亿元，深圳为 1129 亿元，而江门、肇庆各只有 100 亿元左右。显然，珠三角九市一线城市与其他城市旅游收入存在很大鸿沟。总体上看，广州、深圳头部作用明显，其他城市旅游吸引力和创收能力尚有发展空间，增长动力还有待提升。酒店方面，《2023 年广东统计年鉴》显示，2022 年，广州酒店数量达 4439 家，居全国第二、珠三角第一，而处于第三梯队的中山、肇庆，其酒店数量只有 500 多家。结合平均入住率和房价两方面进行总营收比对，第一梯队的广州和深圳酒店创收能力处于顶峰，居于第三梯队的中山、江门和肇庆，其酒店数和创收能力均与之有很大差异。会展方面，广州有以中国进出口商品交易会（简称"广交会"）为主的商贸展会，深圳有以中国国际高新技术成果交易会（简称"高交会"）、中国（深圳）国际文化产业博览交易会（简称"文博会"）为主的科技文化展会，东莞有中国加工贸易产品博览会（简称"加博会"）为代表的工业展会，除此以外，珠三角其他城市的展会基础设施和规模均有不足，有待发展。

（二）珠三角九市区域协同发展不充分

珠三角九市居于广东省核心位置，在发展自身的同时，兼负协同发展粤东西北各区域经济的重任。经过多年的联动发展，珠三角九市与粤东西北在经济方面的差距有缩小的趋势，但两者仍然有很大差距，其在旅游、会展和酒店业的区域协同发展上也均不充分。

旅游领域，区域旅游协同发展机制逐步成熟，如"广佛肇""深莞惠""珠中江"的发展，区域合作成果突出。区域合作机制也相继建立，如"湛茂阳"临港经济带、"汕潮揭"城市群等。广东在全省发展战略中融入了"推动粤东西北地区振兴发展"的战略，其中包括一系列旨在推动粤东西北社会经济发展进程的战略举措，如珠三角地区对口帮扶粤东西北地区等。"广佛肇+清云韶""深莞惠+汕河""珠中江+阳江"等跨区域合作机制也在这一战略背景下逐步完善。但综观整个广东省区域协同发展历程，不难发现珠三角九市区域协同发展是以政府主导型为主，政府主导下协同发展，缺乏市场活力。而政府、企业、行业的利益和立场各有不同，由此各方参与区域合作的积极性和可持续性无法得到保障，"雷声大、雨点小"的尴尬局面时有出现。

会展方面，珠三角九市会展的集聚性强于辐射性。珠三角九市拥有广交会展馆和深圳国际会展中心两座"巨无霸"型会展场馆，两者奠定了珠三角九市在全球会展产业中的地位。同时，珠海国际会展中心、广东珠西国际会展中心、潭洲国际会展中心、虎门国际会展中心等会展场馆先后建成并投入使用。以上多层次、多元化的会展场馆组成了珠三角会展产业"超强矩阵"。粤东西北地区则政府投入较少，产业条件有限，基础设施不足、参与珠三角九市各类展会的积极程度不高。从历届粤东西北地区参与广东旅游产业博览会的情况来看，粤东西北地区展位数、人数不足总数的一成。其原因在于粤东西北地区本身的经济和展会需求限制，其办展难度很大，参展成本也不低、经济回报较少，另外就是珠三角会展发达地区与粤东西北地区协同发展的力度也不够。部分粤东西北地区开创"旅游+节庆"和"旅游+演艺"的复合会展模式，但带来的反响并不高，影响力不够。珠三角九市会展业与粤东西北地区充分协同发展仍是个长期问题。

酒店方面，虽然近年来珠三角九市大型酒店集团通过产业帮扶共建和酒店管理品牌输出等，一定程度上提高了粤东西北地区的酒店管理水平。但综合来看，粤东西北地区因经济条件差，适配的消费群体总量不足，星级酒店数量相对较少。根据《2023年广东省统计年鉴》数据，截至2022年12月，珠三角九市星级酒店数量为298家，其他粤东西北地区星级酒店总数为202家。后者仅占全省星级酒店总数的40%，与其丰富的旅游资源条件严重不匹配。除酒店数量存在差异外，珠三角九市区域协同发展在酒店业方面发展的不充分更多地表现在酒店高级管理人才、管理服务理念、产品策划、市场营销等方面。

（三）行业可持续发展能力有待提高

长期以来，珠三角九市经济高质量发展基础扎实、态势良好，但旅游、会展、酒店等行业仍存在可持续发展问题。旅游业方面，珠三角九市可持续发展障碍类型主要有以下几方面：一是资源型障碍，主要表现为综合旅游景点竞争力相对于其他城市较弱，主要为深圳、珠海、江门。这三个城市的主要特征是经济发展水平较高，但高质量的旅游景点数量较少，而市场需求又大。二是自然环境型障碍，主要是森林资源与水资源的丰富度，影响地表和地貌的形态。森林资源方面，广州、深圳的森林资源相对比较少；水资源方面，目前比较短缺的是广州、深圳、佛山。三是支持系统型障碍，主要表现为人才短缺、相关企业数量少。其中，东莞、江门的旅游从业人数偏少，不利于旅游运营和管理。四是综合型障碍，结合竞争力评价、生态健康评价和障碍度分析来看，肇庆呈现竞争力水平较低、生态系统健康状况较低、障碍度因子较多的现象[①]。

会展方面，珠三角九市会展业仍存在统筹发展不足、会展技术人才欠缺、品牌构建不力等问题，多方的不足造成珠三角九市会展业可持续发展障碍。如会展业缺乏统一规划的政策引导和法律规范，多头管理问题突出，管理体制不系统，不完善；精通会展业务、熟悉国际惯例、外语水平过硬的高端会展专业人才十分匮乏；人才缺乏导致会展总体水平的低质量，从而影响了会展品牌建设，珠三角九市区域性会展缺乏专业的会展品牌。

酒店方面，疫情后各地酒店业相继复苏和重构，珠三角九市酒店业进入低利润竞争阶段。据迈点《2023年二季度全国星级酒店经营数据报告》显示，全国重点旅游城市星级酒店平均房价为476元/间夜，珠三角九市除广州、深圳分别为478元/间夜、611元/间夜外，其他城市星级酒店的房价甚至未达到全国平均水平。同时，酒店投资方面，在个别地方，出现对精品酒店和民宿等的投资表现过热，经营又不济的情况。酒店产品方面，硬件配备水平很高，但智慧型、数字化管理和服务有待改善；酒店消费方面，总体消费水平不高，酒店削价竞争、同质化发展问题突出，客房与餐饮收入比例失调；酒店经营管理方面，存在管理不力、创新能力不强等情况。

三　趋势展望及建议

疫情三年，深刻改变了珠三角九市的旅游、会展和酒店业，行业遭遇重新洗牌；"疫"过天晴后，旅游、会展和酒店业复苏强劲，营销模式迭代频繁，总体呈现喜人的发展趋势。在旅游会展酒店方面，有以下方面的展望和建设建议。

[①] 刘慧玲：《广东省乡村旅游竞争力评价与可持续发展探究》，《旅游纵览》2023年第4期。

（一）旅游方面，打造珠三角国际化都市旅游圈

2023 年 1 月，《广东省"十四五"旅游业发展规划实施方案》颁布。方案指出，总体布局上，广东省将推动"一核一带一区"旅游业提质升级。包括：高标准打造珠三角国际化都市旅游圈、高水平建设滨海旅游带、高质量推进粤北生态休闲旅游高地建设。其中，建设广州、深圳为旅游枢纽城市，建设珠海为重点旅游城市，建设佛山、惠州、东莞、中山、江门、肇庆六市为知名旅游城市。珠三角九市旅游建设规划如图 3 所示。

从珠三角九市旅游建设规划来看，结合广东省"一核一带一区"旅游业提质升级要求，同时，随着粤港澳大湾区建设推进，珠三角九市旅游无障碍流动、一体化进程将有效加快，"珠三角国际化都市旅游圈"将逐步形成。

1. 联动周边，共建网阵

联动珠三角周边省市和邻国旅游资源，构建粤港澳大湾区、环北部湾、海峡西岸、粤湘赣四大旅游网阵，共同打造珠三角国际化都市旅游圈。其中粤港澳大湾区旅游网阵以港珠澳大桥为合作契机和纽带，发挥香港、澳门的特殊优势和辐射作用，进一步巩固和强化多核（广州、深圳、香港、澳门）联动发展模式；环北部湾旅游网阵以珠三角九市西翼阳江等市、邻省广西、隔海省海南为辐射圈，重点建设跨省和跨国旅游合作项目；海峡西岸旅游网阵以东翼汕尾等市、邻省福建和江西、隔海省台湾为辐射圈，以"一带一路"建设为合作契机，充分利用珠三角九市优良的港口以及繁荣的商业文化，共建海洋文化旅游主题项目；粤湘赣旅游网阵以山区河源、清远等市、邻省湖南、江西为辐射圈，以快速交通线路为纽带，以红三角（韶关、赣州、郴州）经济圈为桥头堡，进一步加大红三角旅游合作深度和广度，带动更广泛的粤湘赣跨区域旅游合作[①]。同时，珠三角九市还可与东南亚的日本、韩国、越南等国家开展旅游人才、旅游资本、旅游产品宣传与营销、旅

---

① 高恒冠：《广东省旅游景区与线路比较及其协同发展策略》，《内蒙古财经大学学报》2018 年第 1 期。

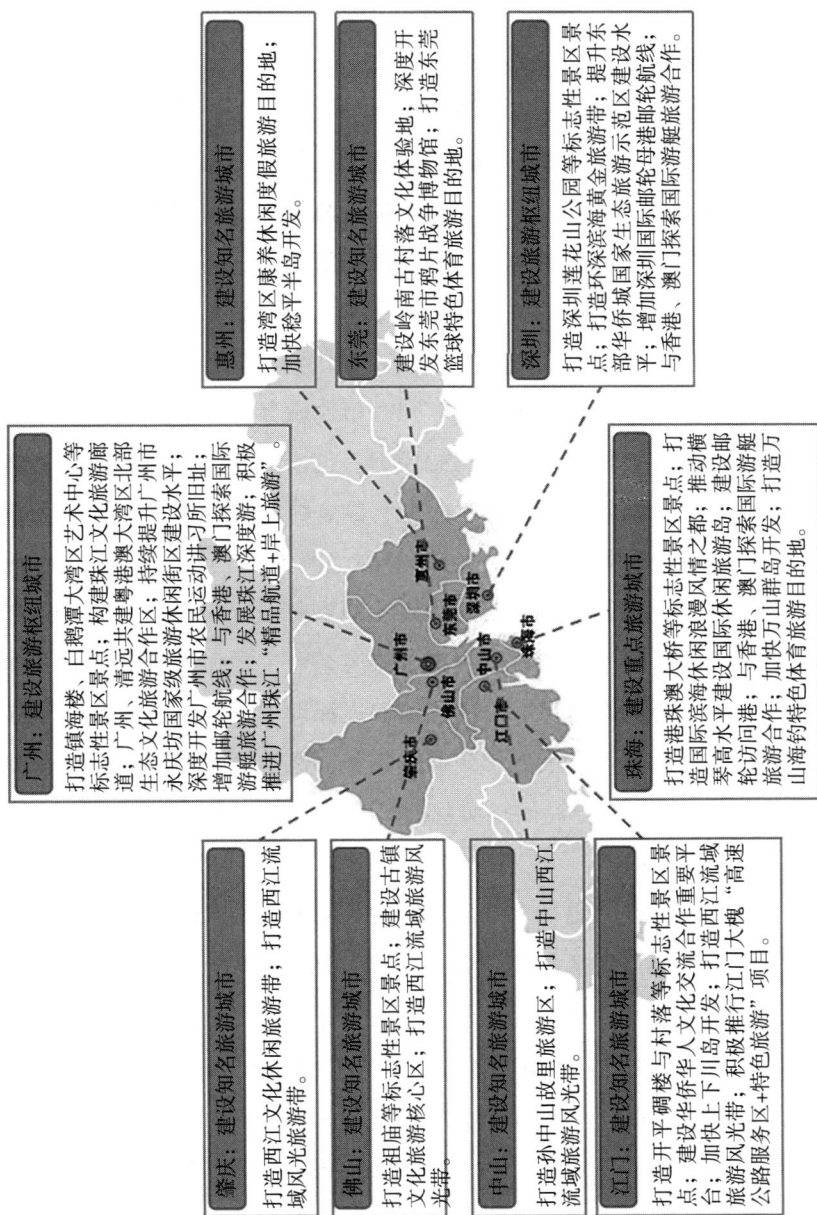

惠州：建设知名旅游城市
打造湾区康养休闲度假旅游目的地；加快稳平半岛开发。

东莞：建设知名旅游城市
建设岭南古村落文化体验地；深度开发东莞市鸦片战争博物馆；打造东莞篮球特色体育旅游目的地。

深圳：建设旅游枢纽城市
打造深圳莲花山公园等标志性景区景点；打造环深滨海黄金全域旅游带；提升东部华侨城国家生态旅游示范区建设水平；增加深圳国际邮轮母港邮轮航线；与香港、澳门探索国际游艇旅游合作。

广州：建设旅游枢纽城市
打造镇海楼、白鹅潭大湾区艺术中心等标志性景区景点；构建珠江文化旅游廊道；广州、清远共建粤港澳大湾区北部生态文化旅游休闲合作区；持续提升广州市永庆坊国家级旅游休闲街区建设水平；深度开发广州农民运动讲习所旧址；增加国际邮轮航线；发展珠江深度游，积极探索游艇旅游合作；推进"广州水上旅游""精品航道+岸上旅游"。

珠海：建设重点旅游城市
打造港珠澳大桥等标志性景区景点；打造滨海浪漫风情之都；推动黄茶高水平建设国际休闲旅游岛；建设邮轮访问港、与香港、澳门探索国际游艇旅游合作；加快万山群岛开发；打造万山海的特色体育旅游目的地。

肇庆：建设知名旅游城市
打造西江文化休闲旅游带；打造西江流域风光旅游带。

佛山：建设知名旅游城市
打造祖庙等标志性景区景点；建设古镇文化旅游核心区；打造西江流域旅游风光带。

中山：建设知名旅游城市
打造孙中山故里旅游区；打造中山西江流域旅游风光带。

江门：建设知名旅游城市
打造开平碉楼与村落等标志性景区景点；建设华侨华人文化交流重要平台；加快上下川岛开发；打造西江流域"高速公路服务区+特色旅游"项目。

图 3　珠三角九市旅游建设规划①

① 根据《广东省"十四五"旅游业发展规划及实施方案》珠三角九市旅游建设规划及微信公众号"房姐看产业"相关内容绘制。

游签证等方面的国际合作，最终形成"珠三角九市—省内—国内—国际"的多层次、立体化区域及国际旅游都市圈。

2. 跨区组合，创立品牌

在旅游品牌建设上，跨区域整合旅游资源为特定旅游品牌。如在广佛肇经济圈内，凸显以广州千年商都、佛山狮舞岭南、肇庆山水生态为核心主题的旅游品牌；在莞深惠经济圈内，打造以深圳滨海都市、东莞商务休闲、惠州生态度假为核心主题的旅游品牌；在珠中江经济圈内，共建以珠海浪漫滨海、中山伟人故里、江门第一侨乡为核心的旅游品牌。

3. 跨界整合，创新产品

跨界整合发展珠三角九市旅游。如广州都市旅游名片正佳广场，其所属集团通过跨界融合，持续推出一批充满想象力、创造力和市场影响力的文商旅融合产品，包括正佳科学馆、雨林生态植物园、海洋极地馆等，将消费场景和城市休闲度假新空间融合于传统购物中心，还推出了"正佳星球畅玩卡"，此卡集亲子研学、家庭休闲旅游和文化消费体验于一体，一经推出，便获得巨大经济收益。另外，加速发展大型旅游企业，增强其旅游市场主体实力，是实现跨界整合的有力保障。如加速发展深圳华强方特、珠海平沙游艇产业基地等旅游制造企业、发展广州岭南集团、江门古兜温泉等旅游上市企业，为"旅游+"跨界整合提供坚实基础。

4. 业态产品丰富多样

使旅游业态和旅游产品更加多样。旅游业态多样化，如发展度假休闲、游艇邮轮、保健养生等；重视蓝色经济旅游带，串联沙滩、海湾、渔村和海岛为一体，连带发展；普及田园变公园、产区变景区、农房变客房、劳作变体验的"四变工程"。旅游产品多样化，如将"珠江游"和"早茶"这两张广州传统名片进行有机融合，打造"水上游+餐饮"消费新场景，不仅开创了"日间旅游""体验式旅游"的新模式，还以"一船舶一主题"的形式对消费场景进行升级改造，在软件配套上积极融入本土文化元素，既核心突出又具多元特色。

（二）会展方面，粤港澳联动，建成"世界一流会展湾区"

会展业是我国现代服务业的重要组成部分，"十四五"是我国由会展大国向会展强国转变的关键阶段，粤港澳大湾区建设正提速发展，融入国家发展战略，会展业理应走在前列，引领我国会展业新一轮高质量发展。珠三角九市作为粤港澳大湾区的核心组成部分，将与香港、澳门同行，共同打造"世界一流会展湾区"。

1. 特色城市，特色布局

中心城市立足自身特色进行布局，如珠三角的深圳"科创之都"、广州"商贸之都"，以及香港"金融之都"、澳门"休闲之都"，其他城市会展产业也各有特点，如东莞的街镇会展发达（名家具展、加博会），中山的民生会展独具特色（游博会、家博会、车博会、茶博会等一批知名展览会）。利用粤港澳大湾区的会展品牌效应，打造城市特色的会展名片。如香港的橡胶机械展在内地城市轮流办展，广州美容美发展、老年产品博览会都在内地开拓了市场。城市展会与境内外品牌合作，优势互补，能让本土品牌做大做强，逐渐打造城市名片。

2. 共创品牌，协同发展

粤港澳大湾区各中心城市加强整合资源，共创品牌。城市之间在资本、信息、品牌、人才、服务五个方面整合资源，多城共创品牌、共建基地、共育人才。着力品牌共享，摒弃封闭竞争。实行一展多巡、一企多业、一校多连、一网共享，实现共享共赢、协同发展。城市会展合作最关键的是打破保守封闭，走出恶性竞争的阴霾，树立"天下会展是一家"的理念。

3. 变革形式，多方创新

一是模式创新。疫情的冲击让会展从业者意识到了变革的重要性，未来会展将不再拘泥于线下一种形式，更多地向线上+线下交互模式发展。通过使用较为成熟的数字平台，运用5G、大数据和虚拟现实技术，举办网上展会，提供数字展厅和数字化买家资源，使企业间交流由"面对面"转为"屏对屏""线对线"。二是主题创新。把握5G、智能制造、人工智能、云计算、互联网工业设计等前沿技术发展趋势，提高展览内容的科技水平。将新时尚、新概念引入展会，探索创新创业展、VR互动体验展、健康养生展、未来科技展等主题展会。三是服务创新。通过互联网技术、大数据等，对目标客户和受众进行深度分析，了解展会供给需求、双方交易项目需求，提供精准配对服务，增强交易合作匹配度，提高展会实际交易成效，引导更多外贸参展企业、国外采购商对接交流。通过各种创新服务和展会质量的提升，提高展会的成交率。

（三）酒店方面，布局粤港澳大湾区，建设"世界级旅游目的地"游客主载体

粤港澳大湾区作为国家重点战略建设区域，以建设创新能力突出、产业结构优化、生产要素流畅、活力充沛、生态环境优美的国际一流湾区和世界级城市群为目标。其大踏步发展对各行各业的影响不言而喻，在带来巨大发展潜力的同时，也可能引发行业大格局的转变。对于旅游及酒店行业而言，将粤港澳大湾区打造成为"世界级旅游目的地"任重而道远。珠三角九市作为粤港澳大湾区的核心组成部分，其庞大的酒店群体势必成为"世界级旅游目的地"游客主载体。珠三角酒店业的发展趋势有迹可循，展望可期。

1. 强劲反弹，消费升级

粤港澳大湾区的强劲发展动力和后疫情经济的快速复苏，带动了珠三角酒店业的快速发展。疫情解封后珠三角酒店市场快速反弹，以深圳和广州为首迎来新一波酒店增长高峰。华美酒店顾问《2022粤港澳大湾区酒店市场报告》显示：2019~2022年在新增客房供给的数量里，广州、深圳和惠州排名前三，新增了3万间以上客房。从增幅角度来看，惠州客房增幅超过70%，排名第一，佛山和中山则紧随其后，与深圳、珠海的增幅齐平，均在60%左右。综观珠三角九市整体国民经济的稳步上升，以及疫情后民众的报复式旅游消费，酒店数量还将被持续刺激上涨。众所周知，酒店增量反映顾客消费能力升级，持续的酒店数量和品质提升，也将更优化酒店顾客的消费结构，最终形成酒店增量和顾客消费结构优化的良性互动。另外，珠三角的

经济地利优势，能客观地促进酒店消费升级。如深圳作为中国特色社会主义先行示范区，优良的国际地位和投资环境有助于酒店业的发展；广州酒店业在其中心城市的引领作用下，将增强国际商贸中心、综合交通枢纽和科技文化中心的功能，带来多样化、深层次酒店消费。

2. 产业布局，助力增长

"广深港澳科技创新走廊"作为粤港澳大湾区发展的重要抓手，以"广州、深圳、香港、澳门"为四大核心城市向周边辐射，整体及各重点城市发展方向明确。在产业布局引导下，粤港澳大湾区各区域酒店结合各产业加速发展，酒店业供给将迎来爆发式增长。"广深港澳科技创新走廊"强化广州、深圳中心城市的创新引领作用，依托于复合环闭式交通通道，将四地连成一个产业联动、功能贯穿、空间联结的创新经济带。这种产业多点布局、各产业协同发展的模式，将带来全国及全球各类型酒店客源以及复杂多样的酒店需求，为粤港澳大湾区酒店业带来新的生机和发展潜力。

3. 多元客群，个性趋向

粤港澳大湾区整体对于人才的吸引力极高，其中深圳、广州的人才净流入逐年递增。"新世代"（出生于20世纪"80""90""00"年代的人群被称为"新世代"）成为主力消费人群，意味着客群结构发生变化，对酒店产品需求更加多样化。伴随着市场客群的进一步细分，酒店产品及品牌将呈现个性化、多元化趋势。在此背景下，酒店将增加对"新世代"客源的审美和价值取向的了解和熟知，更重视服务、管理和营销的个性化。

4. 创新特色，服务升级

粤港澳大湾区商业和度假需求快速增长，国际国内客源多样化，商务旅游、文化旅游、周边游、微旅游、云旅游等旅游形式明显增多，为大湾区酒店产品升级带来发展空间，创新特色、升级服务也就成为必然。如服务转向可视化、智能化、社交与私域化、场景化等，借助酒店丰富的场景与空间资源，通过社交活动对接客源多样化需求；管理方面，重视由政府部门、行业协会、酒店自身、客人参与的全方位的新监管，使用移动化内部管理系统与软件进行管理，包括客房、停车系统监管、酒店宴会预订实时状态、维修维护状态等；产品营销上，通过官方社交账号、在员工中"造星"、与知名主播或 KOL 合作、通过社交平台与消费者产生互动，展示及售卖酒店内的各类产品，还可通过线上直播带货，与本地生活平台合作，举行线上婚博展、宴会展等获取新收益；售后方面，通过微信公众号和微信小程序互动、官网和自媒体点评模块的数据和流量，提高转化率和复购率，从而提高会员黏性，打造酒店的忠诚客户，搭建酒店会员体系。

5. 布局湾区，百花齐放

随着粤港澳大湾区经济的整体发展、酒店客源市场的多元化，知名酒店管理集团纷纷重仓布局大湾区，珠三角酒店业迎来品牌市场新格局。近三年，国际管理公司放牌金普顿、丽晶、文华东方等高端品牌，并对存量市场酒店进行翻牌更新。假以时日，珠三角及整个粤港澳大湾区酒店市场品牌将百花齐放、同竞光辉。

参考文献

《广东统计年鉴 2019 年》，中国统计出版社，2019。
《广东统计年鉴 2020 年》，中国统计出版社，2019。
《广东统计年鉴 2021 年》，中国统计出版社，2019。
《广东统计年鉴 2022 年》，中国统计出版社，2022。
《广东统计年鉴 2023 年》，中国统计出版社，2019。
广东省贸促会：《2022 年广东省展览业发展白皮书》，2023。
广东省文化和旅游厅：《2018 年广东省旅游统计公报》，2019。
中国会展经济研究会统计工作专业委员会：《2022 年中国展览数据统计报告》，2023。
北大汇丰智库：《2020 年深圳经济分析报告》，2020。
北大汇丰智库：《2021 年粤港澳大湾区经济分析报告》，2021。
广州市贸促会：《2020-2022 广州展览业专题调研报告》，2023。
深圳市工业和信息化局：《深圳市现代时尚产业集群数字化转型实施方案（2023-2025 年）》，2023。

专题篇

Special Topic

B.7
城乡融合视角下粤港澳大湾区
乡村旅游发展研究

万红珍　罗楚曼*

摘　要： 在国家大力提倡城乡融合发展的背景下，乡村旅游发展迎来了新的机遇。本研究首先从发展乡村旅游的先机、保障条件、附加需要以及融合发展等视角辨识粤港澳大湾区现有的优势资源和环境；再从制约粤港澳大湾区乡村旅游发展的因素中找出问题；进而从宏观视角给出发展粤港澳大湾区乡村旅游的框架，再从微观视角给出开发和发展乡村旅游的思路。

关键词： 城乡融合　粤港澳大湾区　乡村旅游　高质量发展

---

* 万红珍，广东轻工职业技术学院，副教授，主要研究方向为区域旅游经济；罗楚曼，广东轻工职业技术学院，助理研究员，主要研究方向为旅游管理、旅游规划。

一　城乡融合下粤港澳大湾区乡村旅游发展的必要性

中国共产党第十九次全国代表大会上专门针对在乡村振兴基础上落实国家战略，并且提出城乡融合发展，在贯彻落实习主席关于"新时代中国特色社会主义思想"的基础上，同时参考《粤港澳大湾区发展规划纲要》《关于支持深圳建设中国特色社会主义先行示范区的意见》等对于粤港澳大湾区城乡融合发展的要求。

粤港澳大湾区工农业在快速发展中，乡村为城市居民提供丰富的农产品，保障居民必要的生活用品；乡村多样化的休闲空间和生态环境以制衡城市无法替代的功能区域。乡村旅游是旅游业充分利用城市资源和农村资源融合发展的一种新业态，不仅扩容了城市居民的旅游消费场景和丰富了旅游消费方式，而且由于乡村旅游的便捷性增加了城市居民出行的频率，从而推动了城市和农村的互动往来，加速了乡村产业的升级，为缩短城乡差距加快了步伐。因此，大力发展乡村旅游是振兴乡村战略的有效实施手段。

坚持一体化发展是城乡融合的根本，各地纷纷围绕城乡旅游双向流动要素以及基础设施等进行合理配置，用心保护乡村生产、生活环境，潜心挖掘乡土风俗人情，专心治理农村污水、被污染的自然环境，积极开发设计乡村旅游项目，为可供休闲观光、旅游娱乐消费的后花园场景建设提供新的思路，同时为乡村转型发展指明了方向。

二　粤港澳大湾区城乡融合下发展乡村旅游的优势辨识

（一）粤港澳大湾区自然和人文资源丰富，为发展乡村旅游业提供了先机

粤港澳大湾区拥有 11 座城市，总面积达 5.6 万平方公里。位于中国的南大门，背有南岭山脉横亘，气候温和、植被繁茂；面朝南海有漫长的海岸

线、港口成群、拥有广阔靓丽的海景和独特的岭南渔村风情；北部为丘陵地貌，南面为珠三角平原，河网密布，地势起伏，在农田和村庄的点缀下犹如一幅画卷。同时，粤港澳大湾区还有着悠久的历史文化和丰富多样的民俗风情，包含传统农耕种植地、茶场、古驿道、古村古镇、民间手工技艺等多个类别。这些都为大力开发粤港澳大湾区乡村旅游提供了先机。

2019～2022年广东省共推出200条乡村旅游精品线路，其中珠三角九市推出76条，占广东省乡村旅游精品线路的38%（见表1）；2022年，广东省首批乡村旅游优质项目入围11项，珠三角九市占7项，分别是广州市从化区南平村乡村旅游项目、深圳市鹏城村乡村旅游项目、惠州市惠阳区周田村乡村旅游项目、东莞市茶山镇南社村乡村旅游项目、中山市南朗镇左步村乡村旅游项目、江门市开平市塘口镇强亚村乡村旅游项目、肇庆市封开县江口街道台洞村乡村旅游项目。丰富的乡村旅游产品的开发和建设，不仅可以助力粤港澳大湾区旅游业的繁荣，更能推动粤港澳大湾区乡村经济社会持续发展。

表1　2019～2022年广东省乡村旅游精品线路名单

城市	年度	线路名称
广州市（13条）	2019	从化慢享康养休闲游
		海珠黄埔古港古村海丝文化游
		黄埔长洲慢岛文化游
		花都乡村文化遗产游
		番禺水乡文化游
		南沙水乡生态游
		从化红色文化田园风光游
		增城绿道乡韵游
	2020	增城乡村粤菜寻味游
		番禺山水园林美食游
		从化生态休闲游
	2022	从化乡村生态文化研学游
		番禺美丽乡村之旅
		增城生态乡村精品游

续表

城市	年度	线路名称
深圳市（6 条）	2019	艺术乡村休闲游
		大鹏古城滨海休闲游
	2020	深圳围村改革开放历程体验游
		龙岗客家民居风俗精品游
	2022	宝安红色印记之旅
		盐田红色滨海寻迹之旅
珠海市（7 条）	2019	金湾水乡田园生态休闲游
		"沐浴清风探幽处，踏遍黄杨接霞来"线路
		古道名村寻踪之旅游
		"碧海银沙、尽享东澳"线路
	2020	斗门莲洲乡村"藕"遇之旅
		万山岛渔村风貌之旅
		淇澳乡村红色滨海之旅
佛山市（9 条）	2019	九江镇特色文化体验乡村游线路
		顺德水乡文化游
		高明区乡村研学体验两日游
		探百年古村，品北江河鲜，泡罕见氡温泉，寻觅蔬菜基地之旅
	2020	南海西樵乡村文化之旅
		禅城岭南粤韵乡村生态游
		高明乡村生态文化游
	2022	南海里水"水乡花园"之旅
		南海西樵乡村美食游
惠州市（11 条）	2019	惠阳区故里客韵
		惠东县红色文化寻根之旅
		惠东县蓝色滨海悠闲之旅
		博罗县西部环罗浮山乡村度假游线路
		龙门县瑶乡文化采风乡村游
		龙门县森度乡村休闲游
	2020	博罗科技与乡村邂逅之旅
		龙门乡村红色记忆与生态度假之旅
	2022	惠阳将军故里之旅
		惠东"南粤古道．重返红色征程"之旅
		博罗"罗浮山下四时春"之旅

城市	年度	线路名称
东莞市（7条）	2019	麻涌水乡美食休闲游线路
		莞香文化之旅
	2020	茶山传统村落文化寻根之旅
		虎门历史与乡村美食游
	2022	风情石排休闲游
		醉美清溪之旅
		"横沥·百年牛镇"乡村休闲游
中山市（5条）	2019	南朗镇"孙中山故里"乡村旅游线路
	2020	岐澳古道红色乡村游
		中山疍家风情游
	2022	"改革开放 红色印记"之旅
		南朗乡村休闲度假游
江门市（9条）	2019	汀江华侨文化走廊（古驿道）一日游
		开平世遗文化经典游
		鹤山红色文化两天游
		恩平温泉生态乡村两日游
	2020	新会陈皮健康生态自驾游
		开平碉楼侨乡文化之旅
	2022	新会南宋古韵乡村美食休闲游
		蓬江乡村粤菜美食游
		台山红色乡村之旅
肇庆市（11条）	2019	高要美丽乡村,乐山乐水"河乐水"生态乡村自驾游
		四会绥江沿线（省道263线）自驾休闲游
		农运先锋,其鉴故里——广宁爱国教育红色记忆之旅
		"龙母故里 乡愁德庆"乡村旅游线路
		封开贺江奇景生态游
		怀集"长寿养生"赏花游
	2020	广宁竹乡风情游
		封开状元故里山水生态游
		德庆金林水乡游
	2022	高要宋隆"田园山水"之旅
		四会"古韵寻踪·生态休闲"之旅

资料来源：根据广东省文化与旅游厅官方数据整理。

（二）粤港澳大湾区农业资源丰富，为发展乡村旅游提供了基础保障

粤港澳大湾区自然气候常年温和滋润，保障了热带、亚热带等农作物生长所需的充足水量和湿润土壤，促使亚热带农产品产量丰富、种类鲜明突出，瓜果品质鲜甜诱人。据 2021 年广东省年鉴统计，粤港澳大湾区的农林牧渔业的总产值高达 2936.69 亿元，在广东省中占比为 35.4%（见表 2）。据广东省农业厅信息显示，2022 年大湾区内地 9 市农林牧渔业整体发展可喜，均为增长。其中江门同比增长率为全省第一，为 7.7%；珠海、惠州的增长率并列第二，均为 7.5%；佛山增长率排名第三，为 7.1%，均实现了高速高质发展（见表 3）。

表 2　2021 年粤港澳大湾区农林牧渔业发展数据

类别	广东省（亿元）	粤港澳大湾区（亿元）	占比（%）
农林牧渔业总产值	8305.84	2936.69	35.4
（一）农业产值	3951.14	1291.20	32.7
（二）林业产值	495.44	139.77	28.2
（三）牧业产值	1707.82	458.08	26.8
（四）渔业产值	1747.34	863.04	49.4
（五）农林牧渔专业及辅助性活动产值	404.10	183.81	45.4

资料来源：根据《广东省统计年鉴 2021》数据整理。

江门素来有"产粮大市""渔业大市""中国锦蛙之乡""中国陈皮之乡"等美称，一直为大湾区提供优质的农产品，也被称为大湾区的"菜篮子""米袋子"和"海鲜铺子"，以优势的农业资源推动大湾区高质量发展。同时，江门将优质农业资源与休闲旅游的自然资源相结合，打造了休闲农业乡村产业。2022 年全市休闲农业乡村旅游产业经营主体 376 家，其中省级龙头企业 6 家，接待人数 935.13 万人次，累计创建中国美丽休闲乡村游线路 2 条、省级休闲农业与乡村旅游重点县 1 个、省级休闲农业与乡村旅游示范镇和示范点达 30 个，全国乡村休闲重点县 1 个，呈现良好的发展势头。

表 3　2021 年粤港澳大湾区内地 9 市农林牧渔业发展情况

单位：亿元，%

城市	2021 年							2022 年	
---	农业产值	林业产值	牧业产值	渔业产值	农林牧渔专业及辅助性活动产值	农林牧渔业总产值		农林牧渔业总产值	增长率
广　州	296.58	5.80	38.13	123.69	78.35	542.55		575.30	3.2
深　圳	15.23	0.71	3.27	25.07	2.01	46.29		暂无	暂无
珠　海	15.63	0.02	2.31	71.00	9.98	98.94		109.75	7.5
佛　山	135.93	1.78	56.73	170.79	29.01	394.24		429.72	7.1
惠　州	255.56	11.32	62.74	52.12	5.72	387.46		429.96	7.5
东　莞	39.35	0.44	0.87	11.07	1.65	53.38		55.50	0.5
中　山	46.65	0.19	3.36	86.57	3.07	139.84		146.74	6.7
江　门	164.88	12.47	121.68	222.09	21.13	542.25		590.20	7.7
肇　庆	321.42	107.04	168.99	91.42	32.89	721.76		759.57	4.5
合计	1291.23	139.77	458.08	853.82	183.81	2926.69			

资料来源：根据《广东省统计年鉴 2021》整理。

肇庆是广东省农业大市，也是大湾区重要的农产品供应基地，主要生产稻米、蔬菜、水果、畜禽、水产、南药等优势农产品。素有"中国柑桔之乡""中国贡柑之乡""中国沙糖桔之乡""中国竹子之乡""中国罗氏虾之乡""中国肉桂之乡"等美誉。

广州是广东省粮食、蔬菜、食用菌、莲藕重要的生产基地。其中，广州增城丝苗米被称为"中国米中之皇"、增城迟菜心号称"菜心之王"；广州是花卉种植和交易网络的核心，享有"广州花城"的美誉；水果主要盛产热带亚热带水果，一年四季有各类水果供应不断，故有"水果之乡"的胜誉；特别是"增城挂绿荔枝"被评为中国国家地理标志产品。

惠州已成为内地农产品供港重要基地，借助北纬23度的位置优势，反季节冬种马铃薯和鲜食甜玉米，成为全国最大的种植基地；还以盛产荔枝、梅菜、桔子等农产品而闻名，有着"中国梅菜之乡""荔枝之乡""年桔之乡"等称号。

佛山发展成为以水产、花卉、畜牧、预制菜为主导的大湾区现代都市农业，农林牧渔业总产值增长率走在全省前列。

珠海打造集农户养殖、农业展示、预制菜、乡村旅游等于一体的"年鱼"产业链，以"年年有鱼"现代农业产业等模式促进农村产业振兴。

粤港澳大湾区各市依据优势自然环境和社会经济条件，在推动都市农业发展的路径中，依据地域农业资源的分布规律，形成了都市农业的鲜明特色并凸显优势，保障了粤港澳大湾区城市农产品供应；同时，结合整合和策划的思维，利用各地区特色农业优势资源与城乡旅游需求，为不同用户打造乡村休闲、中小学生科普、乡村亲子互动、乡村文化体验等乡村旅游活动场所。

（三）粤港澳大湾区城市化进程快速，促进了乡村旅游和农业附加值的需求

中国改革开放45年来，粤港澳大湾区各市紧抓开放合作新机遇，并取得了工业化和城市化快速发展的瞩目成绩。2021年，大湾区城市化平均水平为89.7%。其中，广州城市化率为86.46%、深圳99.81%、珠海

90.75%、佛山 95.21%、惠州 72.9%、东莞 95.24%、中山 87%、江门 67.84%、肇庆 51.91%、香港 100%、澳门 100%。

粤港澳大湾区在快速城市化进程中，全区域人口仍然保持可观数量的增长，截至 2022 年底，粤港澳大湾区常住人口达 8629.04 万人，其中广州、深圳常住人口达 3649.22 万人，属于全国超大人口区域。城市化的快速进程促进了大湾区 GDP 的增长（见表 4），大湾区居民消费能力和消费趋势不断攀升，城市居民对休闲旅游的需求也在不断增加。在城市化的过程中，许多城市居民开始追求更加健康、自然和放松的旅游方式，而乡村旅游正好符合他们的需求。乡村旅游可以提供与城市截然不同的环境和氛围，让游客感受到自然、和谐和放松。此外，乡村旅游还可以让游客了解农村文化、品尝农家美食、体验农村生活等，满足了城市居民对多元化旅游体验的需求。

在粤港澳大湾区，快速城镇化和经济发展的趋势也在推动着城市居民对乡村旅游的需求增加。随着大湾区城市的快速发展，城市居民对近距离、高品质的乡村旅游体验的需求也在不断增长。

表 4 2015~2022 年粤港澳大湾区 GDP 数据

单位：亿元

地区	2015 年	2016 年	2017 年	2018 年	2019 年	2020 年	2021 年	2022 年
广 州	17347.37	18559.73	19871.67	21002.44	23844.69	25068.75	28231.97	28839.00
深 圳	18436.84	20685.74	23280.27	25266.08	26992.33	27759.02	30664.85	32387.68
珠 海	2216.54	2452.61	2943.83	3216.78	3444.23	3518.26	3881.75	4045.45
佛 山	8107.60	8756.31	9382.16	9976.72	10739.76	10758.50	12156.54	12698.39
惠 州	3090.22	3359.52	3745.75	4003.33	4192.93	4283.72	4977.36	5401.24
东 莞	6665.34	7260.92	8079.20	8818.11	9474.43	9756.77	10855.35	11200.32
中 山	2711.36	2830.43	2939.52	3053.73	3123.79	3189.05	3566.17	3631.28
江 门	2274.26	2480.94	2745.89	3001.24	3150.92	3202.95	3601.28	3773.41
肇 庆	1691.85	1810.67	1964.97	2102.29	2250.67	2313.24	2649.99	2705.05
珠三角	62541.37	68196.86	74953.26	80440.72	87213.05	89850.38	100585.25	104681.82
香 港	21319.40	22125.70	23049.14	24022.44	25250.73	24103.74	23740.00	26383.34
澳 门	2990.00	2975.99	3102.00	3609.00	3715.54	1678.44	1929.27	1605.17

资料来源：根据《广东省统计年鉴 2021》数据和香港、澳门官方数据整理。

注：2017 年起，深圳市地区生产总值数据包含深汕合作区。

（四）粤港澳大湾区特色小镇精准化建设，助力城乡旅游融合发展

特色小镇是指几十平方公里土地上集聚特色产业、生产生活生态空间相融合，由于其特色产业鲜明并融合文化、旅游、生活和生态等功能新型模式和形态，从而推动特色小镇产业创新发展。2016年广东省有6个小镇入选国家级首批特色小镇建设名单，发展到2021年广东省有142个特色小镇被纳入《广东省特色小镇清单管理名单》，其中佛山（31个）、广州（21个）、中山（7个）、东莞（6个）、惠州（5个）、深圳（4个）、江门市、肇庆市、珠海市各有3个。特色小镇作为推进经济转型升级、城乡融合建设的重要抓手，各地区因地制宜积极发挥小镇优势和特色，助力乡村振兴。特色小镇开发思路以"特"字诀为模式。一是产业"特"，即特色产业和特色旅游的组合，注重产业和旅游双特色开发；二是功能"特"，设计宜产、宜居和宜游的功能空间；三是机制"特"，是由企业主导管理的城镇化运营的市场机制，并由参建者和政府共同规划、管理和监制的活力小镇；四是形态"特"，特色小镇的建筑、街道、景观及整体环境设计统一特色风貌，可供历史洗礼和一代代人将其文化沉淀，使其别具风格。

例如，从化西和万花风情小镇的开发来看，"产业特"重在发展花卉产业和乡村旅游产业，"功能特"构建了可居住、可饮食、可游览、可游学、可购物、可静赏等全方位功能空间；"形态特"，小而美，四季花卉、沥青村道、村居风貌、咖啡书屋、田园风光；"机制特"，机制灵活新颖，引进了38家花卉企业、花卉研究机构、高校等共同打造花卉产业园。研究机构和高校负责技术攻关；农户负责种植生产、花卉企业负责科技监控和运营管理，共同构建了"产、居、游"和谐的花卉乡村特色小镇。2022年全年，西和万花风情小镇累计接待游客超120万人次，实现旅游收入9000多万元。

特色小镇与乡村旅游的融合发展，有利于双产业资源整合、创新乡村旅游业态、保护乡村生态环境、推进乡村振兴、促进双方协同发展，提高乡村旅游的知名度和服务水平。

粤港澳大湾区各市正在精细化管理特色小镇，由原来数量多、体量大，

向产业特色化精确规划转变，制定了相应的考核机制，采用末位淘汰制的方法管理，从而培育了一批具有特色优势的魅力城镇。通过特色小镇的建设，推动以城带乡，让合适的城市优势产业和先进技术入乡入村，使得大湾区宜居、宜游、宜业等资源要素向农村转移配置，从而使工业、农业、旅游业和商品住宿业能有效融合。特色小镇完美释放着其强大的辐射和带动效应，让新农村焕发出像城市一样的朝气和动力。

三 粤港澳大湾区乡村旅游发展面临的主要制约因素

（一）粤港澳大湾区乡村旅游缺乏高质量发展的科学规划

2021年，国务院在《"十四五"旅游业发展规划》中指出，要从政策保障、精品乡村旅游工程实施和健全利益相关者联合机制等方面，来推动乡村旅游高质量、产业化、规模化发展。大多数乡村旅游经营者以旅游运营为核心，仅考虑旅游收入和旅游经济带动乡村旅游发展目的，缺乏城乡融合背景下对乡村旅游产业化、规模化发展的整体布局。粤港澳大湾区乡村旅游宏观规划需要考虑旅游经济、社会问题、自然环境、乡村文化和民生关系等维度的建设目标，高质量、多维度赋能乡村振兴战略达成。粤港澳大湾区乡村旅游也要紧随国际化推进的脚步，向世界级乡村旅游领域进军，故而成为大湾区区域竞争力和大湾区生态系统的重要组成部分。因此，必须未雨绸缪，做好科学规划，紧贴粤港澳大湾区城乡融合发展步伐，推动大湾区乡村旅游整体结构优化，乡村旅游向更高阶段迈进。

（二）传统的乡村旅游产业延伸力不足

目前，乡村+旅游融合带动产业化发展建设的新思路、新规划延伸力不足。主要体现在以下几个方面。

第一，没有形成合理的规划，导致乡村旅游产业延伸力不足。传统乡村旅游产业在开发和实施过程中没有构建统一规划，互动融合的发展理念薄弱，乡村旅游项目开发没有深度剖析开发乡村目的地农村产业现状和农村居民需求的联合统筹，利用特色乡村产业+旅游的共同开发不精准，正在推进的乡村旅游项目大多以追求短期利益无全局长远规划，致使在大湾区范围内乡村旅游项目同质化严重。

第二，传统乡村产业开发的禁锢思维导致延伸力不佳。由于部分传统农村对乡村产业思维比较模式化，大多数乡村在产业融合新发展中，目光定位于工业化和城镇化建设，对乡村产业开发中的乡村道路、民宿生活、公共卫生等基础设施和导游服务、饮食安全、文化娱乐等公共配套服务的投入不重视，致使无法满足乡村旅游发展需求，从而影响了乡村旅游发展的动力。

（三）城市赋能乡村旅游优势尚未充分发挥

粤港澳大湾区已形成通信电子信息产业、新能源汽车产业、无人机产业、机器人产业以及石油化工、服装鞋帽、玩具加工、食品饮料等产业集群，在中国参与世界级城市群建设和全球竞争中发挥着重要的作用。粤港澳大湾区如一只正展翅翱翔的健硕雄鹰，香港、澳门就是这只雄鹰的鹰头。香港和澳门国际化水平高，香港是全球第三大金融中心，澳门是世界休闲中心，对我国国际化发展起着引擎作用；广州、深圳就如雄鹰的颈脖，广州是我国重要的中心城市之一，被誉为"千年商都"。深圳是国际性综合交通枢纽、国际科技产业创新中心。这两座重要的城市承担着大湾区重要的枢纽要领作用；佛山和东莞就如雄鹰的双翅，护翼着大湾区飞翔前进；其他各市就是鹰躯部分，也都分别承担着各自的城市功能，缓缓成长。粤港澳大湾区作为国家级城市群向周边乡村赋能的优势尚未得到充分挖掘和有效发挥，大湾区广东9市的青山绿水和丰富的农业资源助力城市居民休闲度假、生态养生等后花园作用也没有发挥效能，问题主要表现为以下几点：一是城乡融合发展乡村旅游的体制不健全；二是城乡产业融合的深度有待挖掘、广度有待延伸；三是城乡之间旅游经济合作的耦合性不强，共同繁荣的工、农之间的城乡关系还未厘定清晰；四是国际化城市群对乡村旅游带动力有待提升。

四　城乡融合下粤港澳大湾区乡村旅游发展策略

（一）城乡融合下粤港澳大湾区乡村旅游发展框架

粤港澳大湾区乡村产业的发展在城乡融合的背景下，只定格在种植业和养殖业的传统产业发展模式无法顺应现代新乡村产业结构变化，在供给侧改革下，农业产业+乡村旅游融合发展将作为新业态影响传统乡村产业发展新格局。同时依据粤港澳大湾区得天独厚的地理位置、天然资源禀赋盛况，以农工商旅融合发展为理念，提出乡村旅游发展框架。

1.优化粤港澳大湾区城乡旅游发展布局

粤港澳大湾区城乡旅游布局可依照以下层次推进：

第一，核心层圈：打造都市休闲乡村旅游产品精品线路。广州、深圳城市化建设进程快、人口密度高、旅游消费能力和消费需求量大，构建乡村休闲产业体系，在空间规划上依托"四边：城市边、景区边、海岸边、乡村边"，"四道：交通干道、乡间古道、村道、农作物田道"，"三特：特色文化居住区、特色小镇、特色古村落"，"三园：农产品加工旅游园、农作物科普教育园、农家风味品鲜园"。在时间利用上结合农业生产季和农闲季，为不同需求的游客分门别类地设计旅游产品和定制乡村旅游精品线路。

都市休闲乡村旅游产品主要从城市旅游转向郊区乡村，利用乡村的农业景观、乡土风情和田园风光来进行策划和设计旅游活动，从而满足城市居民周末休闲观光、假期深入乡村互动体验乡村生活或闲暇时光回归自然等各种需求。

第二，边缘层圈：建设特色主题乡村旅游精品线路。主要针对离城市偏远的乡村进行乡村旅游产品开发，开发条件如下：首先，边缘圈层的乡村有便捷通达的交通网络；其次，以国家级、省级农业产业园为依托，或以其环境可供开发的新型特色产业（如蔬菜、渔业、奶业或花卉等特色农业）为依托；再次，能吸引技术领先的企业加盟开发和指导生产、组建一支拉动消费市场和管理强劲的队伍共建协力发展；最后，依托各个村落的乡村文化和乡村环境开展各类主题乡村旅游产品开发精品线路，如乡愁游、生态游、赏花游、乡村美食游、乡村红色游、乡村科技游、秋赏游、亲子游、科普游、黄昏漫步游、乡村风情文化游。

粤港澳大湾区特色乡村旅游系统化发展，不仅保障了香港、澳门等大湾区城市的农产品供应，也为城市群休闲观光提供了多样化的消费市场，成为打造粤港澳大湾区高质量生活圈支撑载体。

2.培育农旅融合产业经济,提升大湾区乡村旅游竞争力

乡村旅游就是旅游产业与农业产业高度融合的代表，开辟农旅结合的新路径是乡村产业结构调整优化的重要思路，乡村振兴可视化发展的新视角，也是农业乡镇经济增长的新竞争力。

第一，农旅融合赋能乡村旅游新功能。在农旅产业融合背景下，挖掘第一产业中"农林牧副渔"产业与第三产业中旅游业六要素"吃住行游购娱"的内在关联属性，在开发过程中，基于城乡发展的理念，开发乡村旅游产品，设计集农业生产、景区游览、村居休闲、乡情体验、生态保护于一体的旅游业态项目，使乡村生产和生活赋能旅游新活力。乡村旅游消费不仅可以提供游客享受田园风景、参与田园采摘、融入科普学习、体验民宿生活等旅游项目；还能起到促进乡村产业振兴、延伸农业功能、推进乡村文化保护与传承、促进农民增收等重要作用。

第二，基于差异化原则开发乡村旅游新产品。粤港澳大湾区在推进乡村旅游过程中应差异化开发乡村旅游产品元素。一是突出乡村产业特色。如"一村一品"，在区域范围内发挥资源优势，形成规模化、标准化和产业化的特色农产品，以特色农产品打响该区域乡村旅游影响力，进一步开展回归自然、田园采摘等旅游项目来释放旅游者的心灵。二是深挖乡村文化。根据地域特点挖掘村庄自然、历史和人文资源，如开展采麻、纺麻、染麻等工艺技能科普教育，举办特色民俗歌谣接力赛活动等

来提升区域竞争力。以浓浓的乡村气息，让旅游者在美丽的乡村中"看山见水、留恋乡愁"。三是丰富乡村经营业态。分析农旅融合的特征与旅游消费者喜爱度之间的关联，抓住农旅融合产业与旅游者消费价值的"融合点"，开发设计出可供乡村旅游活动的经营形态，向体验农业、休闲农业的经营转变。

3.打造"生态+产业+旅游"新农旅价值模式

乡村旅游开发应在农业生态保护中得到合理开发，在开发中促进保护。粤港澳大湾区农旅融合产业在践行"绿水青山就是金山银山"的发展理念中，秉持"生态优先、产业规划、旅游同行"建设理念，使乡村旅游消费者走近村落与山水、良田有机融合的田园亲近自然，享受乡村美景带来的闲暇时光。首先，要注重农村山水和农村风貌塑造。开发过程应注意保留原始乡村独特风貌，民居建筑要有乡土气，要有村落文化特色，在尊重村落自然风韵的前提下，合理规划乡村天然资源，实现乡村人与自然的和谐共处。其次，要完善农业乡村向旅游乡村的转化。在乡村旅游产业规划和开发中，保护好自然村落田园耕种生产运行，这也是乡村旅游原滋味的保障；重点要保护村落农田、林间溪流、山间树木等农村生态系统环境的稳定性，打造"村落生态、农业生产、乡村旅游"三位一体的价值农旅产品，在保护农业乡村生态的过程中实现农业乡村生态价值。

（二）城乡融合下粤港澳大湾区乡村旅游发展策略

城乡融合下的乡村旅游发展建设，重在实现农村产业和旅游产业的深度合作。在了解乡村旅游开发目的地特色和优势资源的基础上，进一步差异化地分析周边市场开发环境，在充分满足市场需求和明确农业旅游转型发展需要的双驱动下，挖掘自身资源开发的价值，明确自身发展思路。

1.打造国际乡村旅游目的地

粤港澳大湾区是中国开放程度最高、经济活力最强的区域之一，未来在投资、消费、进出口、科研创新、应用技术和国际金融等方面将吸引越来越多的国际友人加入。乡村旅游作为粤港澳大湾区"后花园"休闲旅游规模最大的产业项目，在未来的国际化休闲服务中将发挥越来越重要的作用。因此，广东省文旅厅牵头，提出做大做强"粤美乡村"旅游品牌，以现有全国乡村旅游重点村镇、广东省文化和旅游特色村为抓手，将农耕文化、传统工艺、民俗礼仪、风土人情等融入建设非遗展示馆、书画院、村史馆等，提升乡村旅游文化内涵，丰富旅游业态。促进创意、设计、音乐、美术、动漫、科技等融入乡村旅游发展，高标准培育一批广东省文化和旅游特色村，培育一批乡村旅游集聚区，打造一批全国乡村旅游重点村镇、国际乡村旅游目的地。

2. 推动城乡互动休闲化的郊野游

充分利用乡村的蓝天白云、农田村庄、小桥流水等自然村庄景观，满足向往乡村体验、田园休闲等旅游需求，吸引城市居民走近乡村和田间，参与赏花、采摘、捕鱼、放牧、农耕等郊野旅游项目。开发思路如下：一是以乡村农田体验为主的农业游。走近农家田园，可进行欣赏田园风光、观摩农耕种植、了解农耕文化、品鉴绿色食品、购买无污染农家蔬菜等郊游活动；二是以果林种植园为主的观光游，走进花、果、林园，花香四溢、果香迎鼻、负离子弥漫，可提供游客在果园中品尝采摘、在休闲处品茶交友、在花田间踏青摄影等活动，游客在轻松愉悦的氛围中亲近自然，愉悦身心；三是以乡村科技为主的科普游，通过观看乡村新品种，了解现代化新技术、新工艺，使科普爱好者增长现代农业知识；四是以农家互动为主的交流游，入住村民家，与村民共吃住、同交流、齐劳动，让旅游者感受农家生活、农家劳作和乡村气息。

3. 存入绿水青山，取出"金山银山"

美丽乡村不仅有自然怡人的田园风光、传统特色的乡土文化，还有可感受可体验可开发的"青山绿水"乡村资源。近年来，部分乡村出现空巢化或老年化，但随着传统农业、农村旅游、农产品加工等产业的兴起，一部分年轻人纷纷踏上返乡创业的归程。有的利用村落中空巢房和闲置荒地，统一租用，并进行具有村落文化和乡村风土气息的全面设计、整体规范改造，形成独具特色的乡村度假区品牌；有的利用"闲置废弃的老茶厂"变身"农业休闲综合体"，集种植、加工、体验、销售、旅游体验、休闲度假等于一体，多元素融合运营，吸引村民投资入股、吸引游客度假体验。往日杂草蔓延的农场，经乡人改造后，迎着春风送来了一片绿草茵茵、花香四溢的盛景，蝴蝶沿着蜿蜒的溪水不停地舞动，勾勒出桃花源里最美的田园诗，现在的农场不仅可以赏花观景，还可以进行农事体验、萌宠互动、露营野餐、观赏酿酒、沉浸看书，享受慢生活。

以"青山绿水"的创意开采为试点，既是生态产品价值实现的重要路径之一，更是拓展转化乡村旅游思路，变更多"金山银山"的保障。

4. 构建乡村旅游产业化的农业公园

因农业和旅游业融合而诞生的产业化的农业公园，是一种新型的旅游形态，区别于大家传统认知中的农家乐、农村村落、自然植被景观公园、地质公园、自然保护区、湿地公园或天然牧场。它保持着生命化的农业生产基础，规划设计出生产农耕型的园林景观、生态化的郊野田园和生活化的农家村落，体现现代农业的四生理念、融合现代农业三产经济、保存传统的乡土文化与乡土风情，以和谐发展模式打造的现代农业园林与产业化的乡村旅游综合体，是现代乡村旅游的高端形态。

农业公园使乡村变"景区"、使田园变"公园"，在农业公园里，游客可以观光农田、果园、牧场等农业生产场所，了解农业生产的过程和技术，体验农村文化和特色美食，甚至还可以参与农业劳动和收获。这种旅游形式可以促进农业和旅游业的融合发展，提高农民的收入和生活质量，同时也为城市居民提供了一种全新的旅游体验。

参考文献

周灿芳：《城乡融合背景下粤港澳大湾区都市农业发展研究》，《广东农业科学》2020 年第 12 期。

中共中央　国务院：《粤港澳大湾区发展规划纲要》，人民网，http://people.cn，2019 年 2 月 18 日。

白旭静：《城乡融合背景下乡村旅游转型路径研究》，《农村经济与科技》2023 年第 7 期。

佟宇竞：《城乡融合视角下粤港澳大湾区城市圈都市农业经济发展探析》，《农业经济》2023 年第 3 期。

何育贤、张海波、刘艳新、蔡利德：《粤港澳大湾区城乡融合发展路径探析》，《中国农业会计》2019 年第 12 期。

王鹏：《粤港澳大湾区乡村治理的价值意蕴及路径考察——基于城乡融合的视角》，《昆明理工大学学报》（社会科学版）2020 年第 6 期。

B.8
2023年粤港澳大湾区酒店业
人力资源现状与发展趋势

摘　要： 高离职率、低满意度一直是酒店业人力资源管理的顽疾。本文通过线上问卷的方式对粤港澳大湾区酒店业的人力资源状况进行了详细调查，并对收集所得数据进行了整理和分析，深入剖析粤港澳大湾区酒店业的人力资源现状及其区域特点并洞察趋势。最后结合酒店行业的人力资源特点、区域情况及疫情后的人力资源发展新趋势，从直面薪酬痛点、倡导为服务付费，帮助员工平衡工作—生活、提升职业幸福感，人岗匹配、精准激励，视基层人力资源为战略资源及警惕数字化和智能化工具的成本陷阱五个方面提出建议，指出粤港澳大湾区酒店业走出人力资源恶性循环的突破口。

关键词： 粤港澳大湾区　酒店业　人力资源

一　前言

早在2018年度的《世界旅游经济趋势报告》中，旅游业员工的流失率问题就引起了关注：旅游业员工的流失率要比其他行业高出8~13个百分

---

* 陈美杰，广东轻工职业技术学院讲师，国家高级人力资源管理师，主要研究方向为文旅业人力资源管理、酒庄文旅；田森，中国旅游饭店业协会人力资源分会理事，门墩儿创始人兼首席执行官，主要研究方向为酒店管理。

点，中国酒店业的员工流失率问题则更严峻，甚至高达 40%，而新冠疫情对接触性消费的限制政策则使上述现象进一步恶化。

根据文化和旅游部发布的数据，我国 2019 年星级饭店的 RevPAR① 是 194.79 元，2020 年是 122.36 元，2021 年为 139.91 元。收缩—波动的市场需求不仅使酒店业的财务受损，也引发了酒店业供给侧的改革。为了节约成本，不少酒店在疫情期间实行"无薪休假"，甚至裁员。同时，酒店业绩下滑和暴露在较高传染风险环境中的健康风险压力都使酒店业面临更恶劣的人力资源市场环境。

随着疫情逐步受控，人员流动恢复。人们的旅游、休闲、商务需求高涨，各国积极的旅游业促进政策和产业创新正合力推进全球旅游业稳步恢复。世界旅游城市联合会与中国社会科学院旅游研究中心发布的《世界旅游经济趋势报告（2023）》显示，2022 年全球旅游总人次为 95.7 亿，总收入为 4.6 万亿美元，分别恢复至 2019 年的 66.1% 和 79.6%。报告同时预测 2023 年全球旅游总人次将达到 107.8 亿，总收入将达到 5.0 万亿美元，分别恢复至疫情前（2019 年）的 74.4% 和 86.2%。

我国国内为了更好地释放内需，进一步推动国内大循环，深入贯彻落实习近平总书记关于文化和旅游工作的重要论述和中央政治局会议精神，不少地方政府联合文旅企业发放各式消费券，使出浑身解数花样"宠游客"。国务院办公厅也在 2023 年 9 月 27 日印发了《关于释放旅游消费潜力推动旅游业高质量发展的若干措施》。根据文化和旅游部数据中心的测算，2023 年中秋节、国庆节 8 天长假，国内旅游出游人数 8.26 亿人次，按可比口径同比增长 71.3%，较 2019 年增长 4.1%；实现国内旅游收入 7534.3 亿元，按可比口径同比增长 129.5%，较 2019 年增长 1.5%，实现了预期增长。

然而，劳动力短缺程度仍是短期影响世界旅游业恢复质量的关键变量之一，从中长期看，世界经济和旅游业的进一步发展也依赖于全要素生产率的提升，其中提高行业对知识人才的吸引力无疑是重塑旅游业的增长模式、推

① 每间可供出租客房的平均实际营业收入。

动旅游业全要素生产率上升的关键路径之一。因此，找到打破酒店业"招人难、留人更难"的恶性循环的突破口至关重要。

二　资料来源及收集情况

本文所用资料来源于门墩儿招聘平台①联合中国旅游饭店业协会人力资源分会在 2023 年 5 月 24 日至 6 月 5 日向国内酒店从业者发起的调查，该调查旨在了解我国酒店业的人力资源现状与发展趋势。

问卷共有"个人情况""企业概况""薪酬福利现状""求职与招聘现状""实习生与校企合作""开发与思考"六部分，包含单选题 39 道，多选题 15 道，填空题 6 道，共 60 个问题，其中 30%（18 道）的题目为半开放式问题。调查问卷通过网络发放（问卷星），在全国范围内（含港澳）共回收有效问卷 1020 份，本文从中筛选出 124 个来自粤港澳大湾区的有效样本用以数据分析。

三　受访者组成及人口统计学特征

上述 124 个有效样本中 36 个来自广州，37 个来自深圳，4 个来自珠海，16 个来自佛山，10 个来自惠州，9 个来自东莞，3 个来自中山，3 个来自江门，5 个来自香港，1 个来自澳门。没有来自肇庆的样本（见表 1）。

表 1　有效样本在粤港澳大湾区的分布情况

单位：人，%

城市	广州	深圳	珠海	佛山	惠州	东莞	中山	肇庆	江门	香港	澳门
数量	36	37	4	16	10	9	3	0	3	5	1
占比	29	30	3	13	8	7	2	0	2	4	1

---

① 国内领先的酒店及泛服务业人才职业发展与招聘平台。

在 124 个有效样本中，就职于集团管理岗位的有 7 人，总经理 13 人，业主代表 2 人，副总/酒店经理/驻店经理/行政助理经理 7 人，人力资源部负责人 24 人，其他部门负责人（除人力资源部）38 人，中层经理/主管 23 人，基层岗位员工 3 人，筹备中项目/酒店员工 7 人。对所在单一酒店人力资源状况有较全面了解的受访者共 46 人（以下简称"HRM 组"），占比为 37%；为单一酒店高层的受访者共 84 人，占比为 68%；受访者中，拥有 5 年以下行业经验的从业者 12 人，5 年至 20 年行业经验的从业者 90 人，20 年以上行业经验的从业者 22 人，分别占比 10%、73%、18%。

除任职于集团总部或筹备项目/酒店员工中的 14 人外，其余 110 位受访者（以下简称"BR 组"）所在的酒店类别分布如表 2 所示。

表 2　BR 组受访者所在酒店的类别分布

单位：人，%

类别	经济型	三星	四星	五星	其他	合计	占比
国际	0	1	6	59	1	67	61
国内	0	0	12	10	2	24	22
单体	0	0	7	9	3	19	17
合计	0	1	25	78	6	110	
占比	0	1	23	71	5		100

综上所述，受访者中，高星级酒店的中高层资深管理者占比高，其掌握和提供的信息有较高的准确度和可信性，能较客观地反映出粤港澳大湾区酒店业尤其是高星级酒店的人力资源状况，有助于我们从中发现问题、洞察趋势。

四　基础数据分析：现状与特征

（一）薪酬有限，福利不济

调查询问了 BR 组共 110 位受访者所在酒店不同岗位类别的薪酬水平。

其中基础员工的月薪水平集中在3001~4000元，有62家（占比56%）；基层主管的月薪水平集中在4001~6000元，有97家（占比88%）；高层管理人员的月薪水平集中在15000~30000元，有86家（占比78%）。

年终奖方面，BR组中的35名（占比32%）受访者表示2022年所在酒店未发放年终奖，45名（占比41%）受访者表示发放了相当于0.1~1倍月薪的年终奖。另外分别有17人、8人、2人和3人表示所在酒店发放了1.1~1.5倍、1.6~2倍、2.1~3倍和3倍以上月薪作为年终奖，共占比27%（见图1）。

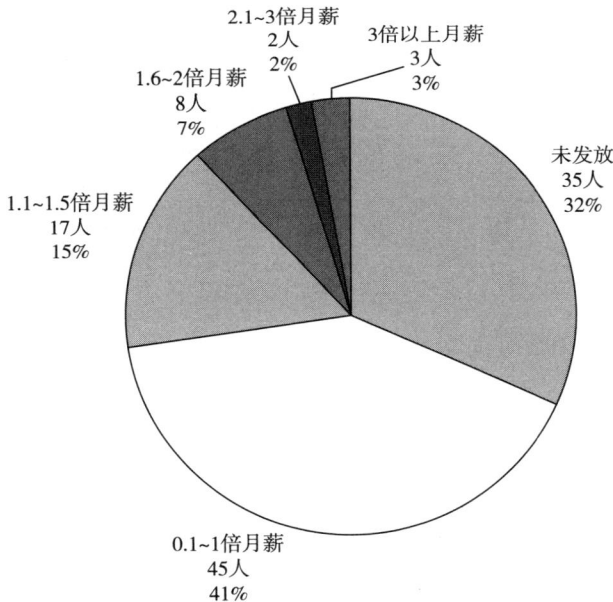

图1　BR组受访者所在酒店2022年年终奖发放情况

整体偏低的薪酬福利水平，也从大比例受访者对薪酬福利水平持低满意度的态度评价中得到体现：124名受访者中仅42人（占比34%）表示对薪酬及福利待遇满意，82人（占比66%）表示不满意。

（二）人员变动频繁，离职率高企

124 名受访者中，37 人（占比 30%）表示过去三年未更换过酒店，49 人（占比 40%）表示更换过 1 次，33 人（占比 27%）表示更换过 2 次。另外有 4 人更换过 3 次，1 人更换过 5 次，没有人更换过 4 次或 5 次以上（见图 2）。

而过去一年有计划跳槽的受访者为 75 人，占比 60%。

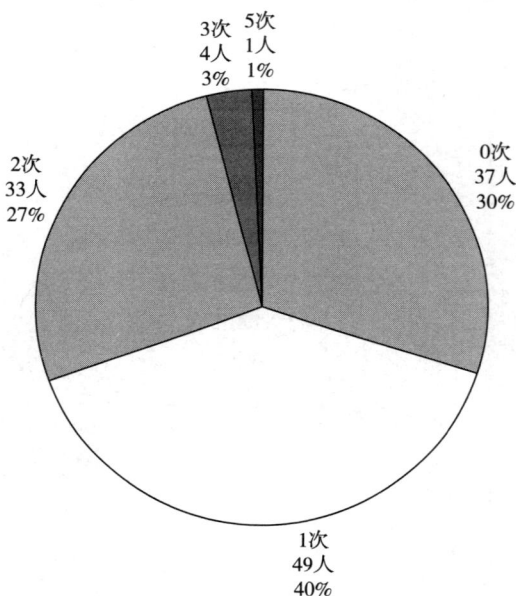

图 2　受访者过去三年内更换酒店的次数

来自 HRM 组的数据进一步显示，仅 18 位（占比 39%）被访者所在酒店 2022 年的离职率[①]低于或等于 10%；16 位（占比 35%）被访者所在酒店 2022 年的离职率高于 20%，当中更有一半高于 30%。值得注意的是，即便如此，大湾区内数据总体仍优于全国水平：全国同期离职率低于或等于 10% 的酒店占比只有 27.6%，高于 20% 的有 45.6%，当中的 13.9% 离职率

---

① 离职率＝年度累计离职人数/（年度在岗人数+年度离职人数）×100%。

高于30%。推测这一情况主要受益于粤港澳大湾区的相对高薪。

而相较于2022年，7位（占比15%）受访者表示所在酒店2023年1~5月的离职率有大幅降低，11位（占比24%）表示有小幅降低，15位（占比33%）表示持平。另外有10位（占比22%）受访者表示有小幅提升，3位（占比6%）表示有大幅提升（见图3）。

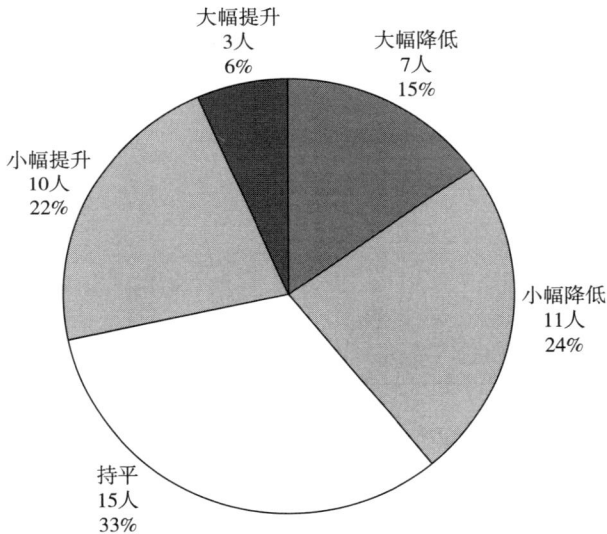

图3　2023年1~5月HRM组受访者所在酒店离职率变动情况

至于离职率高企的原因，124位受访者中的111位提到了"薪资水平缺乏吸引力"，各有72位提到了"发展空间有限"和"工作-生活不平衡"，60位提到了"工作压力大"，47位提到了"社会认同感低"，分别占比90%、58%、58%、48%、38%。

（三）基层人员数量紧缺，招聘难成行业魔咒

员工推荐、外部网站招聘、校园招聘、社会招聘、酒店或集团自有招聘渠道都被认为是有效的招聘渠道，分别被35位（占比76%）、33位（占比72%）、30位（占比65%）、28位（占比61%）和22位（占比48%）HRM

组受访者提及。但同时，仍有 31 位（占比 67%）HRM 组受访者表示所在酒店对基层员工的招聘需求"强烈"或"非常强烈"。相比之下，对中高层员工的需求要温和得多，仅有 13 位（占比 28%）认为需求"强烈"或"非常强烈"（见图 4）。

而最缺人的部门分别是餐饮服务部、前厅部、客房部、厨房、市场销售部和工程部，大多是需要直接为住客提供服务的部门。

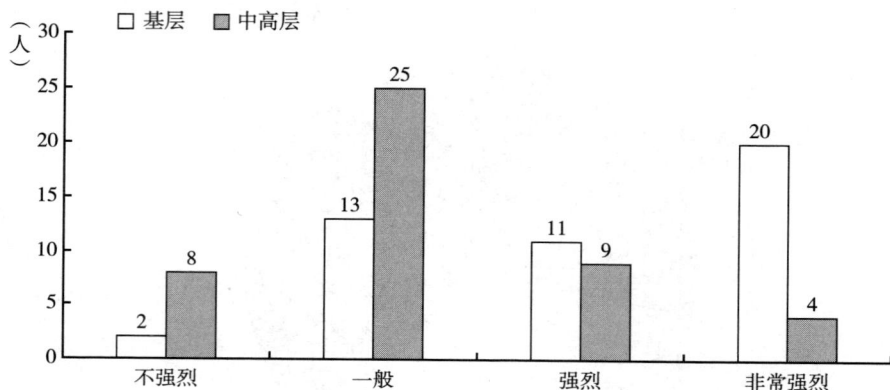

图 4　HRM 组所在酒店对不同员工的招聘需求迫切度

（四）新冠疫情已全面、深刻重塑行业

回顾新冠疫情对日常工作带来的最大改变，124 位受访者中的 121 位谈了主要感受。笔者运用文本分析对本问题的答案进行归纳整理后，总结出新冠疫情对酒店业日常工作的直接和间接影响（见表 3），分别涉及宏观环境感知、消费者/客源、公司管理、行业员工四个方面。

表 3　新冠疫情给酒店业日常工作带来的最大改变

单位：位

一级标签	次级标签	频次
宏观环境感知 总计:5	经济大环境差	3
	不确定性增加	2

一级标签	次级标签		频次
消费者/客源 总计:22	消费力		1
	结构		4
	观念/心态		5
	差旅模式		3
	消费习惯		3
	对健康/卫生的关注度		6
公司管理 总计:41	综合管理 小计:8	对变化的评价积极	3
		对变化的评价中性	3
		对变化的评价消极	2
	人力资源管理 小计:24	人员精简/缩编/提效	10
		用工结构	2
		岗位优化/一岗多能/工作内容	9
		人员/时间安排	3
	收支管理 小计:9	严控预算	8
		加强收益管理	1
行业员工 总计:60	工作量 小计:15	负荷大/提升/人手不足	14
		不稳定	1
	工作模式 小计:4	线上增加	3
		提及	1
	收入 小计:8	下降	5
		提及	3
	工作态度/质量/效率 小计:11	提升	7
		下降	4
	心态/压力小计:7		7
	招聘相关 小计:15	招聘难	6
		人才/劳动力不足/流失/重要性	5
		求稳心态	1
		职业认可度低	2
		人才质量下降	1

其中,5 位提到行业所处的经济大环境差/不确定性增加。22 位提到新冠疫情使消费者/客源的消费力、结构、观念/心态、差旅模式、消费习惯、

对健康/卫生的关注度发生了转变。可以说，新冠疫情对酒店消费者/客源的影响是全方位的。41 位提到了公司管理方面的变化：8 位谈及公司综合管理，24 位谈及人力资源管理，9 位谈及收支管理。公司综合管理方面的变化包括管理层年轻化、运营弹性提高、数字化程度提高、管理质量下降等情况，8 位中有 3 位对所述变化持积极态度，3 位持中性态度，2 位持消极态度。新冠疫情对酒店业的人力资源管理尤其是对人—岗关系的影响也比较大，分别有 10 位受访者表示所在酒店进行了人员精简/缩编/提效，2 位表示改变了用工结构，9 位提及岗位优化/一岗多能/工作内容方面的变化，3 位提及人员/时间安排有所调整。收支管理方面，严控预算的酒店变多了，有 8 位提到，也有 1 位受访者提到所在酒店加强了收益管理。

行业员工层面产生最大变化的是工作量，有 15 位受访者提及，其中 14 位表示工作量负荷大/提升/人手不足，1 位表示工作量受疫情影响变得不稳定。4 位提及工作模式受疫情影响，其中 3 位表示线上办公增加。提到收入变化的有 8 位，其中 5 位表示收入有所下降。至于行业员工的工作态度/质量/效率，有 11 位提及，其中 7 位持积极评价，4 位持消极评价。员工心态/压力受疫情影响有所变化也有 7 位提及。与员工招聘相关的变化则包括"招聘难"（6 位）、"人才/劳动力不足/流失/重要性"（5 位）、"求稳心态"（1 位）、"职业认可度低"（2 位）和"人才质量下降"（1 位）。

五　趋势洞察与展望

（一）严控用人成本，追求极致人效

如图 5 所示，来自 HRM 组 46 位受访者的数据显示，多数（占比 70%）酒店的员工总数在 250 人以内，且呈现员工数量与酒店数量负相关的特点，即拥有员工数量较多的酒店家数较少。

同时，数据显示受访者所在酒店 2022 年单位全职员工成本[①]普遍低于

---

① 单位全职员工成本＝总全职员工费用/全职员工数。

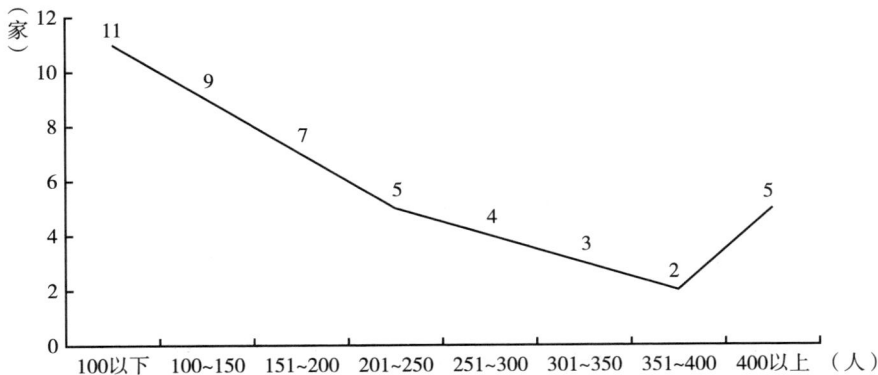

图5 HRM 组受访者所在酒店的员工总数

12万元，有43家（占比93%）。其中单位全职员工成本为2万~4万元的有15家（占比33%），4.1万~6万元的有10家（占比22%）。意味着即便是高星级酒店，其全职员工的平均用人成本也仅在最低工资标准徘徊①。

尽可能少的员工数量，尽可能低的单位用工成本，使大湾区酒店业的用人成本得到有效控制：受访者所在酒店2022年总人工成本占总收入的比例集中在20%~40%，其中占比31%~35%的最多，有13家（见图6）。

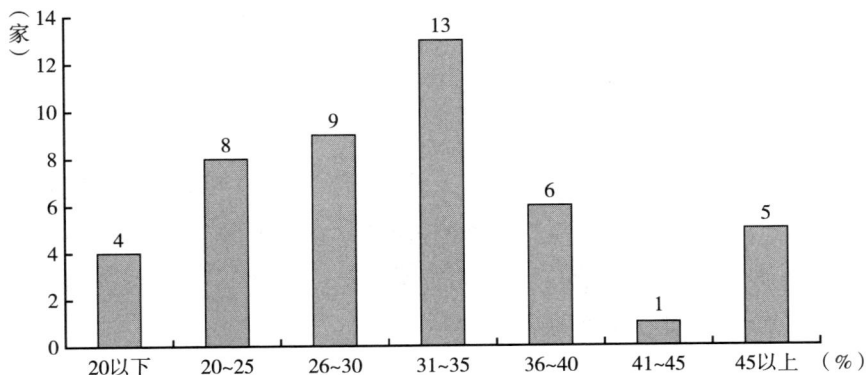

图6 HRM 组受访者所在酒店2022年总人工成本占总收入的比例

---

① 2022年粤港澳大湾区九市的最低工资标准为1550~2200元/月，按1.8倍作为缴纳社保、公积金、安排食宿等综合用人成本系数，最低用人成本为33480~47520元/年。

大多数（占比 87%）酒店有意识地将总人工成本占总收入的比例控制在 40% 以内。这对于酒店业这一典型的劳动密集型服务业来说，尤其重要和不易。可以理解为行业受新冠疫情持续影响、对中国市场审慎乐观以及招聘市场较为紧张的综合体现。

调查期间，即 2023 年 5 月，HRM 组所在酒店的可售房人房比①大于 1 的仅 5 家（占比 11%），小于或等于 0.6 的有 24 家（占比 52%）。此项数据与全国同期相比存在明显差距：全国可售房人房比大于 1 的占比为 16%，小于或等于 0.6 的占比为 30%。显示大湾区内酒店业在追求极致人效方面较大幅领先于全国，也侧面反映出粤港澳大湾区酒店业在人力资源数量短缺和用工成本上的压力。

与全国同期相比，粤港澳大湾区酒店的空岗率②在 10% 以内的酒店占比高于全国 12 个百分点：16 家（占比 35%）酒店的空岗率低于 5%，15 家（占比 33%）介于 5%~10%。另外有 5 家（占比 11%）空岗率介于 11%~15%，8 家（占比 17%）空岗率介于 16%~20%。总体而言，大部分酒店的空岗率低于或等于 20%，仅有 1 家空岗率为 21%~25%，1 家空岗率为 26%~30%，没有酒店空岗率大于 30%。这意味着区域内从业者的工作负荷虽然高，但专业化程度也相对高，员工需要兼岗的情况少。

超过 1/3 的酒店离职率高于 20% 与大部分酒店空岗率低于 20%、可售房人房比普遍偏低的情况并存，可能表明不少酒店在疫情期间已完成缩编。调查中的另一项数据印证了此猜测：124 位受访者中的 35 位（占比 28%）表示所在酒店有岗位被取消或合并。其中 16 位受访者所在的酒店取消/合并了总机或预订部，4 位受访者所在的酒店取消/合并了秘书或协调类的岗位，2 位受访者所在的酒店取消/合并了财务类岗位，还有 13 位受访者提到了其他被取消/合并的岗位（见图 7）。

---

① 可售房人房比＝员工总数/可售客房数。
② 空岗率＝空置岗位数/岗位总数×100%。

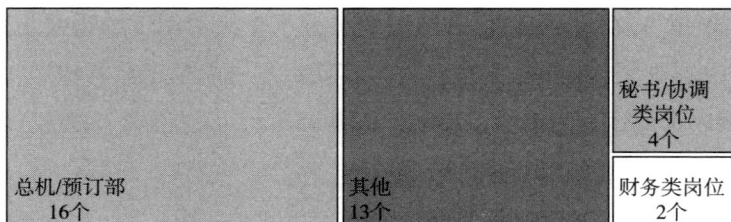

图7 受访者所在酒店被取消或合并的岗位

预期区域内酒店业将持续追求极致人效，若叠加文旅业持续复苏甚至"报复性消费"的情况，区内酒店从业者尤其是一线从业人员的工作负荷将进一步提高。

（二）灵活用工成常态，实习生管理待提升

共有104位受访者（占比84%）表示所在酒店有灵活用工。

对HRM组的进一步调查显示，各有21位受访者所在酒店的灵活用工比例为10%以内和介于11%~20%，3位受访者所在的酒店此比例介于21%~30%，1位受访者所在的酒店灵活用工占比高于50%（见图8）。

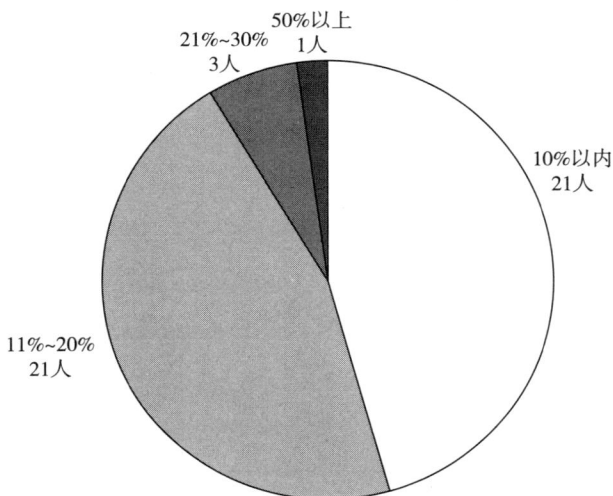

图8 HRM组所在酒店的灵活用工占比

　　而实习生占总员工数的比例则说明实习生是灵活用工的重要组成部分。HRM 组中的 30 位受访者表示其所在酒店实习生占总员工数的比例在 10% 以下，16 位表示此比例为 10%~20%（见图 9）。

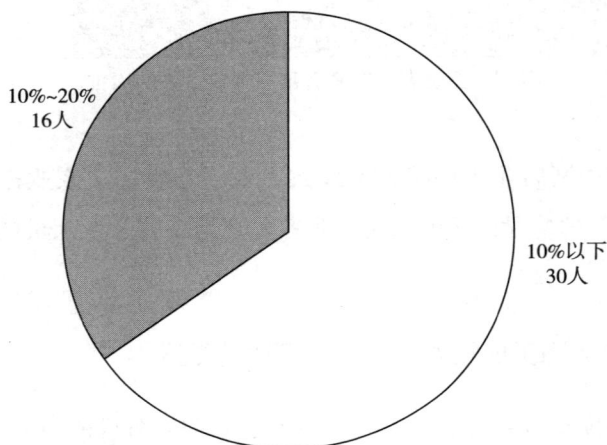

图 9　HRM 组所在酒店实习生占总员工数的比例

　　较低廉的用工成本是行业普遍使用灵活用工的主因。根据 HRM 组受访者提供的数据，其所在酒店的实习生薪酬水平多在 2001~3000 元（共占比 70%），相当于全职基层员工的 2/3~3/4（见图 10）。

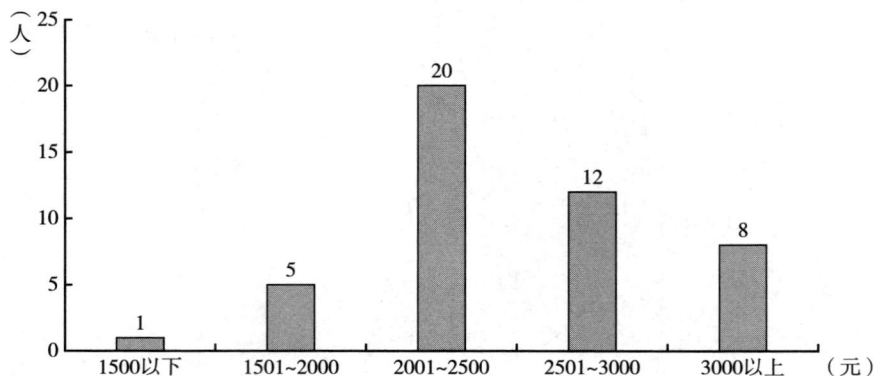

图 10　HRM 组所在酒店实习生的月薪水平

至于实习生的主要招募渠道，30 位（占比 65%）HRM 组的受访者提及校企活动、22 位（占比 48%）提及合作办学、21 位（占比 46%）提及个人关系、17 位（占比 37%）提及实习生中介、29 位（占比 63%）提及熟人、姊妹酒店或集团/总部推荐。和常规招聘不同，网络招聘被提及较少，只有 7 位（占比 15%）受访者认为其是招聘实习生的主要渠道。

同时，数据显示不少酒店与院校合作招募实习生。35 位（占比 76%）HRM 组的受访者表示与至少一家院校开展了实习生合作，其中更有 7 位表示合作院校多于 5 家（见图 11）。

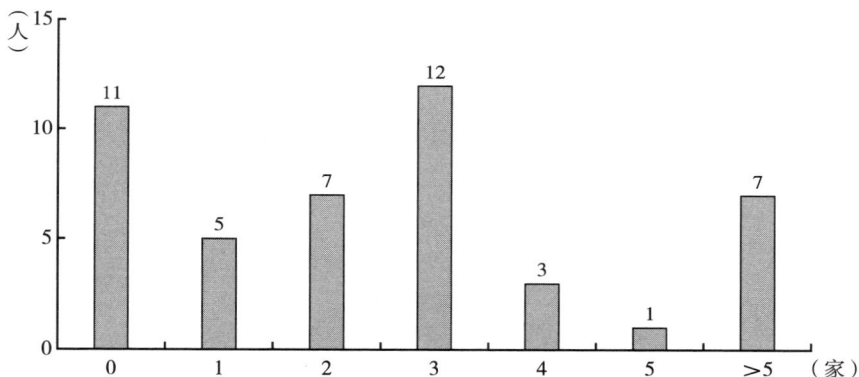

图 11　HRM 组所在酒店与院校合作招募实习生的情况

一方面是包括实习生在内的灵活用工已成为酒店节约显性用人成本的常态；另一方面，数据也显示出实习生的数量和质量远不理想。124 位受访者中，仅 6 位表示实习生能完全填补所在酒店的人力空缺，28 位表示基本可以填补，共占比 28%（见图 12）。此外，分别有 51 位（占比 41%）受访者认为实习生数量远远不足以填补所在酒店的人力空缺。受访者中有 21 位（占比 17%）受访者对实习生的综合素质感到非常不满意。只有 2 位对所在酒店实习生的综合素质表示非常满意，29 位表示满意，共占比 25%（见图 13）。

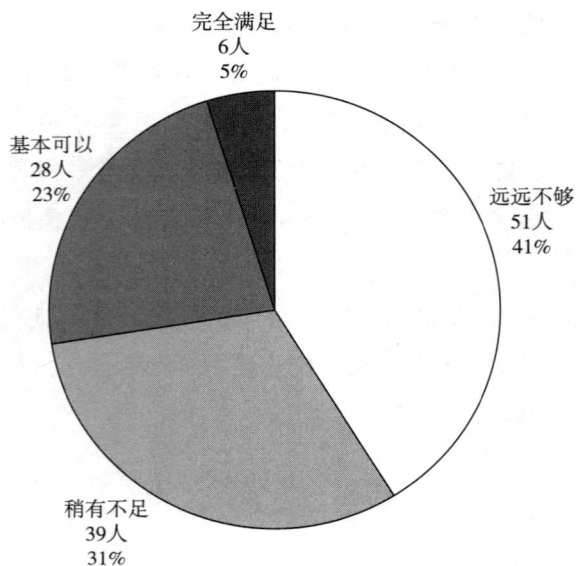

完全满足
6人
5%

基本可以
28人
23%

远远不够
51人
41%

稍有不足
39人
31%

图 12　受访者认为实习生填补人力空缺的程度

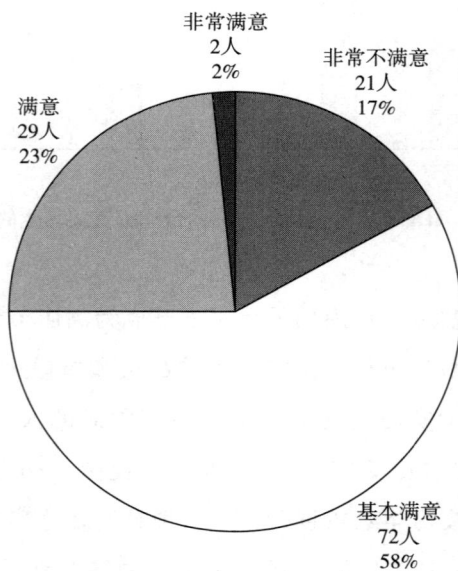

非常满意
2人
2%

非常不满意
21人
17%

满意
29人
23%

基本满意
72人
58%

图 13　受访者对实习生综合素质的满意度

实习生的留存比例更是不容乐观。29 位 HRM 组的受访者表示其所在酒店实习生的留用比例低于 10%，7 位表示该比例为 10~19%，共占比 78%（见图 14）。

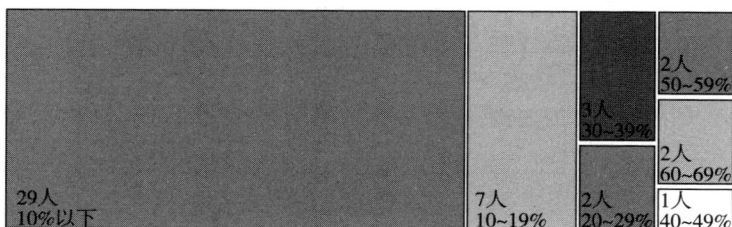

图 14　HRM 组所在酒店实习生留存比例

综上所述，尽管校企合作背景下的实习生招聘工作可能具备规模效应、实习生的薪酬成本也显著低于正式员工，但较长期的培训和开发投入、需要更为审慎处理的劳动者关系和总体未尽如人意的绩效表现和留存率，可能导致实习生的实际成本（包括显性和隐性）并不低于正式员工。这意味着实习生的管理有较大的提升空间，而如何优化实习生的使用效率将是行业持续提升人效的必答题。

（三）数字化进程加快，智能化程度加深

除任职于基层岗位和筹备项目/酒店的 10 位受访者外，其余被问及的114 位受访者均表示所在酒店已在不同程度上将智能化/数字化工具应用于日常工作。其中，应用最为广泛的有酒店服务机器人（73 位提及，占比64%）和网络营销系统（66 位提及，占比 58%）。另外 38% 受访者提及自助服务平台和智能酒店管理系统，新近面世的智能搜索引擎如 Chat GPT 也有14 位受访者提及（见图 15）。

数字化和智能化工具的逐步普及表明在酒店业（典型的传统服务业）引入技术替代部分人工服务的观念性障碍已基本扫除。目前面临的主要制约因素主要来自预算、人才和制度方面：89 位（占比 78%）受访者提到"运营压力大，预算有限"、66 位（占比 58%）提到"内部缺乏数字化运营人

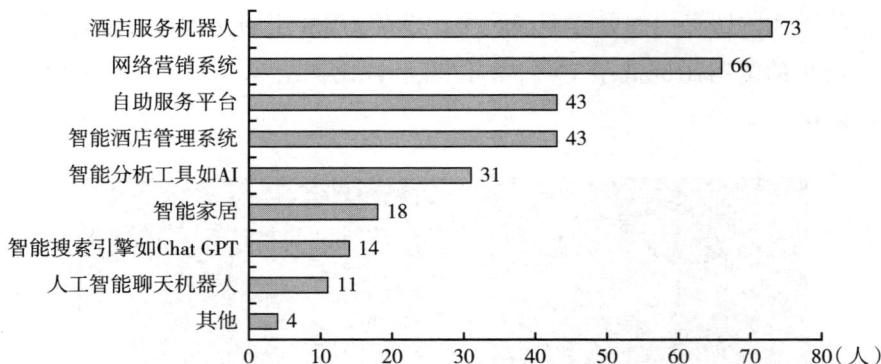

图15　受访者所在酒店在日常工作中应用智能化/数字化工具的情况

才"、53 位（占比 46%）提到"高层管理者重视程度不够"、52 位（占比 46%）提到"内部数字化信息沟通渠道尚未建立"。也有不少受访者提及"管理制度和标准方面的限制"、"硬件资源限制"、"数据收集量大，很难落地"和"安全和隐私问题"。

数字化进程加快，智能化程度加深的另一个体现是调查中发现业内新增了相关岗位，如数字营销、新媒体策划等。

（四）人力资源总量矛盾与结构性矛盾并存，已成本区域酒店业发展的致命短板

HRM 组、其他部门负责人（不含人力资源部）和任职于集团管理岗位的共 91 名受访者在被问及"目前中国酒店业人力资源管理面临的最大挑战是什么"时，74 人（占比 81%）指出是"人才流动性大/不断流失"，明显多于其他选项。"劳动力质量不高、效率低""过度依赖非正式员工""人力资源成本增加"也名列前茅，分别有 42、41 和 36 位受访者提及（见图16）。

同时，"劳动力不足"和"行业竞争激烈"、"经济环境压力"被大多数受访者公认为目前中国酒店业发展面临的最大挑战：124 位受访者中分别有 86 位、85 位和 85 位提及，均占比 69%。

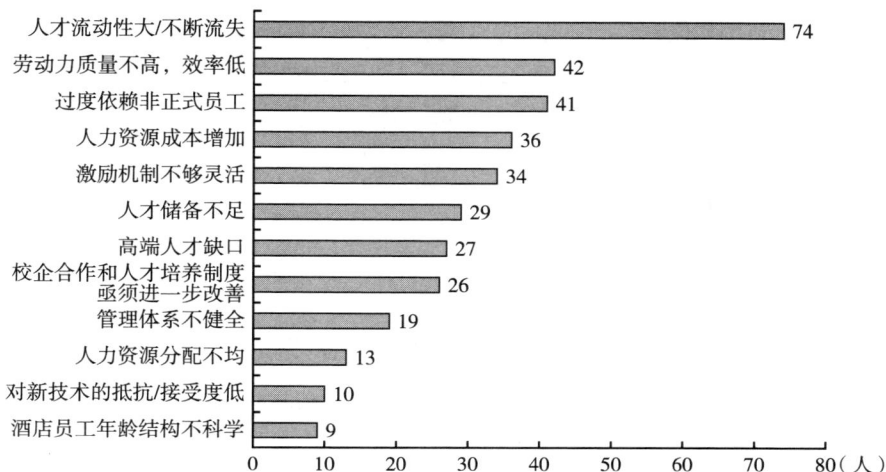

图16　受访者认为目前中国酒店业人力资源管理面临的最大挑战

（五）转型升级或已完成，变革创新永无止境

展望未来，86位受访者认为"新型旅游模式"将是中国酒店业的发展机会，占比69%；62位认为是"客源多样化"，占比50%。另外"技术革新"、"投资结构优化"、"政府支持"、"新经济下转型升级"、"共享住宿的发展"和"移动支付普及"也分别有53位（占比43%）、50位（占比40%）、46位（占比37%）、36位（占比29%）、28位（占比23%）和20位（占比16%）受访者提及（见图17）。

此题中，"新经济下转型升级"的占比排序与全国调查差异较大，全国数据显示：认为"新经济下转型升级"是未来发展机会的占比是66%，较粤港澳大湾区高出37个百分点。也就是说，对于身处改革开放前沿的粤港澳大湾区而言，"新经济下转型升级"很可能已先于全国初步完成。

问卷最后让受访者自拟2023年中国酒店业的关键词，共有56位受访者参与。如图18所示，赫然醒目的词语是"变革"（频次9），其次是"创新"（频次6）、"复苏"（频次6）和"突破"（频次4），可以看到酒店从

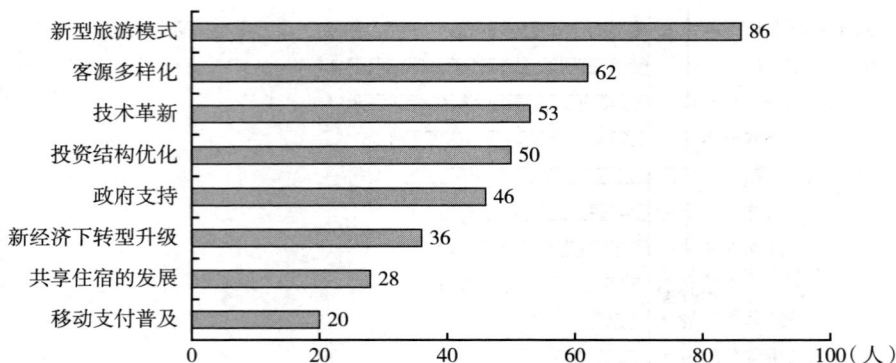

图17　受访者认为中国酒店业未来发展的机会所在

业者对行业能尽快从疫情中走出来充满热切期待，并做好了变革和创新的准备。同时，词语"共创""稳进""提高""发展""机遇""亲子"等分别出现了2次，"人员短缺""挑战""竞争"也分别出现了2次。

图18　2023年中国酒店业关键词

六 对策与建议

与其他行业相比，酒店业的工作环境有以下几个显著特点：劳动密集；高强度情感劳动（Emotional Labor）；工作环境和情境多样化；服务/生产链条长，需要不同部门之间紧密协作；生产消费同时性要求，从业者和消费者共同完成产品/体验。图19显示了这些特点的内部联系。

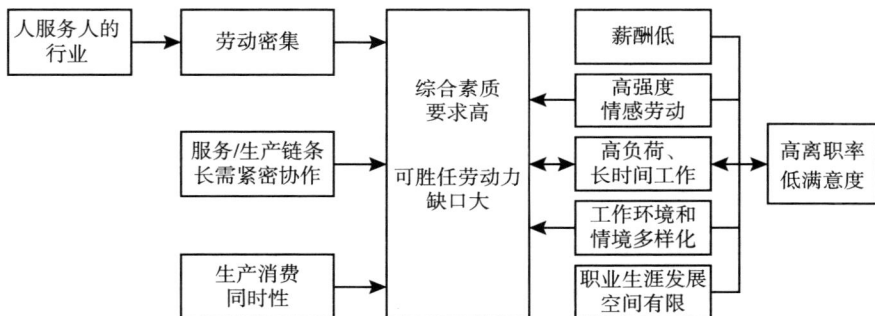

图19 酒店业工作环境主要特征间的内部联系（笔者整理）

酒店业作为服务行业，天然是一个劳动密集型行业，而且需要大量的基层员工。而几乎所有这些主要的一线员工，例如前台、餐厅侍应等，都被期望是热情好客的，或至少能友善对待各种顾客，尽管他们更有可能直接面对顾客的无理要求、不满和投诉。同时，各色客人基于当时当地的不同情况可能提出各种个性化需求，这要求一线基层员工善于观察、倾听和识别客人语言背后的真实诉求。酒店员工还需要恰如其分地处理各种突发情况，如客人意外滑倒。此外，由于酒店业所提供的服务具有生产和消费同时性，服务过程中的失误常常是难以及时、有效弥补的，这意味着员工必须持续高质量完成每一项服务。如果顾客对服务水准的要求是卓越/难忘的体验，员工还需要具备引导顾客积极参与、共同创造价值的技巧。

再者，酒店中一项看似简单的服务常常由多个环节组成，需要多个部门协作共同完成。员工需要和他们的同事紧密合作，所以优秀的酒店从业者需要有良好的沟通、理解能力，团队合作精神和主人翁精神。

最后，酒店业的许多岗位单一工作日工作时间长（常常超过法定的 8 个小时），行业旺季与周末、法定假期重合导致节假日大量加班，部分一线岗位还需要大量、重复的体力劳动（如房间清洁员）。

以上这些因素都导致了酒店业对一线基础岗位从业人员的综合素质要求比想象中高得多，劳动力市场上实际符合岗位要求的人力资源少。长期的劳动力缺口加剧了现有员工经常性超负荷工作的情况，而这种状况反过来又让很多优秀的人力资源拒绝加入行业。加之行业的薪酬水平相较其他服务行业没有明显优势甚至处于劣势，员工职业生涯的发展通道和空间有限，尤其是对那些不具备规模或竞争优势的小酒店而言，高居不下的离职率和流动率是常态。

本次调查结果再次印证了中国酒店业人力资源管理所处的困境，粤港澳大湾区酒店业的发展处于国内前列，其面临的人力资源总量矛盾与结构性矛盾并存，也更突出，经历疫情后的酒店业更是面临需求变革、技术融合等多重挑战。基于上述情况，建议可循以下几个方面着力打破目前粤港澳大湾区酒店业人力资源的恶性循环。

（一）直面薪酬痛点，倡导为服务付费

直接提升货币性薪酬水平甚至只是完全依法支付足额加班费对于大多数酒店来说就足以构成较大的成本压力，因此过往的薪酬制度改革基本集中在"分蛋糕"。建立并不断完善以服务质量和顾客满意度为导向，同时也重视工作效率和工作态度的绩效考核制度固然很重要，但更重要的是，组织及管理者应视员工为企业最重要的内部客户，在组织内部首先形成"尊重服务，为服务付费"的价值观。从行业自身及行业管理者开始，将尊重服务、尊重服务提供者的信息传递给数量庞大的员工，进而引导消费者尊重服务，尊重服务提供者。当社会公众普遍意识到服务的价值、愿意为此单独付费时，从业人员的服务数量和质量便会直接体现在其薪酬水平上，其服务主动性和

质量就会提升，其社会地位也将随经济实力提升，最终能吸引更多优秀的人力资源进入行业，形成良性循环。行业蛋糕同时也被做大了。

（二）帮助员工平衡工作—生活，提升职业幸福感

同世界其他经济较发达地区的情况一致，粤港澳大湾区作为国内经济发展的排头兵，对区内从业者而言，平衡工作与生活的需求更强烈。比如带薪年假在区域内的受重视程度就明显高于全国平均水平：占比68%的受访者认为带薪年假是其最重视的福利待遇，比全国高出11个百分点。因此，除了提高货币薪酬外，采取有效措施帮助员工平衡工作与生活、提升职业幸福感也是解题的重要突破口，具体可参考以下几点。

第一，重视员工尤其是新员工和实习生的职业预期管理。在职业发展的关键时间节点与员工充分沟通并提供必要支持（1周、1月、3月和两年），可以有效提升留存率。

第二，提供多元化的培训内容和弹性的培训方式，提升员工核心价值。这意味着不仅为他们提供履行工作所需的基本技能培训，使他们成为更好的员工，而且提供有助于激发员工潜力和提升幸福感的培训，使他们成为更好的人。培训也可以通过轮岗实现，酒店业的基础岗位较为多样，轮岗可以丰富员工的工作内容，提升员工技能的同时增进相互理解，提升协作效率。

第三，营造充满活力和愉悦的工作氛围，通过适宜适量的团建活动增进员工间的情谊，疏导工作压力。这对于吸引和留存Z世代（95后）和α世代（00后）的员工尤为重要，此观点在本次调查中也得到了印证。

（三）人岗匹配，精准激励

企业在招聘和筛选员工时应更重视人岗匹配，强调与岗位相匹配的个性特征和能力而不是单方面追求"优秀人才"。因为基础岗位所需的知识和技能，较容易通过后天习得。而本节开篇所述之能力和个性特质如热情好客却难以通过后天习得或改变。

重视在与企业自身业务层次相匹配的院校开展校企合作和校园招聘。灵活运用现代学徒制、赛事、行业活动、实习生计划、管培生计划等手段精准培养符合企业要求的准员工，从而增加招聘工作的规划性，同时积极树立良好的雇主品牌。

通过充分沟通，深入了解员工的"想要"与"需要"，在保证公平性的前提下给予员工个性化的精准激励而不是企业单方设定或方便实施的激励。

（四）视基层人力资源为战略资源

大多数企业已经意识到竞争优势源于人才优势。对于劳动密集型的酒店业而言，不可将人才局限于有管理才能的优秀人才，而需充分重视基础岗位的人力资源状况。

此外，传统上认为，员工满意度会在很大程度上影响其留任或离职，鉴于"员工推荐"已成为正式员工最有效的招聘途径之一，行业管理者也有必要重新审视"员工满意度"的价值并考虑其战略重要性。同时，重视离职管理，建立优秀员工返聘机制和员工转介绍机制。

（五）警惕数字化和智能化工具的成本陷阱

从调查数据的总体情况看，粤港澳大湾区酒店业内已形成数字化和智能化共识。需要警惕的是，面向客人的数字化和智能化工具并不是越多越好。服务业的灵魂是服务，有温度、有情感的服务无疑更具竞争力。已有多项研究表明顾客认为机器人提供的服务无法完全替代真人。即便是最简单的交流如预定，真人应答都能使人更安心，而一些需要根据具体情况提供复杂解决方案或个性化服务的情况就更是机器人所不能胜任的。

另外，目前大多数面向客人的数字化和智能化工具仍未完全发展成熟，这意味着它们功能有限且面临快速的更新换代，同时也要求具备相应技术的专业人员进行日常维护。因此，即便是出于单纯的成本考虑，也应根据单体酒店自身实际情况规划数字化和智能化的进程，少量、多次完成革新。

参考文献

黄锐、谢朝武：《压力、状态与响应——疫情危机下酒店员工职业前景认知的组态影响研究》，《旅游学刊》2021年第9期。

黎耀奇、翁钰宁、潘敏敏、关新华：《基于资源保存理论的旅游职业污名影响研究》，《旅游学刊》2021年第5期。

吕兴洋、杨玉帆、许双玉、刘小燕：《以情补智：人工智能共情回复的补救效果研究》，《旅游学刊》2021年第8期。

曾国军、林家惠：《疫情背景下酒店业韧性建设与高质量发展》，《旅游学刊》2022年第9期。

评 价 篇

Evaluation

B.9
2023年粤港澳大湾区城市会展
服务竞争力评价研究

张　幸[*]

摘　要： 城市会展服务竞争力指数是衡量城市会展业发展的综合指数，与
城市的竞争力直接相关。在既有城市会展服务竞争力评价单一维
度的基础上，本文构建多维度综合评估城市会展服务竞争力的评
价指标，并结合粤港澳大湾区广东省内核心城市会展业发展的特
点，对城市会展服务竞争力进行系统分析，并以广州市为例进行
深入剖析，为粤港澳大湾区城市会展服务进一步发展提供参考，
促进大湾区会展服务业的合力共赢。

关键词： 城市会展服务　竞争力指数　粤港澳大湾区

---

* 张幸，广东轻工职业技术学院讲师，主要研究方向为会展经济、网络营销。

会展业是会议业与展览业的合称，会展业素有"城市建设的加速器"之称，是各个城市服务业的重要组成部分，是构建现代市场体系和开放型经济体系的重要平台，对引导城市产业发展、促进生产要素流动、优化资源配置、促进经济技术交流与合作、提高城市知名度和竞争力均有重要作用。会展服务作为新兴服务业是我国的朝阳产业，包括了会议、展览、节事和奖励旅游等。目前在我国，会展业与旅游业、房地产业一起，被并称为三大新经济产业。

近年来，会展服务涌现出许多新场景、新业态、新模式。作为城市服务行业的重要组成部分，会展服务已成为一个新的经济增长动力，各大城市在政策扶持、立法保障、基础设施建设、软环境等方面大力投入，城市之间也通过竞争逐步形成合理的会展服务区域布局。同时，城市会展服务能力是衡量粤港澳大湾区城市综合竞争力的重要指标之一，在城市的经济发展、产业升级、服务提升、创新发展和形象塑造等方面都具有重要意义。如何更好地评估城市会展服务竞争力、促进粤港澳大湾区城市有效提升会展服务质量已成为一个亟须研究的紧迫任务。

一　城市会展服务竞争力评价：理论基础与分析框架

我国会展服务发展存在不平衡情况。衡量会展服务发展现状的相关指标较多，尚未形成一个全面衡量城市会展服务竞争力的指标体系。多数的评价体系存在以偏概全的问题，聚焦企业或者展馆基础设施等硬件条件的比较，缺少软实力对比。在实际应用过程中，忽略了人才、城市宏观环境、行业政策、政府支持等因素，不能体现不同城市在会展服务上的发展方向和竞争力度。鉴于该现状，研发更加科学的会展业评价指标体系，有利于从城市竞争力的维度契合会展服务经济的发展趋势。

本报告围绕城市会展服务竞争力的构成要素展开比较研究，以粤港澳大湾区广东省内核心城市为重心，结合国内大中城市的会展竞争力现状，力求形成权威的竞争力指数排行，引领城市会展服务改革创新和高质量发展，全面提升城市会展业竞争力。

本指标体系从宏观层面评估了粤港澳大湾区城市会展业依托的城市经济文化、对外交流水平等整体环境因素，并针对展览业与会议业两大会展业发展的核心领域展开客观评估。本指标体系为了更全面地反映大湾区城市会展业发展的产业活力、产业韧性、未来潜力与营商环境，引入了会展企业竞争力、会展基础设施竞争力、人才竞争力与城市会展综合服务竞争力等四项评估指标。同时，本文将本指标体系在国内大中城市中进行应用实践，通过比较分析与修正，最终形成具有全面性、前瞻性、可行性以及符合粤港澳大湾区城市会展经济发展趋势的竞争力评价指标体系。

二　评价指标体系与评价方法

2023年港澳城市会展业竞争力指标将涵盖会展专业竞争力、会展企业竞争力、城市接待能力竞争力、城市宏观环境竞争力、会展人才竞争力和会展综合服务竞争力，并将港澳城市与国内一二线城市会展竞争力进行对比，全面反映粤港澳大湾区城市会展业在国内的发展水平。

（一）指标构建

本文中城市会展服务竞争力指标体系以综合考察城市会展业宏观环境竞争力、专业竞争力、人才竞争力及城市综合服务竞争力为导向，下设会展专业竞争力、会展企业竞争力、城市接待能力竞争力、城市宏观环境竞争力、会展人才竞争力和会展综合服务竞争力6个一级指标，并细分为13个二级指标、33个三级指标。城市会展服务竞争力指标体系是在《中国展览指数报告（2022）》中的中国城市会展发展指数的基础之上，经过精心策划、科学研究，优化了数据收集有难度或主观性较强的指标，最终根据模型得出的测算结果，能科学客观地反映各地会展产业发展状况和发展潜力。本报告研究的各项指标均为正向指标，即指标数值越大，评分得分就越高，对城市会展发展的贡献越大（见表1）。

表 1 城市会展服务竞争力指标体系评价指标

指标	一级指标	二级指标	三级指标
城市会展服务竞争力	会展专业竞争力	会展数量	城市会展数量
			城市会展面积
		会展业发展质量	城市展览场馆面积
			城市展览数量
			城市连续举办 3 届且单场展览面积 1 万平方米以上展览项目数量
			城市单场展览面积 2 万平方米以上展览项目数量
			线上办展数量
		会展国际化水平	IAEE 影响力
			城市 UFI 会员单位数量及项目数量
			城市拥有 ICCA 认证国际会议数量
	会展企业竞争力	会展企业数量	办展主体数量
		会展企业质量	知名公司数量
			社会团体数量
	城市接待能力竞争力	会议型酒店竞争力	星级酒店数量及住宿价格
		公共交通竞争力	轨道交通覆盖面
			城市公共交通拥堵指数
			城市客运总量
	城市宏观环境竞争力	城市综合经济竞争力	城市 GDP
			城市第三产业占比
		城市可持续竞争力	营商环境指数
			外贸经济竞争力
			经济活力竞争力指数
			科技创新竞争力指数
	会展人才竞争力	城市拥有会展专业的学校数量	拥有会展专业的大学数量
			拥有会展专业的大专院校数量
			拥有会展专业硕博点的大学数量
		城市拥有人才储备数量	在读/毕业会展专业学生数
			人口文化程度

续表

指标	一级指标	二级指标	三级指标
城市会展服务竞争力	会展综合服务竞争力	城市会展营商环境竞争力	会展"一站式服务"竞争力
			信息透明度
			减税降费支持度
		政府出台的会展业相关支持政策竞争力	政府出台的支持会展业相关政策性文件数量
			政府出台的涉及支持会展企业发展的政策数量

1. 会展专业竞争力

会展专业竞争力主要体现在会展数量、会展质量、会展国际化水平三个方面。会展数量通过展览数量、展馆面积来衡量;会展质量通过展览面积排名前100的项目数量、细分行业前三的展览数量、连续举办大型展览的数量、大型展览的数量、线上展览数量进行衡量。会展的国际化水平通过IAEE(国际展览与项目协会)、UFI(国际展览业协会)、ICCA(国际大会及会议协会)认证项目等进行评估分析。

2. 会展企业竞争力

会展企业的数量和质量直接决定了城市会展企业竞争力。会展企业承担了境内外的办展,比如中国进出口商品交易会。企业的质量可以从企业规模、企业性质、资质等方面进行评估。此外一个城市与会展相关的社会团体也是竞争力的重要体现。

3. 城市接待能力竞争力

基础设施是对外服务的硬实力,星级会议酒店的数量、酒店房间数、公共交通尤其是城市的轨道交通覆盖面等对于城市人流的输送有重要作用。同时铁路、航空交通的便捷性,对于人员、货物的流动更是至关重要。

4. 城市宏观环境竞争力

会展竞争不仅是企业的竞争、展会的竞争,更是城市竞争力的体现。城市宏观环境竞争力包括城市综合经济竞争力和可持续竞争力。综合经济竞争力主要是参考城市 GDP、人均 GDP；一个城市的第三产业占比，体现了这个城市的综合能力。城市的可持续竞争力主要包括营商环境、经济活力、科技创新等方面。

5. 会展人才竞争力

人才竞争力是指一个国家、地区或城市吸引、培养和保留有助于提高该地生产力的人力资本的政策和实践的集合。一个城市拥有会展专业资源的数量，尤其是高质量会展专业的学校数量和人才数量是评价的重要指标。城市整体的受教育程度是评估城市人口文化程度的重要考量指标之一。

6. 会展综合服务竞争力

一个城市的会展综合服务竞争力包括城市会展营商环境竞争力，即提供会展"一站式服务"的能力、透明度和税费支持力度；政府的会展相关支持政策力度。

（二）数据采集

1. 参与城市会展服务竞争力评价的样本

参与竞争力评价的样本共包含 63 个城市，占由城市排名权威机构 GYbrand（全球品牌研究与咨询机构）编制的 2022 年中国百强城市榜中的 63%。这 63 个城市包括粤港澳大湾区的广东省内 8 个城市：广州、深圳、东莞、佛山、珠海、中山、惠州、肇庆。为了客观地评估粤港澳大湾区城市会展服务在全国的竞争力情况，本次分析纳入 4 个直辖市（北京、上海、天津、重庆，占全国直辖市 100%）；25 个省会（首府）城市（成都、杭州、南京、武汉、济南、西安、沈阳、长春、哈尔滨、长沙、郑州、福州、合肥、南昌、昆明、石家庄、太原、贵阳、南宁、海口、兰州、乌鲁木齐、呼和浩特、银川、西宁），占全国省会（首府）城市的 92.6%；26 个二线城市（青岛、厦门、宁波、大连、苏州、无锡、常州、临沂、温州、扬州、烟台、泉州、南通、绍兴、威海、潍坊、徐州、嘉兴、唐山、桂林、盐城、洛阳、绵阳、芜湖、镇江、淄博）。

2.会展专业竞争力各项指标采集

会展专业竞争力：城市展会数量和展馆面积根据《中国展览经济报告（2022）》以及国内公开媒体信息（网络及纸媒）发布的数据，参照国际展览协会（UFI）对展览馆市场统计的标准进行统计分析。

会展企业竞争力：企业的国际影响力，由 UFI、IAEE 会员数量构成，数据来自 UFI 及 IAEE 官方网站数据；知名企业数量，由当地在《2022 年财富世界 500 强排行榜》《2022 年中国 500 强排行榜》中世界、中国 500 强企业的数量及中国证券监督管理委员会公布的上市企业数量构成；社会团体数量，数据来自中国社会组织政务服务平台网公布的各地社会团体组织数量。

城市接待能力竞争力：城市星级酒店数量及住宿价格构成数据来自文化和旅游部发布的《2022 年度全国星级饭店统计公报》；公共交通数据主要来自各城市统计年鉴及公报、交通运输部。客运总量包括铁路、民航、公路、水路等渠道的客运量，数据来自各城市统计年鉴及公报。

城市宏观环境竞争力：人均生产总值和第三产业占比等数据来自《中国城市统计年鉴（2022）》。

会展人才竞争力：会展专业资料来源于普通高等教育本专科在校生总数，数据来自各地城市统计年鉴及公报、各大学官方网站；人口文化程度：大专及以上学历人口占常住人口比例，数据来自各城市统计年鉴及公报。

会展综合服务竞争力：各城市政府机构颁布的相关会展扶持政策数量，数据来自《2022 年度中国展览数据统计报告》。

（三）评价方法

为了方便对各分项指标进行统计，所有的城市竞争力指标体系采用相对值计算方法。本报告收集各三级指标的数据，将原始数据采取层次分析法分别计算各层指标权重得分，将相应的三级指标得分相加，得到一级指标的最终得分，6 个一级指标得分再根据相应的权重求和最终得到城市竞争力指数得分。

　　会展专业竞争力代表了当前城市会展业的综合发展实力，其在城市竞争力评价指标中占40%。会展企业竞争力是城市竞争力的操盘手，在本指数中占比为20%。城市接待能力是城市会展的承受能力，代表了城市短期的会展潜力，占比10%。城市宏观环境竞争力代表着城市的外在吸引力，对于会展招商有极强的号召力，占比15%。会展人才竞争力是城市会展的行业从业者职业素养的基础，当前的竞争已经是人才的竞争，占比10%。城市营商环境、对会展的政策支持，在短期内不能立竿见影，是一个长期的助力，在本城市会展竞争力指数中占比为5%。

　　即城市会展竞争力指数 =（会展专业竞争力得分×40%）+（会展企业竞争力得分×20%）+（城市接待能力竞争力得分×10%）+（城市宏观环境竞争力得分×15%）+（会展人才竞争力得分×10%）+（会展综合服务竞争力得分×5%）（见表2）。

表2　城市会展业竞争力指标体系

一级指标	二级指标	权重（%）
会展专业竞争力	展会数量	40
	会展业发展质量	
	会展国际化水平	
会展企业竞争力	会展企业数量	20
	会展企业质量	
城市接待能力竞争力	会议型酒店竞争力	10
	公共交通竞争力	
城市宏观环境竞争力	城市综合经济竞争力	15
	城市可持续竞争力	
会展人才竞争力	城市拥有会展专业的学校数量	10
	城市拥有人才储备数量	
会展综合服务竞争力	城市会展营商环境竞争力	5
	政府出台的会展业相关支持政策竞争力	

本竞争力指数体系根据指数将城市会展的竞争力等级分为四级：一级、二级、三级、四级。城市会展业竞争力指数与等级对应关系（见表3）。

表3　城市会展的竞争力等级

城市会展竞争力等级	竞争力指数得分区间
一级	≥90分
二级	90分>得分≥60分
三级	60分>得分≥40分
四级	<40分

三　粤港澳大湾区及国内主要城市会展竞争力状况分析

依据收集到的数据和计算得到的结果，最终统计了包括粤港澳大湾区8个城市和全国55个重要样本城市会展业竞争力指数的结果。本次分析将按照四个等级的城市会展业竞争力分级比较，粤港澳大湾区城市与同级别的国内其他城市进行比较分析。

（一）全国63座城市会展竞争力等级分级结果

城市竞争力指数一级的城市有3个，分别是上海、北京和广州。二级城市有7个，主要为省会城市、直辖市和一线城市。三级城市有13个，均是省会城市、直辖市和经济强市。四级竞争力城市有40个（见表4）。其中，粤港澳大湾区的城市共8个，在参与城市竞争力等级中的比例为12.7%。在一级竞争力城市中有1个，占比33.3%；二级竞争力城市中有1个，占比14.3%；三级竞争力城市中有1个，占比7.7%；四级竞争力城市中有5个，占比12.5%。

表 4　城市会展竞争力分级结果

城市会展 竞争力等级	城市	数量（个）	占比（%）
一级	上海、北京、广州	3	4.76
二级	成都、深圳、长沙、杭州、重庆、南京、武汉	7	11.11
三级	郑州、厦门、西安、宁波、天津、济南、合肥、福州、青岛、哈尔滨、南昌、珠海、沈阳	13	20.64
四级	佛山、石家庄、昆明、长春、太原、无锡、苏州、海口、南宁、大连、兰州、贵阳、临沂、东莞、常州、温州、扬州、中山、呼和浩特、威海、泉州、桂林、绍兴、徐州、银川、绵阳、西宁、唐山、嘉兴、惠州、潍坊、盐城、南通、洛阳、乌鲁木齐、芜湖、淄博、烟台、镇江、肇庆	40	63.49

从城市会展竞争力等级的分布中可以看出，城市会展竞争力与城市规模、GDP、地理位置直接相关。竞争力指数一级的都是国内一线城市，城市会展竞争力二级的都是一线城市、省会城市和直辖市。城市会展竞争力三级的城市为省会城市、直辖市和区域经济中心。粤港澳大湾区会展竞争力主要集中在广州和深圳，由于这两个城市地理位置相近，虹吸了东莞、佛山的会展资源，导致东莞和佛山并没有得到与其 GDP、城市影响力相对应的城市会展竞争力分级。珠海由于其地理环境和国家政策的优势，跻身城市竞争力第三级。

（二）城市会展竞争力一级：粤港澳大湾区城市与其他城市比较

上海由于其经济优势、城市环境、外资总部、股票交易所等金融资源及人才储备，指数遥遥领先。上海的会展专业竞争力、城市宏观环境竞争力、会展人才竞争力和会展综合服务竞争力均排名第一。北京是全国政治中心、教育中心，其在会展企业竞争力和城市接待能力竞争力方面领先其他城市。而粤港澳大湾区的广州在会展专业竞争力、城市宏观环境、会展综合服务竞争力方面较为领先，在会展人才竞争力和会展企业竞争力等方面落后于上海和北京较多，屈居第三（见表5）。

表5 城市会展竞争力一级对比

排名	城市	会展专业竞争力	会展企业竞争力	城市接待能力竞争力	城市宏观环境竞争力	会展人才竞争力	会展综合服务竞争力	城市会展竞争力指数
1	上海	100.00	70.86	95.10	100.00	100.00	100.00	93.54
2	北京	98.13	80.00	100.00	84.92	93.80	94.09	92.06
3	广州	99.91	63.58	94.85	94.16	89.97	97.50	90.13

资料来源:《中国展览指数报告(2022)》。

总体说来,城市会展竞争力一级的城市尚未从前3年的特殊情况中恢复。在办展数量方面,上海和北京在2022年的展会数量未能进入前十,而广州的场次为69场,办展数量稳居第一(见图1)。2022年展会总面积方面,上海展会面积为1964.5万平方米,广州展会面积为1137.9万平方米,与上海还存在一些差距,但是在2022年12月,广州的中国进出口商品交易会展馆(4期)有12万平方米展馆投入使用,其首场活动为第二十届广州国际汽车展览会。根据2022年的最新数据,广州室内展览面积为86.72万平方米,高于上海的83.62万平方米和北京的35.98万平方米。会展企业竞争力方面,隶属广州的中国对外贸易中心是商务部直属事业单位,主要负责承办中国进出口商品交易会(又称广交会)。中国对外贸易中心以其60多年的专业办展经验、卓越的业绩、专业的服务在中国会展业中占有举足轻重的地位。

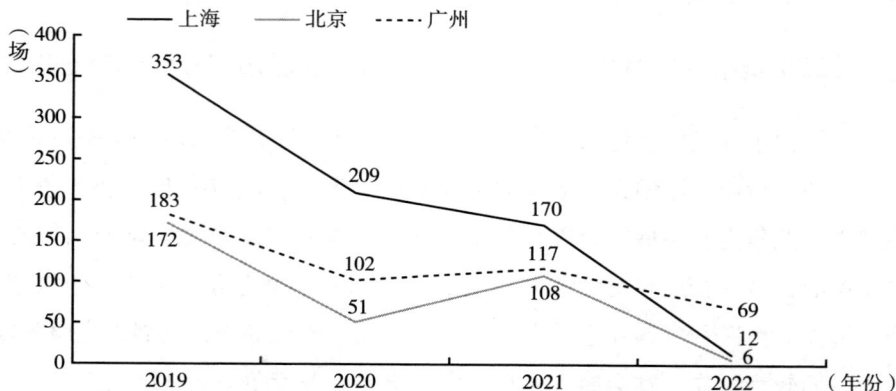

图1 2019~2022年城市会展竞争力一级城市办展数量

资料来源:《中国展览指数报告(2022)》。

（三）城市会展竞争力二级：粤港澳大湾区城市与其他城市比较

在竞争力二级的城市梯队中，深圳的排名落后于成都（见表6）。成都的交通基建、旅游接待能力均位于全国前列。同时，在会展人才竞争力方面，成都的竞争力比较领先。在硬件上，成都展览馆资源充足，但近年来的储备量变化较少，很有可能将被深圳赶超。

表6　城市会展竞争力二级城市对比

排名	城市	会展专业竞争力	会展企业竞争力	城市接待能力竞争力	城市宏观环境竞争力	会展人才竞争力	会展综合服务竞争力	城市会展竞争力指数
4	成都	39.50	16.42	26.60	60.48	74.72	90.51	83.55
5	深圳	39.68	12.03	18.70	95.11	20.13	83.86	78.36
6	长沙	17.02	17.60	19.73	54.90	36.13	90.50	69.40
7	杭州	18.17	20.54	33.59	65.21	45.27	80.43	69.26
8	重庆	17.64	20.54	49.63	59.17	37.25	80.18	68.82
9	南京	19.37	17.53	19.67	65.07	16.52	78.32	63.79
10	武汉	14.86	14.23	20.42	61.44	23.45	80.18	62.48

深圳的优势是城市宏观环境，其得分甚至超过了北京、广州，仅次于上海，但是深圳的劣势主要是会展企业竞争力不足、城市接待能力竞争力不足且会展人才缺乏竞争力。2022年深圳会展业恢复迅速，共举办了38场展会，达到2019年的42.7%，展会总面积为436.3万平方米，而成都2022年的展会总面积为302.4万平方米，会展数量仅恢复到2019年的27.9%，恢复较慢（见图2）。作为全国高新技术发展迅猛的城市之一，科技行业的发展也带动了同类展会的发展。2022年科技与信息类展会占比达到了深圳全年展会数量的18.4%，商业服务类占13.2%。深圳目前的室内展览面积为52.51万平方米，其中深圳国际会展中心和深圳会展中心的面积分别为40.0万平方米和10.5万平方米。

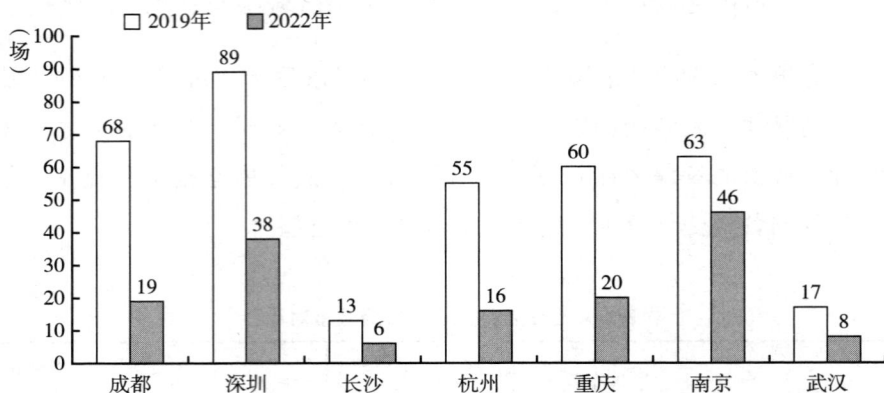

图2 2019年和2022年城市会展竞争力二级城市展会数量对比

（四）城市会展竞争力三级：粤港澳大湾区城市与其他城市比较

在竞争力第三级的城市当中，粤港澳大湾区城市珠海进入其中，相对来说排名靠后。排在珠海之前的基本都是省会城市、直辖市和区域经济中心（见表7）。以厦门为例，厦门整体会展体系发展健全，是东南沿海重要城市、旅游城市及国家物流枢纽。在优良的营商环境和扎实的产业支撑下，厦门的数字化和智能化办展办会水平逐渐提高。

表7 城市会展竞争力三级城市对比

排名	城市	会展专业竞争力	会展企业竞争力	城市接待能力竞争力	城市宏观环境竞争力	会展人才竞争力	会展综合服务竞争力	城市会展竞争力指数
11	郑州	16.24	15.32	12.97	50.87	50.27	72.51	59.77
12	厦门	21.80	12.02	8.80	54.62	24.50	67.18	56.24
13	西安	12.86	9.45	25.16	52.14	8.26	74.97	55.69
14	宁波	8.64	7.47	17.52	57.04	9.79	74.14	53.31
15	天津	11.60	11.45	19.33	56.26	27.89	65.93	53.06
16	济南	14.92	14.36	20.61	50.43	27.46	63.27	52.85
17	合肥	14.82	10.45	6.40	52.17	12.06	60.70	48.04

排名	城市	会展专业竞争力	会展企业竞争力	城市接待能力竞争力	城市宏观环境竞争力	会展人才竞争力	会展综合服务竞争力	城市会展竞争力指数
18	福 州	12.94	6.75	7.59	51.95	27.10	60.47	48.02
19	青 岛	2.62	19.87	19.20	59.30	3.22	61.79	47.05
20	哈尔滨	3.78	6.71	9.34	37.82	21.06	69.18	46.16
21	南 昌	8.37	8.68	13.85	45.34	16.43	56.37	43.10
22	珠 海	1.64	2.78	9.36	50.74	27.32	57.49	41.23
23	沈 阳	10.43	10.78	10.39	4.10	24.80	61.47	41.20

　　珠海主要劣势在会展专业竞争力、会展企业竞争力和基础设施。珠海最主要的会展中心为珠海国际会展中心，其室内展览面积3.3万平方米。正在建设的珠海国际会展中心二期，将增加0.75万平方米的室内展馆。与国内其他城市相比，珠海的展会面积、场次相对落后，但是珠海独特的地理位置、有特色的展会（珠海航展）为珠海会展增色不少。

（五）城市会展竞争力四级：粤港澳大湾区城市与其他城市比较

　　在第四级城市之中，粤港澳大湾区的佛山、东莞、中山、惠州和肇庆都在其中（见表8）。其中佛山优势明显，接近第三级城市。佛山的优势在城市宏观环境竞争力。佛山共有展馆面积34.55万平方米，单个城市在用展馆数量排名前三的城市分别是北京（14个）、佛山（11个）和长沙（11个）。佛山主要的会展场馆是潭洲国际会展中心，其场馆面积为10万平方米、佛山中国陶瓷城面积6万平方米、前进汇展中心4万平方米。目前，在建的场馆是佛山新城会展中心，建设规模7万平方米。佛山的展会类型主要是佛山国际机床展、智能机器人博览会。2022年，佛山举办展览62场，展览面积共92.75万平方米，排全国第18名。

　　东莞最大的劣势在于城市接待能力，影响了东莞的会展竞争力。东莞展馆面积13.8万平方米，主要场馆是广东现代国际展览中心，面积为10万平方米，其他的场馆主要是东莞虎门国际会展中心和东莞国际会展中心。2022

年,总共仅有 4 个月举办了展会,涵盖的行业主要是家居设备、出行工具、食品酒店和信息科技类展会,数量占比分别是 33.3%、33.3%、22.2% 和 11.1%。从经济总量来说,东莞的城市 GDP 超过 1.1 万亿元,目前的会展竞争力与其经济总量不匹配,具有极高的提升空间。

中山、惠州和肇庆的排名相对靠后,其会展竞争力各方面相对较低,这与当地的产业、经济有极大关系。中山为了提升会展竞争力,其翠亨新区国际会展中心计划开建,拟建面积 10.05 万平方米。惠州也在新建惠州金山新城会展中心。另外,与肇庆相关的会展提升政策也相对较少。

表 8   城市会展竞争力四级城市对比

排名	城市	会展专业竞争力	会展企业竞争力	城市接待能力竞争力	城市宏观环境竞争力	会展人才竞争力	会展综合服务竞争力	城市会展竞争力指数
24	佛山	11.74	3.67	21.07	50.28	11.83	46.83	39.68
25	石家庄	4.59	3.17	2.15	37.93	9.65	60.22	39.45
26	昆明	5.23	10.38	18.76	46.38	24.07	47.99	39.40
27	长春	8.14	12.82	21.93	41.36	13.71	47.14	39.15
28	太原	3.57	13.69	11.35	41.35	5.96	53.97	39.09
29	无锡	4.59	4.21	18.28	57.81	10.32	49.29	38.85
30	苏州	13.70	11.48	26.48	6.44	8.08	51.63	38.01
31	海口	4.16	6.20	5.69	36.13	7.54	55.73	37.51
32	南宁	5.37	6.54	4.18	37.30	4.32	54.83	37.31
33	大连	5.28	8.37	14.09	50.39	5.19	46.24	36.39
34	兰州	1.76	8.67	3.75	36.43	2.15	50.70	33.84
35	贵阳	4.26	11.71	10.31	39.68	14.69	39.84	32.42
36	临沂	8.73	7.83	15.44	29.87	4.62	41.68	32.38
37	东莞	6.41	2.86	1.30	53.06	21.52	37.91	32.33
38	常州	0.97	1.78	9.71	50.48	6.57	40.29	30.08
39	温州	3.69	4.31	6.85	42.58	3.12	37.91	28.68
40	扬州	1.70	1.84	6.51	43.82	5.35	38.91	28.26
41	中山	3.71	3.17	17.46	40.90	11.28	32.14	27.20
42	呼和浩特	3.11	1.70	8.45	34.68	4.32	37.91	27.02

排名	城市	会展专业竞争力	会展企业竞争力	城市接待能力竞争力	城市宏观环境竞争力	会展人才竞争力	会展综合服务竞争力	城市会展竞争力指数
43	威海	1.60	0.78	8.04	38.19	0.55	39.21	26.99
44	泉州	0.63	0.80	7.20	47.04	2.15	37.15	26.97
45	桂林	4.96	2.51	8.06	31.04	8.02	36.14	26.82
46	绍兴	1.75	2.07	5.42	42.01	2.67	36.41	26.43
47	徐州	0.32	2.16	7.81	40.58	5.35	36.29	26.10
48	银川	1.94	3.51	4.08	32.20	1.10	36.49	25.07
49	绵阳	1.73	1.63	7.84	29.76	2.67	36.94	25.00
50	西宁	1.29	2.66	3.75	28.16	1.00	37.84	24.67
51	唐山	5.83	2.79	10.22	37.13	2.37	29.41	24.42
52	嘉兴	1.03	5.39	5.87	41.86	7.89	31.24	24.75
53	惠州	0.75	2.07	6.08	36.98	4.39	34.29	24.44
54	潍坊	3.21	4.96	20.79	33.91	4.23	29.05	24.39
55	盐城	1.21	3.24	11.83	37.43	1.10	31.79	23.93
56	南通	1.50	2.65	7.30	47.59	5.27	28.80	23.92
57	洛阳	2.51	2.52	9.86	36.22	3.61	29.75	23.16
58	乌鲁木齐	2.42	5.11	43.75	34.34	2.00	22.50	22.96
59	芜湖	0.57	3.81	5.69	35.92	1.29	29.84	21.99
60	淄博	1.25	1.65	8.39	32.82	3.47	29.15	21.50
61	烟台	2.05	2.67	1.39	4.74	1.55	34.95	19.83
62	镇江	0.25	0.51	6.15	42.09	4.65	22.30	18.74
63	肇庆	0.50	0.20	5.97	28.46	2.31	24.80	17.73

四　实证分析：广州市会展城市服务竞争力评价

广州一直都是粤港澳城市会展竞争力的代表。作为老牌一线城市之一，广州的整体研发和创新能力较强，同时拥有求真务实的风格，会聚了来自各领域的高精尖人才。同时，作为华南的教育中心，广州的学校数量多和质量高，也大大提高了广州的会展人才竞争力。

（一）广州市会展专业竞争力概况

2022 年，广州共举办展会 69 场，占 2022 年全国办展总量的 8.4%，4 年来首次成为全国办展数量最多的城市。广州展会举办数量恢复至 2019 年同期的 37.7%，展会举办总面积恢复至 43.2%。展会举办分布成分散态势，6 月起展会举办数量开始攀升，至 8 月达到全年峰值。从展会行业类型来看，休闲娱乐、商业服务、食品酒店、家居设备类占前 4 位，其中休闲娱乐类展会占比达 13%，举办数量最多。2022 年，全国按展览面积排名前十的城市分别为：广州、深圳、青岛、重庆、成都、长沙、沈阳、杭州、南京、长春。以上 10 个城市的展览数量占全国展览总数的 35.61%，展览总面积占全国展览总面积的 41.85%。

截至 2022 年底，UFI 中国会员达到 213 个，较 2021 年增长 2 个，增幅 0.95%。从省份分布上来看，广东、上海和北京 UFI 中国会员数量位居前三，分别为 43 个、31 个和 29 个，分别占比 20.2%、14.6% 和 13.6%。从城市的分布上来看，上海 31 个、北京 29 个、广州 18 个和深圳 18 个，分别占比 14.6%、16.2%、8.5% 和 8.5%。在境内通过 UFI 认证的项目中，北京、上海、济南三个城市的办展数量位居前三，分别占比 14.0%、14.0% 和 10.8%。广州 UFI 认证的展览项目有 14 个，占比 7.53%。

（二）广州市会展企业竞争力现状

广州作为粤港澳大湾区的核心城市，拥有得天独厚的地理条件和优越的区位优势，会展业起步早、积淀深、配套全，活跃的民营经济和公平的市场竞争环境，特别是近三年疫情期间，广州会展企业同舟共济，共同稳住广州会展发展的基本盘，也多次为全国提供了"广州样本"。

2022 年境外线上展主承办企业中，来自广州的广东鸿威国际会展集团有限公司共举办 12 场展览，方欣科技有限公司举办 5 场，广州阿拉丁物联网络科技有限公司、广州慧聪网络科技有限公司和广东琦亚展览有限公司各举办 4 场。

（三）广州市城市接待能力竞争力

广州市拥有全国最大的超大规模展览馆，目前国内展览面积超过15万平方米的场馆有15座，超过40万平方米的超大规模展馆有3座：中国进出口商品交易会展馆（琶洲馆）（62万平方米）、国家会展中心（上海）（46万平方米）、深圳国际会展中心（40万平方米）。广州是我国会展行业发展实力强劲的城市之一，具有良好的场馆资源储备，主要展览场馆室内展览总面积达到86.72万平方米。除了中国进出口商品交易会展馆（琶洲馆），广州其他的主要展览场馆包括广州保利世贸展览馆（7.82万平方米）、广州国际采购中心（7.50万平方米）、广州琶洲灵感创新展馆（6.00万平方米）、南丰国际会展中心（1.70万平方米）、广州越秀国际会议中心（1.70万平方米）（见表9）。

表9　广州主要会展场馆

单位：万平方米

序号	场馆名称	室内展览面积
1	中国进出口商品交易会展馆（琶洲馆）	62.00
2	广州保利世贸展览馆	7.82
3	广州国际采购中心	7.50
4	广州琶洲灵感创新展馆	6.00
5	南丰国际会展中心	1.70
6	广州越秀国际会议中心	1.70

资料来源：《2022年度中国展览数据统计报告》。

（四）广州城市宏观环境竞争力

广州市的GDP在全国城市中排名较高，广州市2022年的地区生产总值（GDP）为28839亿元，同比增长1%，位居全国第四。根据《中国城市竞争力第18次报告》，广州市在城市综合经济竞争力指数上排名第五，仅次于深圳、香港、上海和北京。这主要得益于广州强大的经济实力、地理位置优势、发达的交通和物流体系。

作为中国最大的外贸城市之一，广州拥有便利的交通和完善的物流体系，为企业提供了良好的贸易环境。广州的金融业也十分发达，拥有众多的金融机构和证券交易所，为企业提供了融资和投资的渠道。此外，广州的旅游业也是其经济的重要组成部分。同时，广州作为一座具有2000多年历史的城市，拥有丰富的文化底蕴和旅游资源，吸引了大量的游客。

（五）广州市会展服务人才竞争力

2022年，全国累计有132所本科院校（含分校等）设置的会展经济与管理本科专业处于正常办学中。2020年，中山大学的会展经济与管理专业获得第二批国家一流专业建设点立项。在2021年结束的第三批国家一流专业建设点评审中，华南理工大学获得立项。合计共有9所院校获得国家一流专业建设点立项建设，其中广州就有2所院校，这些院校专业有效地提升了会展经济与管理专业的建设水平。此外，广州本科开展会展专业的学校共有8所。据教育部公布的2022年高等职业教育专科专业设置备案和审批结果，2022年会展及相关专业，广东省开设了67个专业点，名列第一，其中广东轻工职业技术学院的会展专业为广州的会展业提供了大量专业人才。

（六）广州市会展服务综合竞争力

广州市政府高度重视会展业的发展，出台了一系列支持政策，包括提供财政支持、建设会展基础设施等，为会展业提供了良好的发展环境。与广州会展业发展相关的最新政策为2021年发布的《广州市国民经济和社会发展第十四个五年规划和2035年远景目标纲要》及《广州市服务业发展"十四五"规划》。"十四五"期间，广州将着力提高中国进出口商品交易会的辐射面和影响力，加强高水平展会场馆供给和高质量展会培育，优化会展业空间布局，积极探索"新业态+会展"，办好广州博览会、广州国际汽车展览会等专业展会，努力建设具有国际影响力的会展之都。

2021年广州市商务局印发《广州市关于促进会展业高质量发展的若干措施（暂行）》，该政策主要围绕着：促进会展场馆升级改造、促进会展企业落户、促进展览项目落户、支持大型展览稳定发展、鼓励扩大展览规模、引导展览品牌化发展、鼓励展览数字化发展、鼓励进行国际认证、支持企业境外办展、支持穗港澳合作办展、鼓励社会机构在广州开展会展专业人才培训。此外，2021年广州市海珠区科技工业商务和信息化局印发《广州市海珠区会展业高质量发展扶持办法》，其办法的主要目的是支持会展企业聚集发展、支持展会项目做强做大、打造会展产业园区、鼓励会展数智化发展。

五　展望与建议

（一）明确城市领域细分，打造湾区城市会展特色IP

在粤港澳大湾区内的城市之间，会展业发展差距明显。以广州和深圳为龙头，正在打造国际会展之都。广州的会展产业以国际贸易、国际车展为核心，深圳的会展以高科技行业、通信行业为核心。佛山的会展有国际汽车工业博览会、国际机床博览会、智能机器人博览会。东莞已将会展产业类列为全市生产性服务行业十大重点领域之一，涵盖家居设备、食品酒店、出行工具等。可见，粤港澳大湾区的城市在会展行业的分工已各有特色。

以广州为例，将广州打造成粤港澳大湾区"世界级产业先导区"。牵头整合大湾区城市群的资源和产业，推动粤港澳大湾区其他城市向价值链中高端迈进。广州会展竞争力的发展需要与广州产业发展的重点方向结合，比如人工智能、生物医药、新能源等高科技制造业与会展结合，同时推动金融服务业与产业发展融合，加速科技成果向生产力转化，转化成果通过会展形式彰显广州高新技术产业链的科技含量。

（二）发挥湾区区域优势，赋能会展与旅游融合联动

会展旅游对一个城市的经济社会发展具有很强的推动作用，具有高盈

利、高收入的行业特征。一般来说，参加会展活动的企业和客商都具有客户消费高、停留时间长、团队规模大、营利性好、行业带动性强等特性，湾区城市可发挥地域优势，在交通、住宿、餐饮等方面，开发专门针对会展旅游需求的特色旅游。

各城市会展服务通过跨行业合作和协同发展，推动会展业和旅游业的一体化发展。例如，旅游部门可以与会展组织者合作，共同策划和推广活动，提供更全面、多元化的服务和体验。并不断提升服务质量，注重提升会展和旅游服务的质量与水平，以满足不同游客和参展商的需求。创新营销策略，运用现代营销理念和技术手段，制定有针对性的营销策略，为城市会展业的发展带来新的旅游契机。

（三）构建复合式人才培养模式，孕育城市会展新能量

会展业作为现代服务业的重要组成部分，需要具备高素质的人才队伍来支撑。培养复合式人才，可以提升会展业人才队伍的素质和专业化水平，为会展业的可持续发展提供强有力的人才保障。现代化的会展服务人员不仅需要具备会展服务能力，还应掌握符合时代发展的相应的跨界的行业知识和技能。会展服务业复合式人才是指具备多种专业知识和技能的人才，能够在会展行业中发挥多种角色和作用。专业机构除了对传统会展服务过程中的会展策划师、会展营销师、会展项目经理、会展设计师、会展物流师等职位进行培养外，还需要对会展研究机构人员、会展行业协会人员、会展媒体人员开展重点的培养。

会展企业拥有具备多种专业知识和技能的复合式人才，能够更好地适应市场需求，提高服务质量和效率，增强会展企业自身的竞争力。复合式人才能更好地适应经济全球化和城市发展的需要，随着经济全球化和城市发展的不断深入，会展行业面临更多的机遇和挑战。通过培养复合式人才，可以更好地适应这些变化和挑战，为各个城市会展行业的健康发展提供有力保障。

参考文献

周一炜：《中国展览指数报告（2022）》，《北辰会展研究院》2023 年第 8 期。

叶前林、段良令、朱文兴：《中国会展产业结构水平测度及影响因素分析》，《统计与决策》2022 年第 8 期。

吴培培、朱小川、张雨阳、王伟：《"双循环"战略下城市支撑能力协同对门户产业功能的影响——以长三角城市群会展业为例》，《城市发展研究》2022 年第 6 期。

吴青兰、陈民伟、耿松涛：《城市会展业经济影响评估模型与实证——以厦门为例》，《统计与决策》2022 年第 15 期。

陈正康、邸嘉禹：《会展业促进双循环新发展格局构建的作用机理研究》，《商业经济研究》2023 年第 3 期。

陈伊璐、李立勖、符天蓝：《城市展览业竞争力系统的协调发展——以广州、深圳、东莞、中山为例》，《热带地理》2022 年第 4 期。

张辽宁：《城市会展经济竞争力指标体系构建研究》，《商展经济》2023 年第 3 期。

查婷俊：《粤港澳大湾区产业结构的对比分析》，《城市观察》2021 年第 2 期。

范丽丽：《会展经济对城市竞争力提升的价值探讨》，《营销界》2019 年第 25 期。

卢新新：《城市会展经济竞争力指标体系研究》，《江苏商论》2022 年第 12 期。

姚乐：《会展经济与城市发展分析》，《轻工科技》2021 年第 6 期。

苗玉荣：《会展经济与城市经济的互动效应研究》，《商展经济》2021 年第 14 期。

B.10
粤港澳大湾区旅游服务品牌评价研究

张成玉　袁银枝 *

摘　要： 粤港澳大湾区正在如期推进世界级旅游目的地建设，提升国际影响力和全球吸引力。湾区内 11 个城市不断向城市群迈进的同时，要继续挖掘多元文化、主题公园、美食之都、购物天堂等优势旅游资源，打造各具特色的旅游产品体系。发挥粤港澳大湾区城市旅游联合会平台作用，共同策划更多粤港澳"一程多站"旅游精品线路，共同推进与共建"一带一路"国家和地区的旅游交流合作，举办国际性旅游展会和节庆活动，建设一批产业融合示范项目，打造粤港澳大湾区旅游品牌①，共建粤港澳宜居宜业宜游的休闲湾区。本文构建了粤港澳大湾区旅游品牌力影响因素评价体系，采用 IPA 分析法来评测旅游服务的优劣势。IPA 结果分析得知，提升粤港澳大湾区旅游服务品牌力，首先应提升粤港澳大湾区的人文遗产旅游服务认知和建设；其次要（加强）旅游服务人员的服务意识和提升服务品质，突出旅游产品的特色服务设计；最后要完善旅游服务环境建设等。科技与创新是推动粤港澳大湾区成为世界级城市群的重要因素，新时代可以重点关注创新经济发展新阶段下的旅游新经济新模式。

关键词： 粤港澳大湾区　旅游服务　品牌力　IPA

---

* 张成玉，广东轻工职业技术学院副教授，主要研究方向为宗教旅游；袁银枝，广东轻工职业技术学院副教授，主要研究方向为旅游管理。
① 《广东省人民政府办公厅关于印发广东省促进全域旅游发展实施方案的通知》（粤府办〔2018〕27 号），2018 年 7 月 27 日。

党的二十大报告指出，高质量发展是全面建设社会主义现代化国家的首要任务，强调实现高质量发展是中国式现代化的本质要求之一，要坚持以推动高质量发展为主题，把实施扩大内需战略同深化供给侧结构性改革有机结合起来，推动经济实现质的有效提升和量的合理增长。可见，旅游发展的最高层次是旅游产品向旅游品牌的转变。2022 年，粤港澳大湾区旅游业在疫情防控常态化下，克服疫情散点多发困难，积极探索文化和旅游业发展的新技术、新业态、新模式，积极有序恢复。粤港澳大湾区建设实施以来，湾区逐渐形成了旅游城市群。旅游服务品牌成为旅游者的首选目标。如何构建独具魅力和影响力的粤港澳大湾区国际旅游品牌影响力，是亟须解决的主要问题。

一 粤港澳大湾区旅游服务发展概况

（一）粤港澳大湾区旅游品牌影响力概况

2023 年 2 月，中共中央、国务院印发的《质量强国建设纲要》提出，必须把推动发展的立足点转到提高质量和效益上来，培育以技术、标准、品牌、质量、服务等为核心的经济发展新优势，明确要求提升旅游管理和服务水平，规范旅游市场秩序，改善旅游消费体验，并要求在旅游领域开展质量满意度提升行动，推动标准化、专业化、品牌化发展，培育一批专业度高、覆盖面广、影响力大、放心安全的服务精品。上述关于高质量发展的决策部署明确了服务质量提升的方向、重点和路径，对有效提升服务质量提出了新的要求。

近年来，旅游业的服务质量和管理水平不断提升。但从新时代下高质量发展阶段的要求来看，旅游服务品牌知名度和美誉度尚需提高，旅游服务质量不高仍是旅游业高质量发展的制约性因素。

目前，香港、澳门、深圳、广州、珠海等地皆已形成主题公园的品牌影响力和集聚效应。粤港澳大湾区的自然环境主要包括海滨资源和山地资源，在区域地理和文化渊源上一脉相承①。首先，主题乐园型旅游目的地在粤港澳大湾区的旅游版图中地位显赫，广州和珠海的长隆、香港的迪士尼乐园和海洋公园，作为大品牌娱乐项目，被游客提及次数较多，其品牌效应明显。其次，观光型旅游目的地如七星岩景区、观音山国家森林公园、惠州西湖、鼎湖山国家级自然保护区等，在大湾区的旅游竞争中占据有利地位。此外，诸如"大三巴牌坊""开平碉楼与村落""佛山祖庙"等文化遗产和古迹型目的地作为粤港澳大湾区的重要文化资源多次被游客提及，而像"澳门威尼斯人""双月湾"此类的度假型目的地也频频出现，反映出游客对度假型目的地的喜爱。

（二）粤港澳大湾区旅游服务品牌的影响因素

通过网络检索近年来大湾区城市群范围内的负面新闻报道，总结看来，粤港澳大湾区旅游服务品牌存在一些较负面形象。粤港澳大湾区涵盖两种政治制度、三种独立法律体制，给城市间文旅生产要素的流通带来一定阻碍，因此各城市的文旅产业融合主要采用单打独斗模式，城市间文旅资源共享程度较低，文旅资源配置效率有待提高。粤港澳大湾区难以避免文旅产品普遍存在主题雷同、缺乏特色的同质化问题。粤港澳城市群共同辖有一条绵长的自然生态海岸线，从文化旅游的角度来看，海岸线是沿线城市惠州、中山、江门等多个城市打造"滨海文化旅游"路径的天然资源，但是由于开发缺乏地方特色与主题，沿线各城市所打造的滨海文化旅游线路，与深圳、珠海等其他城市没有差异，无法形成当地的滨海旅游品牌。当前粤港澳大湾区旅游合作的措施多是以三地旅游部门为主体进行推动，旅游合作只限于联合推广、监管互通信息等浅层次合作。在粤港澳大湾区上升为国家战略后，旅游合作应当向深层次推进，粤港澳大湾区旅游合作的关键，在于协调联动、一体发展，通过深化合作形成一体联动的格局。

---

① 邹统钎、邱子仪、张梦雅：《粤港澳大湾区旅游品牌基因选择研究》，《城市观察》2021年第5期。

二 粤港澳大湾区旅游服务品牌力评价体系构建

旅游服务水平是衡量一个地区发展旅游的重要指标，在注重规范旅游市场秩序的基础上，粤港澳大湾区应推动旅游服务水平的不断提升，改善旅游消费者的体验，构建粤港澳大湾区旅游服务品牌。本报告针对目前粤港澳大湾区旅游服务的现状开展调研，尝试对粤港澳大湾区旅游服务水平进行研究，其中有效方式是开展对粤港澳大湾区旅游服务品牌力的评价，为及时优化服务流程和提升服务水平提供参考，为建立国际化、数字化、多元化的旅游接待服务新体系提供决策依据。

旅游服务品牌力的评价指标选择是关键，而旅游服务品牌力的指标选择来源于对旅游服务的内容剖析，对旅游业发展新内涵的解读、对旅游活动的过程分解、对旅游服务创新方法和路径的梳理等的综合分析，基于此，通过文献综述、问卷调查、专家研讨、层次分析法等方法，通过查阅近 8 年的相关文献，整理出高频词汇。由于受到 3 年疫情的影响，游客出游受到限制，对指标的数据样本采集扩展到 5 年内出游过粤港澳大湾区的游客，构建具有一定科学性和可操作性的旅游服务品牌力评价指标体系。形成科学合理的三级指标体系，从而构建较为完善的粤港澳大湾区旅游服务品牌力影响因素评价体系。

（一）旅游服务品牌力影响因素评价指标选取

本报告针对旅游酒店业接待能力评价、旅游景区服务能力评价等的国内外文献进行了梳理和研究，从中选出能科学体现现代旅游服务品牌能力评价的备选指标。在选取备选指标时，首先，考虑能反馈旅游服务品牌力评价指标的全面性；其次，考虑资料来源及数据整理过程的精准性；再次，选择与粤港澳大湾区比较具有代表性的，包括中国旅游集团、华侨城、岭南集团、长隆主题公园等旅游企业的管理人员交流访谈；最后，通过与旅游领域专家的研讨，挑选出能反映粤港澳大湾区旅游服务品牌影响力的具体评价指标。研究范围涉及了粤港澳大湾区的景区智慧化服务、旅行社服务、旅游产品服务、旅游大交通、住宿及餐饮服务、娱乐购物服务、旅游环境基础、通信和医疗救援等多个角度的旅游服务。研究样本以粤港澳大湾区的游客为主（最近5年），从游客的视角开展研究，构建了由38个三级指标，10个二级指标和3个一级指标构成的较为合理科学的粤港澳大湾区旅游服务品牌力影响因素评价指标体系，详细指标如表1所示。

表1 粤港澳大湾区旅游服务品牌力影响因素评价指标体系

	一级指标	二级指标	三级指标
粤港澳大湾区旅游服务品牌力指标体系	核心品牌服务	景区智慧化服务	1. 景区公共信息服务
			2. 智慧导览服务
			3. 景区设施智能化服务
			4. 智能停车服务
			5. 景区智慧售票服务
			6. 游客信息服务
		旅行社服务	7. 旅游线路品质化
			8. 项目收费公开化
			9. 景点分配合理化
			10. 导游服务专业化
			11. 行程安排科学化
			12. 旅游保险全面化
		旅游产品服务	13. 团队旅游产品服务
			14. 自由行旅游产品服务
			15. 体验旅游产品服务
			16. 文化旅游产品服务
			17. 生态旅游产品服务
			18. 主题旅游产品服务
			19. 亲子旅游产品服务
			20. 商务旅游产品服务
	基础品牌服务	旅游大交通	21. 航空线路的通达性
			22. 区域间高铁的便利化
			23. 水路交通的便捷化

续表

	一级指标	二级指标	三级指标
粤港澳大湾区旅游服务品牌力指标体系	基础品牌服务	住宿服务	24. 在线预订快捷化
			25. 智能入住安全化
			26. 客房服务智能化
			27. 游客体验品质化
		餐饮服务	28. 智能化点餐系统
			29. 服务流程规范化
			30. 餐饮环境品质化
			31. 用餐体验高效化
		娱乐购物服务	32. 跨界融合品牌多样化
			33. 娱乐购物时尚创意化
	辅助品牌服务	环境服务	34. 自然环境的可持续性
			35. 人文环境的独特性
		通信服务	36. 网络安全快捷化
		医疗救援服务	37. 医疗急救中心配备国际化
			38. 医疗卫生服务一站式

注：表格信息由笔者根据专家研讨和中国知网文献整理得出。

（二）旅游服务品牌力影响因素评价指标构成

1. 核心品牌服务

包括景区智慧化服务、旅行社服务和旅游产品服务 3 个二级指标。其中，景区智慧化服务包括景区公共信息服务、智慧导览服务、景区设施智能化服务、智能停车服务、景区智慧售票服务及游客信息服务 6 个三级指标；旅行社服务包括旅游线路品质化、项目收费公开化、景点分配合理化、导游服务专业化、行程安排科学化、旅游保险全面化 6 个三级指标；旅游产品服务包括团队旅游产品服务、自由行旅游产品服务、体验旅游产品服务、文化旅游产品服务、生态旅游产品服务、主题旅游产品服务、亲子旅游产品服务、商务旅游产品服务 8 个三级指标。

2. 基础品牌服务

包含了旅游大交通、住宿服务、餐饮服务、娱乐购物服务 4 个二级指标。其中旅游大交通由航空线路的通达性、区域间高铁的便利化、水路交通的便捷化 3 个三级指标来评价；住宿服务包括在线预定快捷化、智能入住安全化、客房服务智能化和游客体验品质化 4 个三级指标；餐饮服务包括智能化点餐系统、服务流程规范化、餐饮环境品质化、用餐体验高效化 4 个三级指标；娱乐购物服务包括跨界融合品牌多样化和娱乐购物时尚创意化 2 个三级指标。

3. 辅助品牌服务

包括环境服务、通信服务、医疗救援服务 3 个二级指标。其中，环境服务由自然环境的可持续性和人文环境的独特性 2 个三级指标来评价；通信服务主要是网络安全快捷化 1 个三级指标；医疗救援服务包括医疗急救中心配备国际化和医疗卫生服务一站式 2 个三级指标。

三 粤港澳大湾区旅游服务品牌力 IPA 分析法应用

（一）IPA 分析法应用解释和实施步骤

1. IPA 分析法

IPA（Importance-Performance Analysis），是用来评判企业品牌以及服务和产品优劣水平的一种常见分析方法。一般通过对顾客使用产品之前和使用产品之后对产品的重要程度及满意程度的调查，分析产品在市场竞争中的优势和劣势，从而科学指导企业采取对应的策略来提升市场竞争力。IPA 模型分析方法显而易见，简单有效。国内旅游研究领域从 20 世纪末开始，对 IPA 分析方法进行探索，多集中在旅游目的地的形象感知和酒店业领域。本研究采用 IPA 分析法形成粤港澳大湾区旅游服务品牌力的 IPA 二维象限图，如图 1 所示，从而对调查数据进行满意度和重要性的分析，目的是做出较为客观和全面的综合评价。

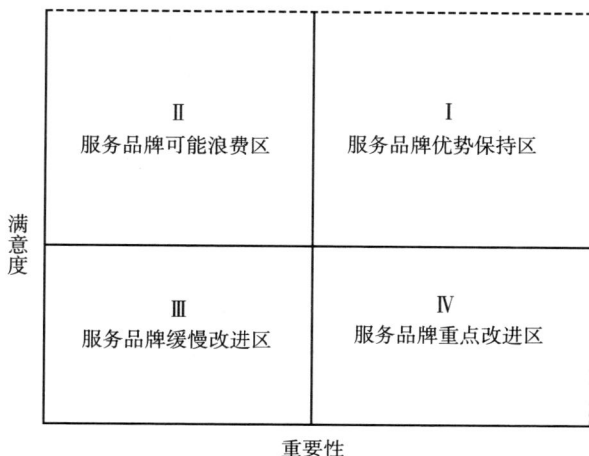

图1　旅游服务品牌力二维 IPA 象限图

2. IPA 分析法实施步骤

步骤1：根据筛选出的粤港澳大湾区旅游服务品牌力影响的具体指标，设计调查问卷。

步骤2：组织团队进行问卷发放，向游客发放问卷、分为线上和线下进行，及时收集和进行统计，计算各项变量指标在重要性和满意度两个维度的评分均值。

步骤3：经过计算得出所要考核的观测变量和考核分值范围，标画出有刻度的二维 IPA 象限图。

步骤4：根据38个观测指标变量满意度感知均值与重要性均值在二维 IPA 象限图的交叉点，38个观测指标变量的交叉点逐步分布，并定位于四个象限之中，构建出完整的二维 IPA 象限图。

3. IPA 分析法在粤港澳大湾区旅游服务品牌力建设的应用

根据因子在四个象限中的分布情况来分析评价旅游服务品牌力影响指标，从而得出科学客观的综合评价。

第 I 象限为"高重要性，高满意度"的优势区域，满意度感知评分高于平均值，重要程度评分也高于平均值。说明位于该象限的观测指标变量呈现为满意度和重要性都处于优势区域，被称为"服务品牌优势保持区"，这些象限指标是目前可以继续保持的旅游服务品牌，是目前维持粤港澳大湾区旅游服务品牌力的核心和重要元素。

第Ⅱ象限为"低重要性，高满意度"的维持区域，表明位于该象限的服务指标是近年来粤港澳大湾区旅游服务品牌力中维持现状即可，不用加大服务力度和资源投入建设。

第Ⅲ象限为"低重要性，低满意度"的机会区域，游客感知满意度与指标重要性均相对较低，游客对此象限内的服务因子不是十分满意，同时也认为这些服务指标不具有较高的重要性。位于此象限的指标变量虽然是低满意度，但游客对这些指标的要求相对来说也是不高的。说明位于这个象限的变量指标是目前粤港澳大湾区旅游服务品牌力建设中可以暂缓考虑的因素。

第Ⅳ象限"高重要性、低满意度"的革新区域，说明观测指标的重要性虽然较高，但游客的满意度较差，被称为"服务品牌重点革新区"。位于此象限内的这些服务指标需要立刻加大资源投入力度，优先进行改进。位于此象限的变量指标接下来将是粤港澳大湾区旅游服务品牌力建设的重中之重，是迫切需要改进的指标，也将是本次研究中重点要提出提升策略和改善之处。

（二）调查设计与数据分析

本次研究范围涉及香港、澳门、广州、深圳、珠海、佛山、惠州、中山、东莞、江门和肇庆，将11个区域的游客作为研究对象，将问卷设计为三部分，第一部分是对游客的基本信息进行调查，共9个题项；第二和第三部分共涉及三个大类，采用李克特LIKERT五分量表进行设计，分为38个题项（见附件1）。第二部分是对"粤港澳大湾区旅游服务的期望重要程度"的评价，可供选择分值为1~5分，相对应的选项分别为：完全不重要、不重要、一般、重要、非常重要；第三部分问卷设计是对"粤港澳大湾区旅游服务游客的满意程度"进行评价，可供选择分值为1~5分，对应分值选项分别为：非常不满意、不满意、一般、较满意、非常满意。

本次问卷调查的时段选定在 2023 年 4~8 月，在线上和线下同时开展。线下调查委托粤港澳大湾区具有代表性的旅游集团对前往珠海、澳门、广州、深圳、江门和香港等多地的游客进行调查，其中以线上调查为主，经统计共收回线下问卷 626 份，线上进行问卷调查收回问卷 1255 份，其中，有效数据共计 1662 份，具体问卷发放地、数量和有效数据如表 2 所示。

表 2　粤港澳大湾区旅游服务问卷（线上线下）发放统计

单位：份

问卷发放地		发放数量	收回数量	有效数据
线下问卷	香港	150	106	102
	澳门	150	105	101
	广州	200	135	112
	深圳	100	94	86
	珠海	120	105	102
	江门	100	81	75
线上问卷		1500	1255	1084
汇总		2320	1881	1662

1. 样本统计分析

（1）样本基本特征分析

本次参与调查研究的有效样本（1662 份）的基本特征如表 3 所示。

调研游客的基本信息主要包括：性别、年龄、家庭月收入、受教育程度、居住地、职业等。

随机抽样调查的样本中：男性游客占比 41.6%、女性游客占比 58.4%。男性游客以商务出游为主，女性游客以团队出游或亲子旅游方式为主。

在线上和线下抽样调查的样本中：年龄在 31~40 岁的游客占比最高，达到 32.4%，41~50 岁游客占比为 21.7%，20~30 岁年轻游客占比为 21.4%。由于出行粤港澳大湾区旅游以商务旅游为主，所以 20~50 岁人群出游数量较大，同时也与粤港澳大湾区商务往来活动的大环境相契合。

在抽样调查的样本中，具有大专及以上学历的游客占比高达88%；数据表明目前我国游客文化教育程度不断提高，说明游客的综合素质已经很高，同时也表明高学历的游客对粤港澳大湾区旅游服务提出更高、更专业的新需求。

在抽样调查的样本中，93%的游客常住地（包括为长期工作和学习而居住人群）为粤港澳大湾区，其中本地居民游客比例较高，可能是与抽样调查时间有关，同时，在此时间段内本区域大型活动举办较少，忽略了部分商务旅行的人员。

在抽样调查的样本中，具有稳定工作的游客占比最高为46.7%，待业或退休人员占比28.6%，具有稳定工作的游客占比低于50%，与三年疫情影响密切相关。样本中目前在读的大学生占比为12.4%，其中88%具有大专及以上学历；77.9%的游客家庭月收入较高，普遍超过1万元。

表3 样本人口统计学特征分析

单位：人，%

样本参数	描述	人数（N=1662）	百分比
性别	男	692	41.6
	女	970	58.4
年龄	20岁以下	88	5.3
	20~30岁	356	21.4
	31~40岁	538	32.4
	41~50岁	360	21.7
	51~60岁	175	10.5
	60岁以上	145	8.7
家庭月收入	5000元以下	28	1.7
	5000~10000元	339	20.4
	10001~20000元	690	41.5
	20000元以上	605	36.4
受教育程度	高中/中专及以下	199	12.0
	大专或本科	808	48.6
	硕士及以上	655	39.4

样本参数	描述	人数（N = 1662）	百分比
居住地	粤港澳大湾区内城市	1318	79.3
	粤港澳其他城市	228	13.7
	粤港澳外城市	116	7.0
职业	学生	205	12.3
	在职人员	776	46.7
	待业或退休人员	476	28.6
	其他	205	12.3

（三）样本出游特征分析

本次参与调查的有效样本共 1662 人，游览具体特征如表 4 所示。

不定期参加旅游活动的游客比例较高，占样本总量的 38.3%。每年 1~2 次参加旅游活动的样本游客比例也较高，占总量的 33.4%，每年 3~4 次参加旅游活动的样本游客占总量的 14.6%。每年 5 次及以上的样本游客占比也较高，占到总量的 13.7%。其中，不定期参加旅游活动的样本游客占比最高，说明粤港澳大湾区的旅游活动受商务和大型活动的影响较大。

从旅游活动方式看：结伴自由行和家庭出游占比最多，分别为 22.5% 和 27.3%；其次是团队出游和单位出游，分别占 20% 和 19.1%；个人自由游和其他方式出行的占比较少，加总为 11.1%。由于样本调研时间为暑假，家庭出游和结伴自由行的游客占比较高。

从活动时长看：大多数游客为 1~3 天，占 89.1%；超过 3 天的游客占比仅为 10.9%。说明短途旅行的游客很多。

由于近年来粤港澳大湾区注重交通枢纽建设，旅客跨境通行更加便利，海上、陆地、空中的交通运输不断完善，区域内 11 个城市之间的交通大多可在 1 小时内到达，十分便捷，真正做到从"相通"到"相融"。通过上述旅游出行方式和出游时长两项指标可以看出，旅游大交通的快捷化改变了人们的出游习惯。

对抽样调查样本统计得知：游客的出游动机以商务活动和周末休闲放松为主，占比高达69.1%，同时，以增进亲子关系、亲子同游为目的的占比为21.6%。样本统计结果与粤港澳大湾区的"休闲湾区"建设理念相吻合，此区域的游客以商务活动和周末休闲娱乐为主要旅游动机，说明接下来粤港澳大湾区应注重"旅游服务的品质化、个性化、定制化、沉浸式体验化"的发展趋势，加快旅游服务品牌力建设。

表4　样本游览特征分析

样本参数	描述	人数（N=1662）	百分比（%）
参加粤港澳大湾区旅游活动的频率	不定期	637	38.3
	1~2次/年	554	33.4
	3~4次/年	243	14.6
	5次及以上/年	228	13.7
参加粤港澳大湾区旅游活动的主要方式	单位出游	317	19.1
	家庭出游	454	27.3
	团队出游	332	20.0
	结伴自由行	374	22.5
	个人自由游	140	8.4
	其他	45	2.7
一般参加粤港澳大湾区旅游活动时长	1天	838	50.4
	2~3天	643	38.7
	4~7天	170	10.2
	7天以上	11	0.7
参加粤港澳大湾区旅游活动的主要原因	商务活动	621	37.4
	周末休闲放松	527	31.7
	亲子同游	359	21.6
	其他原因	155	9.3

（四）粤港澳大湾区旅游服务品牌力细分指标的定位分析

针对旅游服务品牌力细分的38项指标重要性与满意度的数据分析计算，生成粤港澳大湾区旅游服务品牌力影响因素的IPA矩阵图。

　　首先，计算各个指标重要性评价均值，同时根据均值大小进行排序；再计算出游后游客对粤港澳大湾区旅游服务中诸因子的满意度评价均值，根据数据大小也将其进行排序，如表5所示。

　　从样本调查结果来看，粤港澳大湾区旅游服务38项评价指标的重要性的均值为3.26~4.51，其中"导游服务专业化"重要性均值排名为第1，"人文环境的独特性"的重要性排名为最末位；而粤港澳大湾区旅游服务38项评价指标的满意度的均值为3.41~4.32，满意度排名第1位的是"行程安排科学化"，满意度排名最末位的是"文化旅游产品服务"。说明游客对粤港澳大湾区旅游服务品牌力细分指标的满意度分值和重要性分值存在一定的差异。

表5　粤港澳大湾区旅游服务品牌力影响因素 IPA 评价定位

序号	指标	重要性		满意度	
		均值	排名	均值	排名
1	景区公共信息服务	4.39	3	3.79	27
2	智慧导览服务	4.06	24	4.30	2
3	景区设施智能化服务	4.10	21	4.08	10
4	智能停车服务	4.03	26	3.82	22
5	景区智慧售票系统	3.90	32	3.84	24
6	游客信息服务	4.00	28	3.84	24
7	旅游线路品质化	3.77	33	3.93	19
8	项目收费公开化	4.02	25	4.03	15
9	景点分配合理化	4.14	17	3.75	30
10	导游服务专业化	4.51	1	3.81	26
11	行程安排科学化	4.33	8	4.32	1
12	旅游保险全面化	4.41	2	4.04	14
13	团队旅游产品服务	4.20	14	4.25	3
14	自由行旅游产品服务	4.08	22	4.13	8
15	体验旅游产品服务	3.61	36	3.75	28
16	文化旅游产品服务	4.13	19	3.41	38
17	生态旅游产品服务	4.03	26	4.16	6

序号	指标	重要性		满意度	
		均值	排名	均值	排名
18	主题旅游产品服务	4.08	22	3.68	32
19	亲子旅游产品服务	4.16	16	3.76	29
20	商务旅游产品服务	4.15	15	3.75	30
21	航空线路通达性	3.88	30	4.15	7
22	区域间高铁的便利化	4.41	2	4.02	12
23	水路交通的便捷化	4.11	17	3.57	35
24	在线预定快捷化	3.83	31	3.42	37
25	智能入住安全化	3.72	34	4.13	8
26	客房服务智能化	4.25	13	3.51	36
27	游客体验品质化	4.28	11	4.22	4
28	智能化点餐系统	4.32	9	3.61	33
29	服务流程规范化	3.98	29	3.82	22
30	餐饮环境品质化	4.27	12	3.96	17
31	用餐体验高效化	4.34	7	4.17	5
32	跨界融合品牌多样化	4.32	9	3.91	21
33	娱乐购物时尚创意化	4.13	19	3.58	34
34	自然环境的可持续性	4.35	5	3.96	17
35	人文环境的独特性	3.26	38	4.05	10
36	网络安全快捷化	4.33	6	4.05	10
37	医疗急救中心配备国际化	3.69	35	4.01	16
38	医疗卫生服务一站式	3.51	37	3.92	20

其次，根据表5中的重要性均值和满意度均值，经各自求和再计算，得出38项指标的重要性均值和满意度均值的总平均值分别是4.07和3.90。接下来以重要性作为横向标轴，满意度作为纵向标轴，将（4.07，3.90）作为矩阵图坐标原点，并依据38个评价指标的重要性均值和满意度均值组合，分别标注相应的坐标位置，确定这些指标所在的象限，生成粤港澳大湾区旅游服务品牌力影响因素的IPA矩阵图，如图2所示。

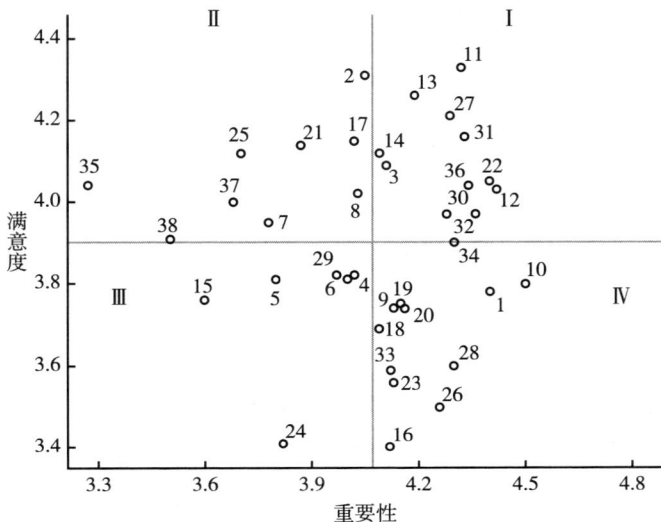

图 2　粤港澳大湾区旅游服务品牌力影响因素的 IPA 矩阵图

（五）粤港澳大湾区旅游服务品牌力二维 IPA 象限分析

位于 IPA 矩阵图第 I 象限为"高重要性，高满意"的优势区域，也称为"服务品牌优势保持区"。经过 IPA 分析后，粤港澳大湾区旅游服务品牌力优势区域的变量指标有：3 景区设施智能化服务、11 行程安排科学化、12 旅游保险全面化、13 团队旅游产品服务、14 自由行旅游产品服务、22 区域间高铁的便利化、27 游客体验品质化、30 餐饮环境品质化、31 用餐体验高效化、32 跨界融合品牌多样化、34 自然环境的可持续性、36 网络安全快捷化。位于该区域的指标共计 12 项，说明这些指标的重要性较高，而且相对满意度表现也较高，能够满足目前粤港澳大湾区旅游者的需要。也说明粤港澳大湾区旅游服务品牌力建设在景区智慧化服务、旅行社服务、旅游产品创新服务、住宿服务、大交通服务、餐饮体验服务、购物娱乐服务和生态环境等服务方面都有明显的优势，在接下来粤港澳旅游服务品牌力建设中，这些指标将是该区域旅游服务迈向全球化、多元化发展中可以充分利用并加以推广的。

位于 IPA 矩阵图第 II 象限为"低重要性，高满意度"维持区域，也称

"服务品牌资源维持区"。经过 IPA 分析后，粤港澳大湾区旅游服务品牌力维持区域的变量指标有：2 智慧导览服务、7 旅游线路品质化、8 项目收费公开化、17 生态旅游产品服务、21 航空线路通达性、25 智能入住安全化、35 人文环境的独特性、37 医疗急救中心配备国际化、38 医疗卫生服务一站式，共 9 项指标。对于这些细分指标游客的满意度较高，但认为重要性并不高。说明粤港澳大湾区旅游服务品牌力建设中这 9 项指标目前建设得比较完善，因此，短时间内不需要投入更多建设，维护好现状即可。

位于 IPA 矩阵图第 Ⅲ 象限为"低重要性，低满意度"区域，通常也被称为"服务品牌缓慢改进区"。经过 IPA 分析后，粤港澳大湾区旅游服务品牌力缓慢改进区域的变量指标有：4 智能停车服务、5 景区智慧售票系统、6 游客信息服务、15 体验旅游产品服务、24 在线预订快捷化、29 服务流程规范化，共 6 项指标。该区域指标的两个因子均值都低于 38 项评价指标的总平均值，说明粤港澳大湾区旅游服务品牌力在这些指标的建设中比较薄弱。因此，粤港澳大湾区旅游发展要长期规划，须稳中求进，对这些旅游服务指标循序渐进地去完善。

位于 IPA 矩阵图第 Ⅳ 象限"高重要性、低满意度"区域，也被称为"服务品牌重点改进区"。经过 IPA 分析后，粤港澳大湾区旅游服务品牌力重点改进的变量指标有：1 景区公共信息服务、9 景点分配合理化、10 导游服务专业化、16 文化旅游产品服务、18 主题旅游产品服务、19 亲子旅游产品服务、20 商务旅游产品服务、23 水路交通的便捷化、26 客房服务智能化、28 智能化点餐系统、33 娱乐购物时尚创意化，共 11 项细分指标。说明这些指标重要性较高，但是满意度较低，可以界定目前难以满足游客的需求，针对该区域的细分指标，需要加大资源投入力度重点改进，换代升级。

（六）不足及展望

本研究考虑了旅游服务的复杂性、不同游客群体对旅游服务需求的差异性，通过文献综述、专家讨论、问卷调查、层次分析等方法，虽然在粤港澳大湾区旅游服务品牌力评价方面做了一些探索，但还存在很多不足和有待改善的地方。

1. 评价指标体系的全面性

本文所采用的 3 个一级指标、10 个二级指标和 38 个三级指标体系，只是对旅游服务品牌力评价指标体系的一种新探索，旅游服务是十分复杂的体系，研究很难穷尽所有的评价指标。未来也可以根据粤港澳大湾区旅游服务发展的国际化新标准、新业态、新模式的出现进行指标体系的相应调整或补充，以求更加科学全面地反映旅游服务的品牌力。

2. 问卷数据采集的精准性

本文中所采集的问卷数据主要来自粤港澳大湾区具有影响力的大型旅游集团对游客的调研数据，采集的问卷数据多数来自本区域和国内游客，受到三年疫情的影响，境外游客样本数据缺失，目前使用的 1662 份有效数据虽然可以支撑本研究，但为了获得更好的评价结果，以后可以扩展数据采集面，增加境外游客数据样本。

四 结语

共推大湾区文化与旅游向深度融合。为推动文旅产业融合高质量发展，粤港澳城市群不断挖掘历史文化遗产、非物质文化遗产等文化资源进行文旅产品开发，以大湾区共同的文化记忆和文化情感为文旅融合产品注入吸引力。从 2020 年起，广东省文化和旅游厅、自然资源厅、住房和城乡建设厅联合推出了两批粤港澳大湾区文化遗产游径，包含孙中山文化遗产游径、海上丝绸之路文化遗产游径、华侨华人文化遗产游径、古驿道文化遗产游径、海防史迹文化遗产游径、西学东渐文化遗产游径、近代商埠开放文化遗产游径和非物质（粤剧）文化遗产游径八大主题共 44 条实体游径，主要分布于珠三角九市。此外，澳门推出"澳门历史城区世遗游、海上游欣赏迷人景致"以及"感受路环之美 探秘九澳圣母村古建筑群"两条历史文旅路线；香港古物咨询委员会确定法定古迹 1586 项。

广州、中山、佛山、香港和澳门以粤菜为纽带，通过举办广州国际美食节、广州亚洲美食节等特色美食节和餐饮品牌节，加强粤菜文化交流，打造颇具影响力的粤港澳大湾区美食文化品牌。在被誉为"中国文化产业第一展"的文博会上，广东不仅带来了全新技术和创意文化产品，呈现文化产业发展的新趋势和新前景，文博会也成为广东向全球推介内在文化与旅游品牌的一扇窗口。

参考文献

吕翠芹：《"好客山东"旅游目的地品牌评价指标体系的构建》，山东财经大学硕士学位论文，2012。

臧德霞、葛江徽：《旅游城市竞争力：重要性-绩效分析（IPA）——以前往青岛与大连的国内游客作为调查样本》，《北京第二外国语学院学报》2014年第7期。

庄国栋、张辉：《旅游城市品牌竞争力影响因素研究》，《江西社会科学》2015年第8期。

刘逸、徐晓静、赵莹：《基于TSE和IPA模型的城市旅游形象感知和差异研究——以广东省为例》，《旅游论坛》2019年第6期。

孙九霞、肖洪根：《粤港澳区域旅游协同发展：文化融合视角》，《旅游学刊》2023年第5期。

吴开军、徐蕙：《粤港澳大湾区城市群旅游经济增长机理及其空间交互效应研究》，《经济论坛》2023年第8期。

谭书旺：《中国旅游服务品牌的国际化策略研究》，《商业经济》2021年第2期。

梁江川、刘少和：《粤港澳大湾区旅游品牌共建要素与路径研究》，《华南理工大学学报》（社会科学版）2019年第5期。

叶绮涵、周人果：《"粤式服务"彰显大湾区旅游目的地软实力》，《南方日报》2023年9月19日。

吴开军：《粤港澳大湾区旅游企业创新评价体系与模型检验》，《深圳大学学报》（人文社会科学版）2019年第4期。

附件1

粤港澳大湾区旅游服务品牌力的问卷调查

尊敬的各位先生/女士：

您好！首先感谢您在百忙之中浏览问卷，我们正在进行一项有关粤港澳大湾区旅游服务品牌力的问卷调查，旨在改进和提升粤港澳大湾区的旅游服务的品牌力，敬请您给予配合并认真填写，衷心感谢您的支持和合作！我们在此向您承诺：本次调查数据仅限研究之用，不会泄露给任何第三方！

第一部分：背景资料（请在您认为适合的选项上打√）

1. 您的性别是

A. 男　　　　　　　　　B. 女

2. 您的年龄是

A. 20 岁以下　　　　　B. 20~30 岁　　　　　C. 31~40 岁

D. 41~50 岁　　　　　E. 51~60 岁　　　　　F. 60 岁以上

3. 您的家庭每月平均收入是多少元？

A. 5000 元以下　　　　B. 5000~10000 元

C. 10001~20000 元　　D. 20000 元以上

4. 您的受教育程度：

A. 高中/中专及以下　　B. 大专或本科　　　　C. 硕士及以上

5. 您目前的职业状况为：

A. 在校生　　　　　　B. 在职人员　　　　　C. 退休人员

D. 待就业人员　　　　E. 其他

6. 您参加粤港澳大湾区旅游活动的频率

A. 偶尔　　　　　　　B. 1~2 次/年　　　　　C. 3~4 次/年

D. 5 次及以上/年

7. 您参加粤港澳大湾区旅游活动的方式

A. 家庭出游　　　　　B. 单位出游　　　　　C. 结伴自由行

D. 个人自由游　　　　E. 跟团出游　　　　　F. 其他

8. 您一般参加粤港澳大湾区旅游活动时长

A. 1 天　　　　　　　B. 2~3 天　　　　　　C. 4~7 天

D. 7 天以上

9. 您参加粤港澳大湾区旅游活动的主要原因

A. 商务活动　　　　　　　　B. 周末出游放松工作节奏

C. 亲子或好友同游增加感情　　D. 集体活动

第二、三部分：旅游服务品牌力评价指标陈述（见附表1）

附表1　旅游服务品牌力评价指标陈述

您对旅游服务的期望重要程度（单位:分）					粤港澳大湾区旅游服务品牌力评价指标陈述	您对旅游服务实际表现的满意程度（单位:分）				
1	2	3	4	5		1	2	3	4	5
					01 景区公共信息服务					
					02 智慧导览服务					
					03 景区设施智能化服务					
					04 智能停车服务					
					05 景区智慧售票系统					
					06 游客信息服务					
					07 旅游线路品质化					
					08 项目收费公开化					
					09 景点分配合理化					
					10 导游服务专业化					
					11 行程安排科学化					
					12 旅游保险全面化					
					13 团队旅游产品服务					
					14 自由行旅游产品服务					
					15 体验旅游产品服务					
					16 文化旅游产品服务					
					17 生态旅游产品服务					
					18 主题旅游产品服务					
					19 亲子旅游产品服务					
					20 商务旅游产品服务					
					21 航空线路通达性					
					22 区域间高铁的便利化					
					23 水路交通的便捷化					
					24 在线预订快捷化					

您对旅游服务的期望重要程度（单位:分）					粤港澳大湾区旅游服务品牌力评价指标陈述	您对旅游服务实际表现的满意程度（单位:分）				
1	2	3	4	5		1	2	3	4	5
					25 智能入住安全化					
					26 客房服务智能化					
					27 游客体验品质化					
					28 智能化点餐系统					
					29 服务流程规范化					
					30 餐饮环境品质化					
					31 用餐体验高效化					
					32 跨界融合品牌多样化					
					33 娱乐购物时尚创意化					
					34 自然环境的可持续性					
					35 人文环境的独特性					
					36 网络安全快捷化					
					37 医疗急救中心配备国际化					
					38 医疗卫生服务一站式					

B.11

2022~2023年粤港澳大湾区星级
酒店服务品牌评价

伍剑琴 *

摘　要： 粤港澳大湾区是中国酒店业发展速度最快的区域之一，酒店品牌众多，酒店类型丰富。疫情三年对粤港澳大湾区国际经贸、会展业产生巨大的冲击，国际商务往来停滞，大量酒店通过成为疫情隔离酒店渡过难关，但仍有部分品牌酒店没能熬过大洗牌。疫情后的 2023 年，借助国内文旅市场的强劲复苏，各类型酒店品牌复苏节奏不一，但竞争依旧甚至更加激烈。本文选取大湾区不同等级、不同类型具有代表性的酒店品牌，构建全面而细化的评价指标体系，量化计算并形成排名，有针对性地描述各品牌的特点、优势并进行多维度的评价，以供行业、企业、消费者参考及选择。

关键词： 粤港澳大湾区　高端酒店　中档酒店　经济型酒店

粤港澳大湾区，是由香港、澳门两个特别行政区和广东省的两个双中心城市，即广州和深圳，以及佛山、东莞、惠州、中山、江门、珠海和肇庆七个非中心城市组成。广州、深圳、香港、澳门四个中心城市的人均 GDP 均领先于其他的城市。大湾区整体的酒店市场和广深仍以商务相关需求（商务、会议）为主，会议需求有明显增长，商务仍是大湾区最为显著的特色标签。大湾区商务相关需求（包含商务、会议需求）所占比例约为 70%。

---

* 伍剑琴，广东轻工职业技术学院教授，主要研究方向为旅游管理、酒店管理。

大湾区各城市的位置、资源、经济发展程度各有特点，定位差异化特征明显：其中广州以商贸、会展、综合都市旅游为特色，深圳发展高科技、海滨休闲，佛山发展商务与历史文化旅游、主题公园与商务综合旅游，珠海打造国际休闲旅游度假区，重点突出海洋海岛游和主题公园等。港澳国际化程度高，五星级酒店的占比远超其余九市，内地九市中，广州和深圳现有酒店的数量遥遥领先于其他七市，五星级以上的高端奢华酒店，广州、深圳占比超过60%，四星级酒店的占比在50%以上，东莞、珠海、佛山、惠州紧随其后，中山、江门和肇庆相对较少。大湾区集群效应愈加明显，酒店产品类型丰富，细分化趋势明显，个性化服务形成特色。基于大湾区的国家战略地位与政策利好，以及因交通连接性改善带来的强大经济协同效应，大湾区酒店市场将处在一个渐进式的上升通道中。

三年疫情对粤港澳大湾区酒店业产生巨大的冲击，一年两次的广交会时间是星级酒店最重要的旺季，给各类酒店带来大量高质量的国际化客源。疫情三年间广交会暂停或改为线上进行，入境客源减少90%，国内商务和旅游客源成为主流。2023年上半年，伴随着国内旅游需求的恢复和增长，商务活动的日渐活跃，大湾区酒店行业经营逐步恢复正向的高速增长。大湾区酒店经过春交会、"五一"黄金周的预热，平均房价、平均出租率、每间可供出租客房收入的同比增幅明显，各项指标同比增长均超25%，整体经营情况显著增强。

对酒店集团规模而言，2022年国内排名前三的分别是锦江酒店、华住集团、首旅如家酒店集团，国际酒店集团是洲际酒店集团、温德姆酒店集团、万豪国际集团。洲际酒店集团大中华区拥有639家酒店，房间数166467间，分别占据洲际全球酒店数的10%、房间数的18%。洲际酒店集团大中华区布局有10余个酒店品牌。

主要星级酒店具体情况如下。

万豪：2023年上半年，万豪国际集团大中华区RevPAR[①]为87.42美

———————————

① RevPAR指每间可供出租客房产生的平均实际营业收入。

元，同比增长 100.1%；酒店入住率 67.1%，同比上升 25.9 个百分点；平均房价为 130.35 美元，同比增长 22.8%。[①] 目前，万豪国际集团在中国市场运营超 475 家酒店，分布于 130 余个目的地，涵盖奢华、高端和精选服务品牌，以满足不同客群需求。

希尔顿：2023 年第二季度，中国市场的 RevPAR 同比增长 103%，较 2019 年同期增长 3%，在中国新签约 3700 间客房，同比增长超 3 倍，占该季度新签约总数（14000 间）的 1/4 以上。

雅高：中国市场尽管自 2023 年以来实现了强劲的复苏，但仍有很大的增长空间，业绩仍未恢复到 2019 年的水平。

洲际：2023 年上半年，洲际酒店集团大中华区收入 7400 万美元，同比增速超过 105%，约占总收入（10.3 亿美元）的 7%；RevPAR 同比增长 94%，第二季度增幅更是高达 110%。

一 品牌评价的方法依据

1. 评价标本的选择

随着大众消费的崛起，各大酒店集团的多品牌策略进一步细化，产品组合日趋复杂，从传统的星级酒店的分类到经济型酒店、民宿，中端酒店、中高端酒店的细分，2023 年又涌现私享型度假酒店、电竞、国潮等跨界酒店，酒店业态呈现多样化发展趋势，但是由于电竞、国潮等新类型的酒店目标客源较为小众，目前尚未出现全国有影响力的品牌。欧美等国家的酒店并无由政府或行业协会统一制定并实施的酒店星级评定标准，各酒店集团根据市场需求自行确定旗下品牌的定位，高端品牌内还有不同的等级划分，五星级酒店包括四个级别：奢华五星级酒店（Luxury 5 Star Hotel）、精品五星级酒店（Boutique 5 Star Hotel）、豪华五星级酒店（Deluxe 5 Star Hotel）、普通五星级酒店（5 Star Hotel）。本报告将综合我国近年酒店业的发展特点及趋势，

① （迈点研究院）邢晶晶：《2023 上半年酒店集团财务分析报告》，2023 年 8 月 31 日。

结合国际酒店等级划分习惯，将本报告中的酒店按奢华酒店、国际高端酒店、国内高端酒店、中高端酒店、中端酒店、经济型酒店进行分类。大湾区中，香港澳门特殊的政治经济形态、旅游地位、酒店发展历程，使他们依旧是整个大湾区酒旅行业的"龙头"，截至 2022 年底，香港高端酒店共有 53 家，其中国际品牌 32 家，根植于本地的高端酒店品牌共有 21 家。广州、深圳的高端酒店中，国际酒店集团品牌占比高，超过 70% 的酒店品牌来自海外。香港国际酒店集团中，万豪集团有丽思卡尔顿、瑞吉、JW 万豪、W 酒店、喜来登、万丽、万怡、艾美、艾豪等 9 个品牌 12 家店，排名第一；洲际酒店集团有英迪格、洲际、皇冠假日、丽晶、假日 5 个品牌 6 家店，排名第二；凯悦酒店集团有凯悦、君悦 2 个品牌 4 家店，排名第三。澳门酒店市场万豪集团有丽思卡尔顿、瑞吉、JW 万豪、W 酒店、喜来登 5 个品牌 5 家店，与洲际酒店集团洲际、皇冠假日、假日 3 个品牌 5 家店并列第一。

广州市场排名第一的万豪集团有喜来登、威斯汀、丽思、万豪、W 酒店、万怡 6 个品牌 11 家店；排名第二的希尔顿酒店有希尔顿、逸林、康莱德 3 个品牌 8 家店；洲际酒店集团有英迪格、洲际、皇冠假日 3 个品牌 5 家店。国内酒店集团中有碧桂园集团 4 家，万达集团有嘉华、文华品牌 2 家店。深圳的高端酒店市场中，万豪酒店以喜来登、瑞吉、丽思、威斯汀、JW 万豪、万豪、万丽、万怡等 8 个品牌 19 家店排名第一；洲际酒店集团有英迪格、洲际、皇冠假日 3 个品牌 9 家店，排名第二；希尔顿酒店集团有康莱德、希尔顿、逸林 3 个品牌 8 家店，排名第三。国内酒店集团中亚朵酒店以 3 家店的数量排名第一。佛山洲际酒店集团有洲际、皇冠假日 2 个品牌 4 家店，排名第一；希尔顿酒店集团以希尔顿、逸林 2 个品牌 3 家店排名第二，万豪集团以万豪、万怡 2 个品牌 3 家店并列第二；雅高酒店集团有索菲特、铂尔曼 2 个品牌 2 家店，其余五星级高端酒店多是自营品牌。东莞五星级酒店品牌以自营占比较高，占 35% 以上，凯悦、洲际、万豪、雅高等国际品牌各有 1 家，没有形成数量优势。

本报告选择代表性样本进行分析，选择的标准是该品牌至少在大湾区内的两个城市开店（或者有管理公司品牌），经营时间超过一年。

2. 评价标本的分类

本报告对大湾区酒店进行如下分类。

（1）奢华酒店品牌：该等级的酒店品牌仍以国际酒店集团占主导地位，除了万达瑞华酒店等少数国内酒店品牌进入该细分等级，其他的如洲际酒店集团中的洲际酒店、英迪格酒店，万豪酒店集团中的丽思卡尔顿酒店、W 酒店、JW 万豪酒店、瑞吉酒店，希尔顿集团的康莱德酒店、瑰丽酒店、四季酒店、香格里拉酒店、文华酒店、悦榕庄等都属于国际酒店品牌。

（2）国际高端酒店品牌：包括希尔顿酒店、万豪酒店、凯悦酒店、皇冠假日酒店、温德姆酒店、君悦酒店、威斯汀酒店等。

（3）国内高端酒店品牌（指根据我国酒店星级评定标准获评五星级酒店的品牌）：花园酒店、白天鹅宾馆、长隆酒店、碧桂园凤凰酒店、星河湾酒店、亚朵 S 酒店等。粤港澳大湾区国内高端酒店以单体酒店为主，锦江集团收购了铂涛集团 81% 的股权后成为排名第一的酒店集团。

（4）中档酒店品牌：包括亚朵酒店、希尔顿欢朋酒店、维也纳国际酒店、万达美华酒店、假日酒店、华美达酒店、福朋喜来登酒店、桔子水晶酒店、全季、丽枫等。

（5）经济型酒店品牌：有如家、汉庭、锦江之星、速 8 等。

3. 评价方法

资料来源于迈点品牌指数 MBI，该数据每月发布一次，从中选择粤港澳大湾区酒店中有代表性的酒店数据，汇总 2022 年 6 月至 2023 年 5 月的数据再平均。

二　2023年大湾区国际奢华酒店品牌评价

上榜的所有国际奢华品牌酒店均采用酒店集团的经营模式，2023 年上半年，虽面临全球经济的不稳定性，各大酒店集团的经营却表现出惊人的韧性：8 家国际酒店集团中，除温德姆酒店及度假村外，其余 7 家营收均呈现同比正增长态势，同比增幅集中在 20%~30%。万豪国际集团营收 116.9 亿美元、净利润 14.83 亿美元，两项财务数据均位列各国际酒店集团之首，其"全球第一酒店集团"的实力持续稳固；希尔顿酒店集团、洲际酒店集团上半年亦取得良好的成绩，营收和净利润均实现一定增幅。万豪酒店集团、洲际酒店集团、希尔顿酒店集团等都榜上有名，其中万豪酒店集团有多个品牌上榜，充分显示了国际酒店集团对粤港澳大湾区未来发展前景的看好。粤港澳大湾区经济发达，城镇化率最高，且人均 GDP 和人均可支配收入水平最高，是旅游消费的高地。从经济和旅游的关键指标看，大湾区的优势突出，有利于酒店市场的良性健康发展。2023 年中国国内旅游市场的强劲韧性和发展潜力，使各国际酒店集团重点布局和拓展大中华区市场，如万豪国际集团以"目的地+品牌"为发展策略不断扩大中国市场业务版图，预计 2023 年在中国开设 47 家酒店；温德姆计划 2023 年在大中华区开业 50 家新酒店；洲际计划 2023 年在华酒店数增至 700 家等。①

（一）分数及排名情况（见表1）

表 1　2022 年 6 月至 2023 年 5 月粤港澳大湾区国际奢华酒店品牌指数排名

排名	品牌名称	6 月	7 月	8 月	9 月	10 月	11 月	12 月
1	洲际	663.8	655.70	671.3	630.0	551.5	720.8	607.4
2	丽思卡尔顿	431.7	508.7	457.6	484.7	386.1	413.6	431.9
3	香格里拉	427.0	459.0	439.3	474.2	412.8	468.6	333.8
4	四季	409.1	416.7	426.0	391.9	392.5	416.3	317.9
5	W 酒店	348.5	363.2	320.6	380.0	402.7	392.7	410.0
6	柏悦	365.0	439.4	367.9	360.0	336.4	403.7	335.4
7	瑞吉	412.1	392.2	352.6	398.0	281.2	381.0	328.3
8	文华东方	309.4	361.9	373.8	334.3	293.9	291.1	298.0
9	瑰丽	439.1	408.4	348.5	308.8	274.4	309.8	312.3
10	康莱德	262.2	316.0	323.0	308.8	239.9	258.5	289.3

---

① （迈点研究院）邢晶晶：《2023 上半年酒店集团财务分析报告》，2023 年 8 月 31 日。

排名	品牌名称	6 月	7 月	8 月	9 月	10 月	11 月	12 月
11	索菲特	257.8	277.0	273.3	321.2	248.0	254.9	243.4
12	JW 万豪	237.3	269.5	282.0	310.1	248.6	236.9	280.4
13	朗廷	276.7	254.1	242.1	277.5	227.4	230.1	214.5

排名	品牌名称	1 月	2 月	3 月	4 月	5 月	年平均
1	洲际	527.7	593.5	702.4	707.6	670.3	641.8
2	丽思卡尔顿	350.2	495.2	498.9	363.8	398.4	435.1
3	香格里拉	367.2	349.2	406.1	377.6	369.0	407.0
4	四季	357.9	474.8	417.6	378.5	378.3	398.1
5	W 酒店	329.4	421.7	423.7	367.9	282.9	370.3
6	柏悦	287.9	381.9	372.8	340.9	364.1	363.0
7	瑞吉	351.1	335.2	376.5	323.6	284.7	351.4
8	文华东方	280.6	307.9	296.3	355.4	304.3	328.9
9	瑰丽	296.8	284.1	337.0	312.1	315.1	317.2
10	康莱德	284.7	313.4	287.3	279.8	336.3	304.1
11	索菲特	232.2	322.1	265.2	233.9	252.2	265.1
12	JW 万豪	251.99	245.4	240.7	284.8	250.5	261.5
13	朗廷	211.2	267.0	269.9	278.9	271.8	251.8

资料来源：根据迈点网数据整理。

（二）品牌评价

排名第 1 的洲际酒店，是洲际酒店集团下属高端品牌，洲际酒店在粤港澳大湾区有 25 家。洲际酒店的排名领先主要体现在媒体指数、运营指数上，显示其品牌受关注的程度较高，运营情况良好。其品牌定位是"以奢华的设施与服务为追求尊崇享受的客人提供崭新真实的行家旅行体验"，将全球性的服务标准巧妙地与当地的传统相结合，满足国际商务旅客及消闲旅客的独特需求。

排名第 2 的是丽思卡尔顿酒店，在粤港澳大湾区有 4 家，是万豪酒店集团旗下 Classic Luxury（经典奢华）酒店，其媒体指数、点评指数一直领先，显示该品牌受媒体和顾客的关注程度高。该品牌遵从经典的风格，成为名族、政要下榻的首选酒店。酒店的座右铭"我们以绅士淑女的态度为绅士淑女们忠诚服务"在业界被传为经典。酒店特色包括高质量的床品，亲密、较小型的厅堂和公共区域装饰大量的鲜花等。

排名第3的香格里拉大酒店，是香格里拉酒店集团下属高端品牌，在粤港澳大湾区有5家（广州1家、深圳2家、香港2家），点评指数一直位于榜单前列，显示顾客对其品牌的关注程度较高。开设在各大城市的黄金地段，以"源自亚洲、具有东方文化传统、设施设备代表了国际酒店最高水准"为标准，在投资、设计、建造、管理上形成统一的市场形象。

排名第4的四季酒店：在粤港澳大湾区有4家（广州1、深圳1、香港1、澳门1），2022年下半年，其媒体指数、点评指数较高，2023年运营指数有较大提升，显示顾客、媒体的关注度高，运营情况随疫情结束有明显改善。该酒店为客人提供定制化的服务体验，倡导"待人如己"的服务原则。

排名第5的W酒店，是万豪酒店集团旗下Distinctive Luxury（独特奢华）酒店。在粤港澳大湾区有3家，其媒体指数、点评指数每月都有高的评分，显示受媒体、顾客的关注程度高。目标客源是成功的年轻人，以黑白搭配桃红色的主题色彰显酒店现代化的时尚风格特色。

排名第6的柏悦酒店（Park Hyatt），是凯悦酒店集团旗下高端品牌，在粤港澳大湾区有2家（广州1、深圳1），其点评指数得分较高，显示受顾客关注及欢迎程度高。柏悦是专为追求私密性、个性化及高质量服务的旅行者设计的世界级豪华精品酒店品牌。

排名第7的瑞吉酒店（St. Regis），是万豪酒店集团旗下Classic Luxury（经典奢华）酒店，在粤港澳大湾区有4家。瑞吉一直在定制式服务（包括管家服务、独家杂志）和具独特鉴赏力的特色产品（如爵士乐计划、瑞吉香水）方面深具个性，凭借创新传统、优质服务及卓越选址能力而受到顾客好评。

排名第8的文华东方酒店，在粤港澳大湾区有3家（广州1、香港2），位置优越，选址为城市中心地带，以时尚设计、设施配置豪华精致，优越服务及融合奢华、舒适和个性于一身的酒店风格而受顾客欢迎。

排名第9的瑰丽酒店，是瑰丽酒店集团（原新世界酒店集团）旗下高端品牌。在粤港澳大湾区有3家（广州1、香港2），将住宅式酒店设计融入当地历史文化和地理特色实现本地化，倡导环保经营、以心为本的核心理念。

排名第10的康莱德酒店，是希尔顿品牌家族中的豪华5星级品牌，在粤港澳大湾区有3家，目标顾客是商务和休闲旅游者，以精细化的一流服务、城市核心位置以及豪华的环境与设施而闻名。

排名第11的索菲特酒店，是雅高酒店集团旗下高端品牌。在粤港澳大湾区有3家（广州1、澳门1、佛山1），是提倡将法式生活艺术与地方特色相结合的国际法式豪华酒店品牌，以丰富的文化活动、美食体验、健康和美容护理仪式，再加上时尚的现代化设计，让宾客体验独特的法国传统文化及艺术品位。

排名第12的JW万豪酒店，是万豪酒店集团旗下 Classic Luxury（经典奢华）酒店，在粤港澳大湾区有4家，以古朴典雅、优雅舒适、注重细节为顾客提供无与伦比的私人服务而著名。

排名第13的朗廷酒店，是朗廷酒店集团旗下高端品牌。在粤港澳大湾区有2家（深圳1、香港1），以独特的建筑造型成为地标建筑，时尚脱俗、艺术氛围浓厚，为宾客带来惊喜体验。

三 2023年大湾区国际高端酒店品牌

（一）分数及排名情况（见表2）

表2 2022年6月至2023年5月粤港澳大湾区国际高端酒店品牌指数排名

排名	品牌名称	6月	7月	8月	9月	10月	11月	12月
1	希尔顿酒店	587.3	644.7	676.0	574.4	514.0	582.9	499.1
2	万豪酒店	625.3	547.8	620.2	598.4	510.0	603.2	554.1
3	喜来登酒店	545.9	520.8	587.2	539.9	475.5	565.3	431.3

续表

排名	品牌名称	6月	7月	8月	9月	10月	11月	12月
4	凯悦酒店	538.0	480.6	540	559.8	469.7	597.2	442.3
5	皇冠假日酒店	558.2	523.9	578.1	578.3	454.7	563.4	475.7
6	君悦酒店	408.4	327.3	497.1	389.6	333.8	418.5	343.3
7	希尔顿逸林酒店	400.5	397.0	403.9	415.5	375.9	417.7	390.3
8	万丽酒店	386.3	439.0	402	409.2	373.6	354.6	324.2
9	铂尔曼酒店	410.5	316.8	413.6	324.2	401.7	399.3	412.9
10	温德姆酒店	398.3	402.3	380.7	329.5	245.6	335.1	400.1
11	威斯汀酒店	406.0	345.8	357.5	348.1	290.9	288.0	323.9
12	朗豪酒店	301.0	228.0	226.0	219.3	218.4	212.1	201.7
排名	品牌名称	1月	2月	3月	4月	5月	年平均	
1	希尔顿酒店	547.2	539.9	619.2	667.8	641.2	591.1	
2	万豪酒店	452.4	522.0	650.1	614.2	511.1	567.4	
3	喜来登酒店	527.8	513.5	607.8	600.5	553.7	539.1	
4	凯悦酒店	438.2	533.8	520.1	593.1	539.1	519.1	
5	皇冠假日酒店	499.5	516.0	459.8	545.3	476.4	521.0	
6	君悦酒店	349.6	420.4	354.5	388.1	338.4	364.0	
7	希尔顿逸林酒店	328.4	325.1	397.2	384.3	314.7	372.4	
8	万丽酒店	297.6	331.2	386.8	359.4	404.7	380.8	
9	铂尔曼酒店	293.6	287.2	393.9	396.9	319.1	337.5	
10	温德姆酒店	298.9	373.8	349.9	400.9	453.2	379.2	
11	威斯汀酒店	284.6	329.4	384.2	348.4	343.6	364.1	
12	朗豪酒店	201.3	202.4	205.9	232.7	216.3	222.1	

资料来源：根据迈点网数据整理。

（二）品牌评价

排名第1的希尔顿酒店，是希尔顿酒店集团下属高端品牌。希尔顿酒店集团有3个品牌上榜，分别是希尔顿、希尔顿逸林、康莱德。希尔顿是希尔顿饭店集团品牌家族中的5星级品牌，在粤港澳大湾区有8家，其媒体指数、点评指数在榜单一直处于领先位置，显示其品牌受媒体关注程度高，顾客评价好。它的目标市场是商务和休闲旅游者，以高档的服务和豪华的饭店设施设备而闻名。

排名第 2 的万豪酒店，是万豪酒店集团下属高端品牌。万豪酒店在粤港澳大湾区有 6 家，其媒体指数、点评指数评分高，显示该品牌受媒体和顾客的关注程度高、评价好。该品牌以现代精致的装潢、时尚轻松的旅行风格吸引舒适旅行享受派。

排名第 3 的喜来登酒店，在粤港澳大湾区有 11 家，其媒体指数、点评指数位于榜单前列，该品牌为高端商务人士和休闲旅游度假人士提供范围宽广的各式服务及齐备的设施设备。

排名第 4 的凯悦酒店，是凯悦酒店集团旗下高端品牌。凯悦酒店集团旗下有 3 个酒店品牌上榜，分别是凯悦酒店、君悦酒店、柏悦酒店。凯悦酒店 (Hyatt Regency) 在粤港澳大湾区有 12 家 (广州 2、深圳 4、珠海 1、东莞 1、香港 3、澳门 1)，其媒体指数、点评指数、运营指数高且稳定，显示品牌受关注度高、顾客评价好、运营状况佳，是凯悦酒店集团的高档旗舰品牌，数量最多，是公司较小型的豪华饭店。

排名第 5 的皇冠假日酒店，是洲际酒店集团下属高端品牌，在粤港澳大湾区有 12 家，其媒体指数、点评指数排名前列。皇冠假日在大湾区各主要城市都有酒店，以商务旅客为目标，价格合理，配备齐全的会议服务及设施、健美中心、餐饮设施，可承接多样化的休闲活动。

排名第 6 的君悦酒店 (Grand Hyatt)，是凯悦酒店集团旗下高端品牌。在粤港澳大湾区有 4 家 (广州 1、深圳 1、香港 1、澳门 1)，该酒店点评指数、运营指数位于前列位置，显示其疫情后运营情况佳，受顾客关注度较高。该酒店是以服务商务、休闲旅行者以及大规模会议活动为目标的豪华酒店品牌，规模宏大、设施先进。

排名第 7 的希尔顿逸林酒店，是希尔顿酒店集团下属高端品牌，在粤港澳大湾区有 4 家，主要目标市场是商务和休闲旅游者，设在大都市和休闲旅游区，与当地环境或民俗风情充分融合。

排名第 8 的万丽酒店，是万豪酒店集团旗下 Classic Premium（经典高级）酒店，在粤港澳大湾区有 3 家。万丽酒店重视位置选择，以城市中心有历史感的重要地标建筑凸显特色，以商务旅行人士为目标并提供精细化服务。

排名第 9 的铂尔曼酒店，是雅高旗下高档酒店品牌，在粤港澳大湾区有 5 家（广州、深圳、香港、东莞、珠海）。酒店位于都市的中心地段，以商务旅行人士为目标，利用尖端科技为客人打造"铂尔曼创新会议"，其是满足商务会议与奖励项目所需的全新组织方式。

排名第 10 的温德姆酒店在粤港澳大湾区有 3 家（深圳 1、香港 1、佛山 1），温德姆酒店集团旗下各酒店从定位到设施、再到服务，不仅面向国际旅客，还力求针对国内旅客进行本土化处理，通过各种本地化的途径来树立自己的品牌形象。

排名第 11 的威斯汀酒店，是万豪酒店集团旗下高端品牌。在粤港澳大湾区有 4 家，酒店位于城市中心商业区，服务高端商务客户，精选床品—天梦之床（Heavenly Bed），给顾客提供顶级睡眠体验。

排名第 12 的朗豪酒店在粤港澳大湾区有 2 家（广州 1、香港 1），是朗廷酒店集团旗下品牌。酒店地理位置优越，在城市商务中心，设计典雅高贵，以体贴挚诚的服务给顾客带来良好的体验。

四 2023年大湾区国内高端酒店品牌评价

粤港澳大湾区国内高端酒店品牌以单体酒店为主，酒店集团中有碧桂园集团 4 家，万达集团嘉华、文华品牌 3 家店，广东旅游控股集团有限公司包括白天鹅宾馆、白云宾馆、亚洲国际大酒店，白天鹅宾馆拥有独特的历史和优越的地理位置，是国内外著名的龙头酒店。广州岭南国际企业集团有限公司旗下有华南首家"中国白金五星级饭店"广州花园酒店、东方宾馆等五星级酒店。广深酒店价格高企，而非中心城市高端酒店明显处于需求不饱和状态，依托便捷的区域交通，非中心城市如佛山、中山等以高性价比的酒店产品吸引了相当数量的广、深会议团队。粤港澳大湾区自 2019 年以来休闲旅游消费迎来了爆发增长期，疫情期间无法保证长途旅游的顺利进行，城市周边短途休闲旅游需求旺盛。广州以从化温泉、长隆野生动物世界等带动近郊度假酒店发展。珠海依托毗邻港澳的口岸旅游优势，发展以长隆度假区为核心的休闲旅游，高端酒店业绩表现较为出色。近郊度假酒店的核心客源——旅游散客有较高房价支付能力，节假日休闲消费意愿强劲，但是受季节影响大，住宿率波动较大。

2023年上半年，伴随国内旅游需求的恢复和增长、商务活动的日渐活跃，国内酒店行业经营逐步恢复正向的高速增长，多个旅游城市出现"一房难求""平均房价飙升"的现象。作为国内酒店产品供给核心主体的各主要酒店集团，上半年各项经营指标增长显著。[①]

锦江酒店：依据财报数据，2023年上半年中国境内全部酒店的平均房价为247.37元、出租率为65.21%、RevPAR为161.37元。上半年中国境内中端酒店RevPAR为2019年同期的93.28%，中国境内经济型酒店RevPAR为2019年同期的93.80%，中国境内整体平均RevPAR为2019年同期的106.04%。

首旅酒店：报告期内，公司不含轻管理酒店的全部酒店RevPAR为163元，同比上升71.8%，并已超过2019年同期4.9个百分点。其中第一季度RevPAR为145元，同比上升57.2%，恢复至2019年同期的99.5%；第二季度RevPAR为181元，同比上升85.5%，超过2019年同期9.1个百分点，逐季复苏态势明显。

华住集团-S：2023年上半年，各项经营数据向好，涨势喜人，华住中国在营酒店入住率81.80%，比2022年同期增长17.2个百分点，比2019年同期低5.1个百分点；酒店平均房价305元，比2022年同期增长39.8%，比2019年同期增长28.9%；酒店RevPAR为250元，比上年同期上升77%，比2019年同期增长21.4%。

亚朵集团：财报数据显示，2023年第二季度亚朵旗下酒店的平均房价为475元，比上年同期上涨31.23%；酒店入住率达77.1%，同比上升11.6

---

① （迈点研究院）邢晶晶：《2023上半年酒店集团财务分析报告》，2023年8月31日。

个百分点，环比上升 4.6 个百分点，第二季度入住率恢复到 2019 年同期水平的 103.6%；RevPAR 达到 384 元，比上年同期的 251 元以及一季度的 337元也都有所增长，二季度 RevPAR 恢复到 2019 年同期水平的 114.8%。

（一）分数及排名情况（见表3）

表 3　2022 年 6 月至 2023 年 5 月粤港澳大湾区
国内高端酒店品牌指数排名

排名	品牌名称	6 月	7 月	8 月	9 月	10 月	11 月	12 月
1	万达文华	319.76	346.19	318.49	281.88	251.94	315.22	279.79
2	碧桂园凤凰城	315.2	266.98	325.06	261.39	306.46	270.45	283.84
3	长隆	205.75	200.63	250.95	289.15	220.30	189.05	187.83
4	星河湾	322.42	243.23	198.46	230.29	217.61	186.00	198.5
5	亚朵 S 酒店	198.63	192.21	188.25	188.17	225.02	212.32	215.52
6	白天鹅宾馆	196.91	214.93	234.80	200.09	189.05	200.21	173.48
7	三正半山	179.65	202.5	202.16	201.22	181.18	179.06	177.28
8	花园酒店	172.36	169.85	175.32	164.27	172.35	163.72	159.75
9	嘉逸	161.06	159.59	156.66	156.60	156.24	156.05	279.79
10	中油阳光	158.36	158.31	158.15	157.98	157.78	157.76	155.00
排名	品牌名称	1 月	2 月	3 月	4 月	5 月	年平均	
1	万达文华	342.5	400.8	357.2	330.9	379.1	322.24	
2	碧桂园凤凰城	298.1	259.2	259.4	256.2	245.2	282.03	
3	长隆	206.0	222.4	269.1	262.4	202.1	227.60	
4	星河湾	182.0	177.4	191.2	201.1	197.2	214.97	
5	亚朵 S 酒店	194.0	182.9	186.0	199.6	278.5	198.42	
6	白天鹅宾馆	169.2	185.0	207.9	198.4	170.2	197.27	
7	三正半山	177.0	181.1	180.0	183.1	180.8	185.87	
8	花园酒店	170.0	160.6	164.5	175.9	162.3	168.06	
9	嘉逸	154.5	154.5	154.6	154.6	154.5	167.66	
10	中油阳光	154.7	154.5	154.6	154.8	157.5	156.54	

资料来源：根据迈点网数据整理。

（二）品牌评价

排名第 1 的万达文华酒店，是万达酒店及度假村旗下的豪华酒店品牌，在广州、东莞各 1 家。该酒店品牌的媒体指数、点评指数在榜单一直处于领先位置，显示其品牌受媒体关注程度高，顾客评价好。其目标客源是商务旅游客人，将东方神韵与当地风情结合在一起为客人提供精致服务，营造优雅旅居感受。

排名第 2 的是碧桂园凤凰城酒店，在广州、顺德各 1 家。该酒店品牌以较高的点评指数在榜单中处于前列，显示其受顾客欢迎，关注度高。该酒店位于城市郊区，与大型楼盘社区一起规划，集"商务、度假、旅游、会议"的功能优势于一体，酒店开业初期目标客源以社区的居民为主，社区成熟后逐步吸引了市区及周边客源，迎合疫情期间形成的近郊旅游度假热。

排名第 3 的是长隆酒店，在广州、珠海各 1 家。该酒店品牌的点评指数高，受国内旅游度假的家庭客人的关注度高，是超大型会议休闲度假生态主题酒店，是长隆旅游度假区的配套酒店，将主题公园的产品与客房餐饮结合在一起形成特色，吸引青少年儿童。

排名第 4 的是星河湾酒店，在广州有 2 家。是休闲商务酒店，位于珠江河畔，建筑以地中海古堡为蓝本，传统与现代兼容并蓄，装潢考究。

排名第 5 的亚朵 S 酒店，是亚朵集团旗下较新的酒店品牌，为追求品质生活的消费者传递人文、温暖、有趣的生活方式，"让人与人更有温度地连接"是其服务宗旨。亚朵 S 酒店是亚朵酒店系列中的升级产品，专注服务于商旅人士，从酒店选址、空间设计等方面做了全方位的升级，提供以共享办公大堂、客房第四空间、温暖服务为特色的灵感差旅空间。

排名第 6 的白天鹅宾馆，是中国第一家中外合作的五星级宾馆。宾馆位于广州市人文历史丰富、独揽珠江白鹅潭的江岸线美丽景致的沙面，具有独特的岭南传统园林设计，拥有的大量文物陈设成为广州市文物保护单位，精美的广式茶点对国际、国内高端商务客人、华侨等具有极大吸引力。

排名第 7 的是三正半山酒店，在东莞有 3 家酒店。客源以东莞及深圳商务度假客人为主，以近郊景区的湖光景色、独特的建筑风格、新颖别致的设计为特色。

排名第8的花园酒店，是华南地区唯一的"白金五星级"酒店以及岭南集团高端豪华酒店品牌"LN 岭南花园酒店"的旗舰店，也是第16届广州亚运会总部饭店。酒店位于广州市中心，具有独特的岭南文化特色，是商旅俱佳的高端酒店。

排名第9的是嘉逸酒店，在粤港澳大湾区有2家（广州1家、佛山1家）。酒店位于市中心商务中心区，个性化服务和特色文化具有深厚的品质价值。

排名第10的是中油阳光酒店，在广州、深圳各有1家。是中油阳光酒店管理集团有限公司下属品牌，位于城市商务中心，为商务出差客人提供精致服务和一流的城市景观。

五　2023年大湾区中档酒店品牌评价

（一）分数及排名情况（见表4）

表4　2022年6月至2023年5月粤港澳大湾区中档酒店品牌指数排名

排名	品牌名称	6月	7月	8月	9月	10月	11月	12月
1	亚朵	620.37	630.00	634.84	655.50	543.66	816.87	562.75
2	丽枫	653.64	617.22	613.05	632.82	606.97	632.70	580.76
3	希尔顿欢朋	575.01	534.69	503.01	565.15	571.25	623.73	525.20
4	全季	588.92	587.14	492.68	487.05	555.68	633.46	503.08
5	维也纳	515.11	553.83	473.24	509.15	498.95	482.25	501.08
6	智选假日	392.45	434.01	482.29	514.84	380.42	425.37	408.60
7	华美达	375.97	336.71	331.61	370.82	361.00	375.59	364.00
8	万怡	295.89	316.84	347.64	355.79	300.51	376.91	291.86
9	福朋喜来登	295.10	324.80	363.30	322.28	241.04	288.14	251.05
10	希尔顿花园	214.89	247.24	360.68	310.06	271.56	323.46	270.62

续表

排名	品牌名称	6月	7月	8月	9月	10月	11月	12月
11	和颐	291.14	298.69	291.17	226.38	259.75	259.87	271.76
12	桔子水晶	242.99	255.30	290.56	254.50	241.70	277.80	252.36
13	美豪丽致	175.54	231.60	263.84	198.57	200.70	204.91	209.61
14	雅乐轩	268.57	186.48	196.23	173.41	172.88	216.13	168.53

排名	品牌名称	1月	2月	3月	4月	5月	年平均
1	亚朵	476.45	560.18	616.02	660.93	702.08	623.30
2	丽枫	567.58	517.69	443.92	540.82	645.86	587.75
3	希尔顿欢朋	540.25	608.00	538.74	525.72	602.19	559.41
4	全季	447.13	445.40	585.29	518.30	500.22	528.70
5	维也纳	554.67	531.25	517.58	551.97	506.07	516.26
6	智选假日	384.79	436.45	529.15	480.60	447.06	443.00
7	华美达	358.02	365.12	348.51	362.52	361.44	359.28
8	万怡	315.95	277.49	338.66	358.87	295.84	322.69
9	福朋喜来登	263.52	269.65	366.44	299.01	406.53	307.57
10	希尔顿花园	261.92	254.31	265.47	288.51	268.30	278.09
11	和颐	252.84	280.23	287.58	280.09	232.64	269.35
12	桔子水晶	250.12	253.16	255.09	248.18	272.79	257.88
13	美豪丽致	209.79	209.45	202.43	208.68	221.45	211.38
14	雅乐轩	167.63	157.10	161.45	163.10	182.80	184.53

资料来源：根据迈点网数据整理。

（二）品牌评价

排名第1的是亚朵酒店，该酒店的媒体指数、点评指数、运营指数一直在榜单中处于领先的位置，显示品牌受关注度高、受顾客欢迎，酒店运营状况佳。亚朵酒店坐落于城市的核心商务区，通过高品质的酒店设施，以书籍、音乐、照片及感悟营造人文主题，为商旅顾客提供舒适的住宿环境。

排名第2的丽枫酒店，是锦江集团旗下力推的中端连锁酒店。该酒店品牌的搜索指数、点评指数评分领先，显示其知名度较高，顾客评价好，以薰衣草元素、香氛文化为商旅客人提供自在舒适的住宿体验。

排名第 3 的希尔顿欢朋酒店，是希尔顿酒店集团旗下中档品牌。在粤港澳大湾区有 15 家，其搜索指数、媒体指数、点评指数一直位于前列。该酒店重视塑造品牌特色，重点为商旅精英人士及亲子家庭提供舒适、独特的体验和高层次的生活方式。

排名第 4 的全季酒店，是华住酒店集团旗下针对中档酒店市场的有限服务酒店品牌。该酒店点评指数一直位于前列，顾客关注度高。它重视酒店位置的选择，设计风格简约，为 30~40 岁高端商旅客人、新兴中产家庭提供良好的酒店设施和恰到好处的服务。

排名第 5 的维也纳酒店，是维也纳酒店集团旗下中档酒店品牌。该酒店品牌的搜索指数、媒体指数、点评指数、运营指数一直在榜单中处于领先的位置，是以高性价比、优质服务为商旅顾客创造"五星体验，二星消费"的核心消费价值的"音乐艺术"主题连锁酒店。

排名第 6 的智选假日，是洲际酒店集团下属中档品牌，在粤港澳大湾区有 16 家，以清新、简洁、有竞争力的价格为特色，为商务及休闲旅客提供住宿服务。

排名第 7 的华美达酒店，在粤港澳大湾区有 8 家（广州 2、佛山 3、深圳 1、香港 2），是全球最大的酒店集团——温德姆酒店集团旗下的一个品牌。中端市场定位，位于城市或近郊，重视为商务或休闲旅客提供细致入微的服务，品牌理念为"做您所想，将余下的事交给我们"。

排名第 8 的万怡酒店，是万豪酒店集团中的 Classic Select 经典中级酒店，在粤港澳大湾区有 7 家。万怡酒店为客人设计舒适雅致的社交空间，健身房设施齐全，突出生活和工作平衡的理念。

排名第 9 的福朋喜来登酒店（Four Points by Sheraton），在粤港澳大湾区有 2 家，是万豪酒店集团旗下中高端酒店品牌。为顾客提供住宿的基本需求，设计简约，服务细致。

排名第 10 的希尔顿花园酒店，在粤港澳大湾区有 15 家，是希尔顿酒店集团旗下中高档酒店品牌。该酒店客户满意度居前列，位于城市商务中心，关注商旅人士和休闲游客的高住宿质量，设施先进，价位适中。

排名第 11 的和颐酒店，在粤港澳大湾区有 7 家（广州 3、深圳 3、佛山 1），是首旅如家酒店集团旗下中端商务酒店。该酒店注重满足商务客人的数字化配套，设计感强，重视个性化服务。

排名第 12 的是桔子水晶酒店，在粤港澳大湾区有 7 家（广州 2、深圳 3、珠海 1、佛山 1），是华住酒店集团旗下精品酒店品牌。目标人群是年轻族群和时尚爱好者，每家酒店均有不同的艺术设计风格，特色突出。

排名第 13 的美豪丽致酒店，是美豪酒店管理公司旗下品牌。采用独特设计，各楼层有入户花园，拥有高品质影院客房，让中高端商旅人士在商务工作之余享受城市度假的高品质与乐趣。

排名第 14 的雅乐轩酒店，在粤港澳大湾区有 5 家，是万豪酒店集团旗下中端酒店品牌。该酒店设计时尚开放式空间，以为高端时尚人士提供"有限"服务为主要特色。

六　2023年大湾区经济型酒店品牌评价

（一）分数及排名情况（见表5）

表5　2022 年 6 月至 2023 年 5 月粤港澳大湾区经济型酒店品牌指数排名

排名	品牌名称	6 月	7 月	8 月	9 月	10 月	11 月	12 月
1	如家	533.30	591.25	633.20	528.93	472.01	649.39	520.32
2	城市便捷	590.85	550.61	589.18	512.36	517.15	586.40	359.99
3	汉庭	539.66	519.76	502.64	483.62	480.39	731.60	493.59
4	7 天	660.80	599.74	553.68	400.77	397.37	509.67	449.34
5	锦江之星	481.95	558.83	535.70	493.78	464.97	581.37	435.20
6	速 8	471.51	449.39	466.76	465.95	404.50	606.89	399.41
7	布丁	349.53	348.62	343.86	349.43	343.22	399.57	348.07
8	OYO	—	—	346.24	343.34	341.74	342.69	339.59
9	尚客优	330.02	337.12	356.38	335.18	327.62	320.59	306.51

排名	品牌名称	6 月	7 月	8 月	9 月	10 月	11 月	12 月
10	海友	—	—	309.96	304.40	307.30	305.33	302.80
11	怡莱	318.90	294.02	294.82	307.30	291.39	321.07	289.06
12	宜必思	265.94	353.16	353.51	282.26	270.70	321.80	272.40
13	莫泰	278.94	282.88	273.88	271.79	275.69	313.08	265.16

排名	品牌名称	1 月	2 月	3 月	4 月	5 月	年平均
1	如家	399.23	553.28	653.05	608.04	459.14	550.10
2	城市便捷	477.78	511.42	462.77	513.47	487.88	513.32
3	汉庭	427.60	414.76	528.17	537.99	453.30	509.42
4	7 天	424.72	421.18	537.49	569.65	537.11	505.13
5	锦江之星	484.79	463.87	503.45	562.93	457.30	502.01
6	速 8	394.13	374.19	405.54	485.44	406.97	444.22
7	布丁	330.18	333.46	335.00	334.57	333.87	345.78
8	OYO	335.91	335.27	340.74	335.99	335.68	339.72
9	尚客优	307.26	318.32	313.34	338.32	357.95	329.05
10	海友	312.92	311.39	304.58	305.45	307.72	307.17
11	怡莱	284.89	286.48	286.11	288.18	286.55	295.73
12	宜必思	266.04	273.20	266.60	272.41	268.04	288.84
13	莫泰	263.97	264.55	265.40	266.78	267.71	274.15

资料来源：根据迈点网数据整理。

（二）品牌评价

排名第 1 的如家酒店，是首旅如家酒店集团旗下经济型酒店。其媒体指数、点评指数一直位于榜单领先位置。该酒店品牌价格实惠，以现代简约设计、标准化的产品、友善可靠的服务设施，满足商旅客人的要求。

排名第 2 的城市便捷酒店，是城市便捷酒店集团下属精品快捷连锁酒店。其搜索指数、点评指数一直位于榜单前列，"简约、精致、时尚、绿色"的产品理念和"洁净、舒适、友好、便捷"的服务理念，为宾客营造了一个"睡好觉的地方"。

排名第 3 的汉庭酒店，是华住酒店集团旗下经济型连锁酒店。该酒店点评指数一直位于榜单的前列，是顾客关注度高的品牌。酒店位于商务区周围或交通便利的繁华地段，价格在 200~300 元，以干净、卫生、规范、舒服为特色。

排名第 4 的 7 天连锁酒店，是铂涛酒店集团旗下品牌之一。7 天连锁酒店点评指数位于榜单前列，顾客关注度高。酒店为注重价值的商旅客人提供干净、环保、舒适、安全的住宿服务，让顾客"天天睡好觉"，价格实惠。

排名第 5 的锦江之星酒店，是上海锦江国际酒店（集团）股份有限公司的子公司。该酒店点评指数一直领先，顾客关注度高。简约时尚、讲究品位，是简约舒适的经济型酒店产品。

排名第 6 的速 8 酒店，是温德姆酒店集团的连锁酒店品牌。该品牌点评指数排名前列，顾客关注度高。酒店融入地方特色和个性风格，让宾客体验不同城市的风土人情与地域文化。

排名第 7 的布丁酒店，是杭州住友酒店管理有限公司旗下品牌。为 18~35 岁的年轻白领、商务人士和个性化的人群提供时尚、环保、简洁、张扬个性的客房服务，创造快乐、自由、时尚的休息体验。

排名第 8 的 OYO 酒店，是印度经济连锁酒店品牌，主打经济型快捷酒店，以特许经营及租赁经营等方式与单体酒店展开合作。酒店使用统一的品牌标志和硬件标准，如免费 Wi-Fi、空调和品牌卫生洁具等。

排名第 9 的尚客优酒店，是香港尚客优酒店连锁管理集团旗下快捷酒店品牌，设计风格时尚、简约，立足二三线城市，市场定位为中小规模连锁酒店。

排名第 10 的海友酒店，是华住酒店集团旗下品牌，定位为平价酒店，致力于为有预算要求的客人提供更快乐超值的住宿体验。一声"hi"的问候，便捷的预订方式，干净整洁的房间，安全的住宿环境，精心设计的服务流程，为客人提供舒适和美好的体验。

排名第 11 的怡莱连锁酒店，是华住集团下属品牌，设计现代，风格清新，以"轻松住宿，自由自在"的理念，为商旅客人提供个性、自主、多彩的商旅生活体验。

　　排名第12的宜必思酒店，是法国雅高酒店集团旗下的经济型酒店品牌，在大湾区有10家（广州5、深圳1、东莞2、香港2）。地理位置优越便利，设计具有现代感，为宾客提供7天24小时全天候简餐服务。

　　排名第13的莫泰酒店，是首旅如家酒店集团旗下时尚简约的商旅型连锁酒店品牌。设计时尚、设施完备、舒适方便，订房渠道便捷，价格经济，充分满足消费者个性化的住宿需求。

案 例 篇
Cases

B.12
会展品牌标杆数字化建设样本分析

宋 炜*

摘　要： 通过对粤港澳大湾区品牌标杆展会广州进出口商品交易会的虚拟
现实技术、电子商务、数字化营销工具、移动应用等数字化发展
态势和数字化应用数据进行收集整理及分析，总结出会展行业在
顺应数字化发展的趋势下，以市场需求为导向，不断提升自身竞
争力，积极跟踪市场动态、灵活调整经营战略、推动数字化技术
发展，提升产品和服务质量，精准营销，优化运营和降低管理成
本，以促进粤港澳三地会展业加强合作与创新、注重人才培养和
团队建设等措施来应对会展行业的变化，为粤港澳大湾区会展的
竞合协调发展提供参考和借鉴。

关键词： 粤港澳大湾区　会展品牌　数字化展会

---

* 宋炜，广东轻工职业技术学院管理学院副教授，主要研究方向为市场营销、品牌策划与管理。

随着科技的不断发展，数字化已经成为会展行业的必要趋势。数字会展是指利用数字技术和互联网技术，将传统的线下会展活动转变为数字化、网络化的展示和交流方式。旨在通过线上平台或线下展厅等方式展示和推广展品，同时为参与者提供更加便捷、高效、创新的展览展示体验。会展数字化解决方案不仅可以提高会展的组织效率，还可以扩大会展的影响力和加深参与度。中国展览数据统计报告显示，2022 年全国举办线上展览共 196 场，其中，线上与线下展览同期举办的 156 场，独立举办的线上展览 40 场。2023 年在粤港澳大湾区，双线会展已经成为标杆性品牌会展的标配。

2022 年，由广东省人民政府指导、粤港澳大湾区三地政府部门共同主办的粤港澳大湾区会展高质量发展论坛指出，粤港澳大湾区会展产业要把握科技赋能、文化赋能、生态赋能的新理念、新业态，共享大湾区叠加优势。科技赋能的本质就是以互联网为基础，整合云计算、大数据、移动互联网技术、社交社群、会展产业链中的各个实体，构建一个数字信息集成化的展示空间，从而形成全方位立体化的新型展览和服务模式。这些数字化发展趋势将帮助品牌展会更加吸引观众，提高参展效果，同时为参展商提供更多的营销机会，足不出户，数字展会就能实现"买全球、卖全球"。具体表现为以下几个方面的技术应用。

其一，虚拟现实（VR）和增强现实（AR）：这些技术为参展商提供了与观众互动的新方式。VR 和 AR 可以提供一种身临其境的体验，让观众在参加展会之前或之后，都能深度体验参展商的产品或服务。

其二，人工智能（AI）和机器学习（ML）：这些技术可以帮助参展商更好地理解并预测观众的行为和需求。AI 和 ML 可以用于分析大量数据，以提供个性化的推荐和营销策略。

其三，电子商务：在线购物平台已经成为许多展会的标配，参展商可以直接在展会上销售产品或服务。

其四，数字化营销工具：利用社交媒体、电子邮件、短信等方式进行展前推广和展后跟进，可以更有效地与潜在客户保持联系。

其五，移动应用：通过移动应用，观众可以获取展会信息、参观指南，甚至预订产品或服务。

其六，数据分析：展会结束后，参展商可以通过数据分析来评估展会的成功程度，以及识别哪些策略有效、哪些需要改进。

其七，在线直播：通过在线直播，参展商可以实时展示其产品或服务，回答观众的问题，并与观众进行互动。

其八，数字化展位设计：数字化的展位设计可以提高展位的吸引力，同时也可以根据参展商的需要进行快速更改。

其九，自动化服务：从入场门票到展位导航，越来越多的展会开始引入自动化服务，以提升观众的参展体验。

其十，社交媒体影响力：参展商的社交媒体活动对展会的成功也越来越重要。通过在社交媒体上分享展会信息、照片、视频等，可以提升品牌的在线影响力。

粤港澳大湾区品牌会展广州境内出口商品交易会借助以上现代信息技术手段，打造线上展会平台，开展云推广、云对接、云洽谈、云签约等活动，推进展会业态创新，发挥了线上品牌展会和线上龙头展会企业的示范与带动作用。本报告通过对广州进出口商品交易会数字化应用现状的分析，促进建立粤港澳会展业合作交流机制，推动粤港澳大湾区会展业集聚、互补发展。

本文在撰写过程中综合采用了数据分析、比较分析和文献分析等多种研究方法，归纳提取有价值的数据信息并形成结论，以揭示包括各展览指标在内的数量关系、规律和发展趋势。

数据分析法：会展品牌标杆样板分析数据参考了中国贸易促进委员会的《中国展览经济发展报告2022》和中国会展经济研究会的《中国展览数据统计报告》，资料来源于样本单位的官方主页及国内公开媒体信息（网络及纸媒）。本文以粤港澳大湾区内广州进出口商品交易会的展览数据为基础，对展会各项指标进行统计，截止日期为2023年10月15日。

比较分析法：对粤港澳大湾区内举办的品牌展会的数字化发展情况，选取了标杆性的展会进行样本分析，并从数字化转型状况、线上及线下观众到访数量、参展商体验、观众反馈、办展效果等五个方面分别比较分析。归纳样本企业各指标的现状，反映标杆企业的发展动态。

文献分析法：通过知网和万方两大互联网文献库，以及中国会展经济研究会等权威专业机构，广泛收集国内品牌展览相关信息资料及研究报告，进行深入分析研究，从中总结品牌会展数字化发展的特点，预测会展业数字化发展的趋势，并结合粤港澳大湾区展览会工作实际，提出促进粤港澳大湾区会展业高质量发展的对策建议。

一 会展品牌标杆企业选择

会展品牌标杆展会是指具有一定规模，能代表和反映该行业的发展动态和发展趋势，在该行业有着较高的知名度和较大影响力的展会。对会展品牌标杆数字化建设进行样本分析，目的在于推进行业数字化发展，促进会展行业健康成长，提升对产品或服务的体验，传递品牌价值，树立品牌形象。因此，会展品牌标杆数字化建设的样本选择，是以具体的会展项目为评估对象，将数字化建设作为评估的一部分纳入样本分析，本报告选取了粤港澳大湾区范围内的中国进出口商品交易会在数字化展会建设当中的具体措施进行分析，以期对粤港澳大湾区的会展竞合协调发展提供参考和借鉴。

中国进出口商品交易会（以下简称广交会）由商务部和广东省人民政府联合主办，创办于1957年4月25日，每年春秋两季在广州举办，中国对外贸易中心承办，被誉为"中国第一展"，是中国目前历史最长、层次最高、规模最大、商品种类最全、到会采购商最多且分布国别地区最广、成交效果最好的综合性国际贸易盛会。自2007年4月第101届起，广交会由中国出口商品交易会更名为中国进出口商品交易会，由出口平台变为进出口双向交易平台。2008年广交会搬迁至琶洲国际会展中心，从第104届开始实行"一届三期"的改革，不论时移世易，广交会的旗帜始终高扬。从创办成长，到蓬勃发展，再到高质量发展，广交会现与全球210多个国家和地区建立了贸易关系，创办至今累计到会的境外采购商有880万人。展会规模居世界第一。2020年虽受到疫情的影响，但广交会并未就此中断，而是通过在线举办的方式继续办展，为全球客户采购商品、洽谈业务、创造商机带来了诸多便利。2023年春季的第133届广交会为史上最大规模的广交会，一是扩大展览规模，巩固中国第一展地位。全面恢复线下展，继续分三期举办，并首次启用四期展馆，展览面积由过去的118万平方米扩大到150万平方米。二是优化展览结构，展示产业发展最新水平。优化展区设置，增设新题材，凸显贸易升级、产业进步、科技创新成果。三是线上线下融合，加快数字化转型。企业可全部数字化完成从参展申请、展位安排、展品组织到现场筹展等参展环节。四是加强精准招商，开拓全球客源市场。开门广邀境外采购商，全面向境内采购商开放。五是拓展论坛活动，增加投资促进功能。

二　会展品牌标杆数字化建设样本分析

2023年秋季，广州举办第134届广交会，为了帮助了解展览会的数字化建设总体情况等，报告收集了广交会连续三年的展会数据进行分析，数据截至2023年10月15日，基于这些数据来判断数字展会带来的价值。由于广交会线上展会初期免费提供平台，不向展商收取费用，采购商与展商贸易均为线上展示、洽谈、成交，在广交会主页数据统计方面部分数据缺失，随着技术不断升级，第133届广交会的数据统计较以往更为齐全及准确。

表1　2020~2023年广交会数字化办展的情况

办展年度	办展届数	参展面积（万平方米）	参展商数量（案）	观众数量（万人次）	观众国家及地区（个）	线上办展届数
2023年春	133	线下150（双线融合）	34933(线下)39281(线上)	12.9(线下)39.1(线上)	229	7
2022年秋	132	云上广交会	35000(线上)	—	229	6
2022年春	131	云上广交会	26000(线上)	53.6(线上)	228	5

办展年度	办展届数	参展面积（万平方米）	参展商数量（案）	观众数量（万人次）	观众国家及地区（个）	线上办展届数
2021 年秋	130	线下 40（双线融合）	7795（线下）26000（线上）	37.8（线上）	229	4
2021 年春	129	云上广交会（10 天）	—	—	227	3
2020 年秋	128	云上广交会（10 天）	—	—	226	2
2020 年春	127	云上广交会（10 天）	26000（线上）	—	217	1

资料来源：根据广交会网站官方数据及新华网、人民网新闻报道整理。

（一）会展品牌标杆数字化发展概况

广交会线上展始于新冠疫情发生后，2020 年 6 月，第 127 届广交会首次在"云端"开幕。2023 年 4 月，广交会全面恢复线下举办，同时综合三年线上办展经验，继第 132 届后继续保持常态化线上展，对标知名的跨境电商平台运营模式，成为展会领域的又一标志性事件。第 127 届广交会是首次线上办展，展期是 10 天，通过网上举办的方式继续为供需双方采购商品、洽谈业务创造商机，带来了诸多便利。从传统的线下面对面"砍价"到线上"屏对屏"下单，首次线上广交会克服了网上举办经验不足及时间紧迫带来的不利因素，以"广交云上，互利天下"为主题，运用数字技术，在云端展示中外企业新产品。数十万全球采购商和数以百万计的中国外贸产业人员在 10 天内 24 小时不间断地进行网上洽谈，足不出户，参展商和采购商能够进行即时在线沟通。为提升企业和采购商参展体验与实效，第 128 届广交会官网平台从采购商注册、产品检索、在线洽谈等多方面进行了优化升级，使平台功能更强、服务更优、体验更好，确保供采双方"进得去、找得到、谈得起来"。官网设展商展品、供采对接、网上直播、跨境电商专区等栏目，提供全天候、无时差的服务。在全球范围内开展"云推介、云邀约、云签约",广邀国内外采购商与会,帮助外贸企业对接和开拓国内消费市场,为全球商界紧密合作、共享发展创造更多新机遇。连续七届广交会携手腾讯云,积极运用云计算、人工智能、音视频等技术,探索线上线下融合办展等新模式,成为国际性展会运用新技术扩展覆盖范围、优化参展体验、提升办展成效的典范。到第133届广交会,除开展商连线、预约洽谈功能还是10天外,其他功能,例如在线展示、即时沟通、贸易配对、大会服务等功能,延长为5个月之久,七届的不断改革创新,广交会线上平台持续优化功能,实现了广交会的"永不落幕"。

从表1数据看到,从首届线上广交会到第133届广交会,随着数字技术的不断升级及市场对线上广交会的不断接受,展商数量不断攀升,由第127届的26000家线上参展的展商,到第133届线上39281家参展,三年间线上参展商人数增加了51%。线上累计访客人数773万人次,境外访客占比超过八成。境内外参展企业通过图文、视频、3D等形式上传海量展品。开办网上直播间突破了时空限制,VR呈现企业全景,24小时直播营销,无缝对接来自全球的采购商。境外采购商通过系统发起预约洽谈、开展即时沟通、达成意向订单。线上贸易撮合愈发智能高效。

广交会开展数字化建设以来,实现了参展范围、功能、贸促活动、服务时间的新突破。

第一,参展范围新突破。广交会线上展广泛吸纳符合条件的企业参展,不设参展企业数量上限,吸纳更多符合现有参展资质的中外企业参展,进一步扩大了受惠企业面。参展商数量从126届线下参展商的25642家,增加到133届的34933家(线下)及39281家(线上)。

第二,平台功能新突破。以企业需求为导向,推出更多新功能,优化展客商使用体验,进一步提升展览成效。通过线上新品发布、广交会产品设计与贸易促进中心主题分享、采购商"云推介"、销售商"云"上走秀、贸易合同"云签约"、线上采购需求说明会召开、海关专场政策宣讲等系列配套活动,全面重塑整合服务。全国105个跨境电商综试区首次集中向全球亮相，建立线上线下相结合的投诉处理新模式。

第三，贸促活动新突破。加强招商引流，扩大供采对接，丰富配套活动，更好发挥多功能综合平台优势。主题论坛、新品首发首展首秀活动、广交会设计创新奖等活动，丰富了广交会的贸促底色。从遴选新产品、新技术、新品牌、新服务视频，到线上新品首发首战首秀活动，并制作专门的电子画册，展示创新成果，助力企业提升品牌形象。

第四，服务时间新突破。线上平台全天候为中外贸易交流提供便捷服务。除展商连线、预约洽谈功能还是在展期内提供外，其他功能例如在线展示、即时沟通、贸易配对、大会服务等，持续有 5 个月之久。

目前第 133 届广交会线上与线下展览题材保持一致，所有题材同步展示。广交会数字化建设主要在展商产品展示、数字化营销、数字化服务、数字化管理等领域进行。

（二）会展品牌标杆展览会的数字化展览展示建设

数字技术为展商和参会者提供了更加便捷、高效和可持续的展示与交流方式，同时也催生了一批新的行业模式，如虚拟展览、在线展示、视频演示等。这些新的行业模式为展商和参会者提供了更加全面、精准和个性化的服务体验，也带来了更多的商业机会和收益。

数字化展览展示互动包括各种线上与线下互动活动的组织和实施，例如虚拟展位、在线产品展示、实时直播等。通过数字化技术和互联网平台，提供 24 小时不间断的在线展览服务，吸引更广泛的观众群体，提供更便捷的参观体验，参与者可以在任何时间、任何地点通过互联网访问展品信息，同时可以与展商进行在线交流和互动以提高效率。打破时间和地域限制，可以大大提高参展效率和参观效率（见表 2）。此外，数字会展还可以利用大数据和人工智能等技术进行数据分析和市场预测，为展商和参与者提供更加精准的决策支持以提升参与者体验。

表 2　广交会数字化展览展示建设情况

展览数字化项目	功能描述
云展厅应用	参与者可以通过 PC 端或移动端轻松进入展览馆,实现在线浏览、互动和交流等多种功能。同时,展馆内展示的产品和服务信息也非常全面和丰富,涵盖了各个行业和领域,能够满足不同参与者的需求。在线上广交会云展厅管理平台官网的 VR 虚拟展馆板块,点击鼠标,就可以轻轻松松逛"线上广交会云展厅"。可以"俯瞰"整个线上广交会场馆,"进入"各个展区并"踏入"各家展台,"端详"每个 VR 展位上的一件件 3D 展品,云展厅给客户带来了沉浸式的"云"上体验
VR 技术应用	VR 展厅、3D 虚拟云展,为企业打造云数字发布会、开启在线订货会,从单纯地提供产品款式,到为客商提供数字化、场景化的定制解决方案,云展览提高研发效率和供应链生产转化率
直播平台应用	数千个直播间在线开播,让观众云上探厂房、进车间、测品质,物美价廉的商品引来不少采购商线上咨询
在线商洽	除了 VR 虚拟展馆,新品发布还设计了展商连线展示板块。在"网上洽谈专区",卖家可通过在线视频直接与国际买家在网上进行面对面洽谈
社交媒体互动体验	借助脸书、领英、推特等社交媒体平台,发布企业参展的消息,包括发布产品相关信息、展位信息、企业的资质等,包括历届参加广交会的照片,证明企业实力;发布企业之前的参展信息,可提高客户对公司的信任感。企业通过脸书进行互动、问卷调查等;通过推特及时将展会的动态进行更新;用优酷对展会的视频信息进行更新等

资料来源:根据广交会网站数据整理。

　　线上广交会是全球贸易界的创新,但线上展会在发展历程中也显露出很多问题。通过媒体对展商及观众的访谈,在第 127 届广交会举办初期,无论是系统运维还是在线沟通,或者是后台的展示服务,仍存在完善的空间。主要集中在以下几个方面。

　　第一,"线上广交会"对企业和营销人员都是一种新的挑战,需要不断地调整推广的形式、方案,以适应数字化贸易的需求。初期展商准备不充分,参展效果未达预期。参展企业对线上营销尚不熟悉,对直播的新形式更为陌生。大多数企业直播间都需要从零搭建,是一个完全陌生的领域。

　　第二,企业内部员工之前基本没有涉足直播领域,通过直播对产品介绍得不清楚，无法吸引用户来购买，使得直播活动不够顺畅。

第三，国外客户对线上直播模式的接受程度不高，采购商对直播方式的接受程度也会影响到线上的洽谈成功率。

第四，展商产品设置和网站建设欠成熟，使得部分客户进入直播间的等待时间过长，体验不好，造成直播厅观众流量不够。同时广交会作为综合展，展品种类过多，展商想要找到合适的产品，网页浏览量太大。

第五，直播内容设计不足，吸引用户的内容、刺激用户去下单的内容不够，一定程度上影响成交量。

随着实践当中的不断摸索和技术的不断升级，展商对直播技术的逐渐掌握，从第 128 届第二次线上广交会开始，直播界面变得更加便捷、友好，客户对"云广交"的认知度和响应积极性有所提高。

（三）会展品牌标杆展览会的数字化营销

营销是会展活动的关键因素之一，而营销的关键是内容与渠道。基于不同用户匹配不同内容，基于不同内容匹配合适渠道，才能赢得更多展商和观众，提升展会品质。数字化营销的指标主要包括数字广告的投放效果、社交媒体营销的成效、内容营销的传播效果以及品牌数字化的进程。数字广告的投放效果通常包括广告点击率、转化率、投资回报率等指标，用以评估广告效果和优化广告策略。社交媒体营销的成效则通过粉丝数量、互动率、转发率等指标来衡量，用以评估社交媒体营销的效果和优化策略。内容营销的传播效果通常通过阅读量、点赞量、转发量等指标来评估，同时通过不断优化内容质量，提高受众的黏性和参与度。品牌数字化进程是指企业推动用户形成线上消费习惯及形成线上购物的心智，通过互联网和数字化技术进行品牌营销，提升品牌在潜在受众心目中的形象和知名度。通过数字化展现企业的产品和服务、分享企业的文化和理念、吸引潜在用户的关注，从而达到品牌营销的效果。

线上广交会使用 Click-to-Messenger 广告、AI 人工智能聊天机器人等脸书平台的营销工具，有效链接全球采购商群体，凭借脸书主页的创意、活动和内容运营，精准投放品牌广告。主要措施如下。

第一，借助脸书最新的 AI 人工智能黑科技，为注册页引流。广交会成为中国首例利用 AI 技术提升客服质量、提高注册数的展会。通过 AI 设定关键字，引导用户完成注册；并通过脸书 Messenger 推送信息给已建立联系的用户，提醒用户注册与会，有效地通过海外社交媒体为采购商注册页引流，提升粉丝到会转化率。

第二，助力品牌广告精准投放，覆盖共建"一带一路"国家。作为中国历史最久、层次最高、规模最大、成交效果最好的综合性国际贸易盛会，广交会一直致力于推动与共建"一带一路"国家的贸易合作。

第三，线上线下活动创意，提升社交媒体内容运营质量。为了更好地迎合越来越年轻化的采购商群体，广交会运营脸书主页的过程中，不断提升社交媒体内容运营质量，在海外社交媒体中维护、推广和管理广交会品牌，促进粉丝数量增长，提升粉丝互动率。

线上广交会利用新媒体技术提升会展的综合竞争能力，通过建立网络管理平台，实现在展览会市场推广、销售管理、产品展示、客户服务、数据采集和管理等领域网上信息化的应用，具体措施如表3所示。

表3　会展品牌标杆展览会数字营销工作

营销项目	具体措施
搜索引擎优化	广交会线上平台进一步优化了展品搜索引擎的能力和词库，整体提升"贸易助手"的服务效率
搜索引擎营销（SEM）	发布企业及商品信息，在商务部中国商品交易网上展示企业文化、商品形象，为对华贸易采购商提供随时随地的查询参考
图文形式、短视频形式	参展企业通过"易捷通"有奖邀请采购商活动、视频远程招商活动扩大招商渠道，利用资源库进行供求网络配对，利用现场多媒体电子刊物、邮件直邮、短信推广等手段加大推广力度，实现强势宣传组合
数据分析和监测	有专门的展会网站，并能开通网上展会，建立了完善的包含参展商和目标观众信息的数据库，通过分析和监测用户行为数据，了解用户需求和兴趣，以优化营销策略和提高效率

营销项目	具体措施
宣传推广	整合广交会多个独有优势渠道,在广交会网站、广交会展商展品查询系统、广交会宣传光盘中进行多方位推介。在遍布广交会现场数十个信息咨询点收集到会买家第一手采购信息,利用过百台电脑终端辅助宣传推广会员企业,并设立专门的会员服务中心,提供贸易撮合推荐服务
社交媒体营销	通过脸书、领英、推特等九大社交媒体平台,向全球粉丝传递最新特点、亮点和核心价值
数据营销	基于大数据,开设了 AI 外呼中心、邮件营销、短信营销,基于 MAC 地址数据的精准营销

资料来源:根据各会展网站官方数据及官方媒体报道整理。

网上广交会日均访问量达 60 万人次,在广交会期间日均访问量更高达 700 万人次。据统计,超过 75% 的到会客商通过广交会网站获知展会资讯,并提前查询关注的企业及产品信息。到 2023 年 5 月为止,网上广交会已成功吸引了来自 229 个国家和地区的 11 万家国际买家会员和 4 万多家中国供应商会员。

通过观众满意度调查,线上展会提供的精准营销服务,特别是电商式的搜索引擎,在观众体验方面还有待改进。虽然搜索引擎能够根据关键词很直接快速地筛选出买家的目标产品,但是买家未进行筛选的产品,将不会出现在搜索结果。特别是广交会是国内最大的综合产品交易会,产品类别和细分领域复杂繁多,买家真正能够直接搜索到并能够访问展商对应产品的不多,效果大打折扣。

同时,观众线上浏览体验受到海量信息的冲击,感受较为疲惫。例如第 127 届网上广交会共设 16 大类产品 50 个展区,近 26000 名中国展商参展,观众对一个展区感兴趣的话,平均要访问 500 多家企业,访问量偏大及访问效果欠佳。

产品分类越是复杂、越是多样的展会,受到的影响也就越大。而高度垂直定位高聚焦的行业细分专场展会,如香港春季电子展等专业展会,聚焦电子行业,其买卖对接环节的服务体验要相对优于综合性的展会。

（四）会展品牌标杆展览会数字化服务

数字化服务的指标主要包括数字化人才服务、数字化营销策划服务等。数字化人才服务通过提供专业的人才培训、管理服务和招聘，帮助企业快速获取和培养数字化人才。数字化营销策划服务则通过大数据分析和精准定位，为企业提供个性化的营销策略和方案，提高营销效果和品牌价值（见表4）。

表4　会展品牌标杆展览会的数字化服务工作

服务项目	服务内容
线上线下，共享资源	广交会平台视野宽、规模大、品类全、信誉佳，线上线下融合举办，采购商来自200多个国家和地区，全球合作伙伴超185家，线上参展的企业亦有机会接触到线下观展的采购商，与线下展享有同样的采购商资源
高质活动，把握商机	广交会定期举办珠江国际贸易论坛、主题配套论坛、双循环&国际贸促活动，持续举办贸易之桥、"好宝、好妮"探广交、新品首发首展首秀等专业活动，帮助企业了解行业动向，开拓国际视野，促成贸易成交。同时，线上展每月聚焦一个题材，举办行业主题活动，为企业创造更多贸易对接商机
培训指引，促企转型	广交会为参展企业提供在线视频培训、短视频及图文指南等多形式的专业培训指引，帮助企业用好广交会平台，提升线上营销技巧。展会全过程提供多样化的数字服务工具与产品，有助于提高企业人员的数字化营销能力，加快企业数字化营销转型步伐
定制套餐，依需选择	展会为参展商设定ABC线上推广套餐，企业根据需要选择即时沟通、预约洽谈、名片交换、商机线索管理、响应采购商定向采购需求、智能匹配采购商非定向采购需求等不同服务

资料来源：广交会网站。

网上广交会与广交会产品资料库数据同源，具有无可比拟的资源优势、宣传优势以及渠道整合优势，展会借助活跃的采购商数据库、真实的买家采购信息、高质量的贸易撮合推荐服务、丰富的商贸资讯，提供更多贸易机会。展会提供的数字化营销组合策略具体包括如下方式。

第一，发布企业及商品信息，在商务部中国商品交易网上展示企业文化、商品形象，为对华贸易采购商提供随时随地的查询参考。

第二，企业和商品信息进入中国供应商光盘，由商务部206个驻外经商参处及世界各著名展会向海外买家强力推荐。

第三，为企业提供涉及 30 个行业的专业采购信息和超过 42 万家海外买家信息（每日更新）。

第四，通过中国商品交易市场平台，结合多种信息渠道为金牌会员寻找合适的贸易伙伴。

随着第 133 届第七次线上广交会的圆满闭幕，参展商和观众对线上广交会的功能及服务越来越熟悉，客户对线上广交会的认知度和响应积极性也更高。从广交会的交易数据来看，每一届都有增长。

（五）会展品牌标杆展览会的数字化管理

数字化管理的指标主要包括参观者数据采集、展览现场数字化互动和数字展览馆的发展情况。参观者数据采集包括对参展商数量、观众数量、观众停留时间、观众互动情况等数据的收集和分析，用以评估展览的效果和影响力。

线上广交会实行采购商注册制度，专业观众需填入个人信息、企业信息，平台运用人脸识别功能，确保人证合一，未经注册的采购商无法进入展厅进行连线展示，线上统计参观者的数据一目了然。第 133 届广交会实行线上线下融合办展，广交会开通"贸易助手"，综合设置展区查询、需求发布、供采管理、名片交换、订单管理等线上平台功能。在"贸易助手"的帮助下，采购商可以进行线下注册报名、发布采购意向、搜索展品和展区图、查询贸易服务等，还可以对意向订单进行在线管理。

广交会的展会互动系统部分在第 133 届进行了技术迭代。虽然仍然采用的是电商式的搜索引擎，但经过不同字段的筛选后，可以迅速地找到对应的买家，进入买家的主页。从可进行筛选的字段来看，广交会做得十分用心。除了传统的根据产品筛选外，还增加了企业类型、交易形式等。这能够方便买家快速准确地找到可信赖的产品；而筛选结果，除了传统的首字母排序方式外，还增加了点击量排序和相关性排序，特别是相关性排序，系统会根据买家注册时填写的详细产品需求类别，自动匹配相关性比较高的产品。进入每一家展商的具体界面，全都整齐、规范，而又不失展商独自的个性。作为买家，进入页面后，也是可以很清晰直观地找到其感兴趣的内容。

三 粤港澳大湾区会展品牌标杆数字化
建设样本分析的启示

（一）可借鉴经验与举措

通过对粤港澳大湾区会展品牌标杆广州进出口商品交易会数字化建设样本的数据采集与分析，除去展会面积和观众数量、展会连续举办的届数等在区域和行业领先等展览会产品要素之外，显然，广交会以市场需求为导向，借助展览数字化不断提升自身竞争力和影响力，通过积极跟踪市场动态、灵活调整经营战略、推动完善数字化技术来提升产品和服务质量。同时，利用数字化精准营销，不断优化运营和提升管理成效，广交会数字化发展的成长路径提供给会展业如下值得借鉴的经验和举措。

第一，精准进行数据分析与利用。广交会数据分析及利用聚焦在展前的筛选阶段与展中阶段。通过收集参加展会活动的参与者信息、到访人数、展区人流量监测、观众体验等数据，进行分析和可视化呈现，协助参展企业精准筛选和匹配参展商与采购商，实现对展会的参与者的定向邀请，提升展会活动内容的主题价值和引流能力。

第二，大力推进展览管理信息化进程。通过云端平台、移动端应用等方式，简化参展及参观的手续及程序，从而方便参展商、组织者和采购商之间的沟通和协作。

第三，不断加强挖掘数据整理能力。广交会不断进行用户数据挖掘，在强化自身管理之外还不断推出新的数字化服务。通过大数据分析、机器学习等技术，对参会者和参展商等数据进行挖掘和分析，为展会管理者及客户提供数据支持和决策依据。例如，通过数据分析技术，预测市场需求和参展商需求，优化展览策略。

第四，持续增强互联网互动效果。通过互联网、社交媒体等平台，提供在线交流、社交分享、线上展览等服务，增加参会者和参展商之间的互动与联系。

第五，充分利用人工智能进行服务细化。利用人工智能技术，对参会者和参展商等数据进行智能化分析和处理，提供个性化服务和定制化方案。

同时，广交会的数字化进程也加快了参展企业进行数字化转型的步伐，为了能够适应广交会线上展会的数字化要求，参展商积极完善自身的数字化展厅的搭建和数字化人员的培训与招聘，并将广交会参展经验复制到其他展会上，推动其他展会的数字化发展。

（二）进一步发展建议

粤港澳大湾区会展行业数字化转型步伐在国内处于第一梯队，但通过对广交会样本数字化发展的分析，对会展的数字化发展提出如下建议。

1. 观念尚需更新

第 127 届广交会之前，传统展会居于主导地位，各界对网上展会的重视程度不足，由此导致资源配给、人员配备不到位，时至今日，仍有较大数量的展会因为观念的陈旧、技术及资金的壁垒，数字化进程较慢。因此，粤港澳大湾区会展行业要加大宣传力度，促进上下游产业链上企业的观念转变，厂商也要积极准备，调配更多资源服务网上展会。将广交会的数字化服务扩展到更广泛的领域，如电子商务、国际贸易等。

2. 技术保障必须有力

网上展示和交易的核心保障是信息技术，优质高效的信息传送系统是保证客户对产品"如亲眼所见"的关键，而顺利实现网上洽商和交易也需要畅通的网络和良好界面的支持。粤港澳大湾区会展企业加快数字化的进程中也必须注重信息安全。

3. 业务模式还需努力完善

线上展览的业务模式虽然日趋成熟，主办方和参展企业仍在摸索推进阶段，需要相关各方通力合作，积极探索有利于开展数字化会展的具体方案与策略，打造更精细化的细分市场。

数字技术正在成为推动全球服务贸易增长的新动能，"湾区会展、共赢共享、出新出彩"，三地共同把握粤港澳大湾区建设带来的会展合作新机遇，在数字化的大趋势下，创新交流，推动大湾区的经济发展。

参考文献

陈洁莹：《会展信息化策略研究——以中国—东盟博览会为例》，《中国管理信息化》2021 年第 9 期。

李知矫：《成都市开建首个双线智慧会展平台》，《中国会展》2020 年第 7 期。

王楠：《面向会展业的信息化智能服务平台的研究与应用》，《大众文艺》2012 年第 23 期。

金蓓、罗铭：《城市会展业信息化服务模式的探讨》，《北京城市学院学报》2009 年第 6 期。

余祖江：《信息化提升"广交会"国际影响力》，《通信信息报》2006 年 10 月 25 日。

B.13
旅行社企业品牌标杆建设样本分析研究

——以香港中旅（集团）有限公司为例

伍建海　曾庆藩*

摘　要： 国内旅行社业发展至今已有近百年历史，经历了从计划经济时代到市场经济时代的国内旅游业大发展期，国内旅行社数量已从最初的国、中、青等数十家旅行社增长到 2022 年的 45000 多家。本文选取国内旅行社业标杆香港中旅（集团）有限公司，对该企业近百年的发展历程进行分析，港中旅从一家从事单一组团业务的旅行社企业发展成拥有景区和酒店经营等上下游全产业链的集团公司，通过总结该标杆企业的成功之处及变革创新发展经验，对粤港澳大湾区甚至国内旅行社业提出未来的创新发展方向及策略建议。

关键词： 旅行社标杆　香港中旅　多元化经营　创新发展

　　旅行社业是伴随经济发展和社会稳定而出现的，在最早进行工业革命的英国出现了世界第一家旅行社，第二次世界大战之后，旅行社业迎来了业务高速发展期。国内的旅行社业起步于新中国成立之后，国旅、中旅、青旅等一大批旅行社在 20 世纪八九十年代，为国家经济发展、创收外汇起到了很大的作用。中国经济的发展路径也决定了国内旅游市场发展是先入境旅游市

---

* 伍建海，广东轻工职业技术学院副教授，主要研究方向为旅游管理；曾庆藩，国家注册规划师，浙江远见旅游设计有限公司副总裁，主要研究方向为旅游景区规划。

场，到国内旅游市场，最后是出境旅游市场。

2017 年 7 月 1 日，由珠三角九市和港澳两个特区组成的粤港澳大湾区成立。湾区人口体量大、经济实力强、居民收入水平高、基础设施完善、旅游资源丰富多样、地理位置好，这些叠加要素让大湾区的旅游业发展兼备天时、地利、人和。作为旅游业发展重要支柱之一的旅行社业，在大湾区得到了长足发展，并成长了一批实力强、影响力大的旅行社企业。根据 2022 年统计数据，广东省旅行社总数为 3754 家，香港旅行社有 1700 多家，澳门旅行社有 176 家，其中以广州广之旅、深圳国旅新景界、香港中旅、澳门国旅等为行业代表。而作为大湾区甚至全国范围内旅行社品牌标杆的香港中旅（集团）有限公司（以下简称港中旅），不论其发展历程、企业规模还是经营模式都独树一帜，是行业翘楚。

一 香港中旅（集团）有限公司成为 行业标杆的因素分析

（一）是国内目前经营历程"最长"的旅行社企业，发展路径完整

港中旅发展历程近百年，其前身是由被誉为"中国最优秀的银行家""中国的摩根"的陈光甫先生于 1928 年 4 月 1 日在香港设立的中国旅行社香港分社，旨在发扬国光、服务行旅、承载货运等功能。港中旅于 1952 年移交中央人民政府，先后隶属中华人民共和国华侨事务委员会、国务院侨务办公室管理，主要经营旅游及相关货运和仓储业务。改革开放以后，港中旅逐步发展成长为以旅游业为主、多元化经营的企业集团，并于 1985 年 10 月注册成立香港中旅（集团）有限公司，1992 年 11 月香港中旅国际投资有限公司（股票代码：308）在香港联交所挂牌上市。

1999 年，按照"政企分开"的精神，港中旅归由中央直接管理，由国务院国资委监管。经国务院批准，港中旅先后于 2005 年 12 月正式接收了招商旅游总公司，2007 年 6 月合并重组了中国中旅（集团）公司，并设立了

中国港中旅集团公司作为港中旅在内地的母公司，与香港中旅（集团）有限公司实行"一套机构，两块牌子"的管理体制。2016 年，港中旅集团和中国国旅集团重组合并，组建了中国旅游集团公司。

（二）是国内目前经营业务"最广"的旅行社企业，多元化经营模式成熟

港中旅是以旅游为主业的多元化经营企业集团，旗下拥有香港中国旅行社有限公司、深圳世界之窗有限公司、深圳锦绣中华发展有限公司、香港中旅维景国际酒店管理有限公司、深圳芒果网有限公司、港中旅（珠海）海洋温泉有限公司、深圳聚豪会高尔夫球会有限公司、香港中旅汽车服务有限公司、北京天创国际演艺制作交流有限公司等一批在业界影响广泛、声誉良好的著名企业。公司的主营业务包括以下几方面。

1. 旅游景区业务

旅游景区是港中旅收入、利润占比最高的核心业务，公司优质景区资源储备十分丰富。根据 2022 年统计数据，港中旅在全国范围拥有和运营合计45 家景区、度假区，分别为 13 家控股景区、10 家参股景区和 22 家输出管理景区（含 13 家 5A 级景区和 20 家 4A 级景区）。集团旗下景区业务可分为四类：主题公园、自然人文景区、休闲度假景区、旅游景区配套服务。

（1）主题公园。1989 年 11 月 22 日，中国第一个主题公园——锦绣中华微缩景区在深圳开业，开业第一年，便以接待游客超过 300 万人次、9 个月收回全部投资的奇迹，轰动了中国旅游界，并由此引发了主题公园的建设热潮。1991 年 10 月，深圳中国民俗文化村建成开放。1994 年 6 月 18 日，深圳世界之窗开园。深圳三大主题公园均由港中旅与华侨城集团共同投资建设，港中旅对三个主题公园的持股比例均为 51%，每年稳定利润超 1 亿港元。

（2）自然人文景区。根据 2022 年统计数据，港中旅自然人文景区业务包含 8 个控股景区项目和 6 个非控股景区项目。其中著名的有沙坡头景区（5A）、秀峰景区（4A）、花山景区（4A）、德天景区（5A）、泸州老窖景区

（4A），以及黄山（5A）玉屏和太平索道、长沙世界之窗景区（4A）、净月潭景区（5A）、慈城古县城（4A）。除此之外，港中旅持股51%的深圳锦绣中华发展有限公司委托管理的湖南省常德市桃花源旅游景区和新疆喀什地区帕米尔旅游景区在2020年被评为国家5A级旅游景区。

（3）休闲度假景区。港中旅在营的休闲度假景区包含珠海海泉湾、咸阳海泉湾、恒大海泉湾、安吉度假和乐小镇等。

（4）旅游景区配套服务。由天创国际演艺制作交流有限公司、中旅城市运营服务有限公司、港中旅聚豪（深圳）高尔夫球会有限公司、中旅智业文化发展（深圳）有限公司和中旅风景（北京）旅游管理有限公司组成。业务涵盖景区演艺、物业管理、高尔夫球会和景区规划、开发营销。

2. 旅行社、旅游证件及相关业务

港中旅是香港规模最大的旅行社，也是香港地区唯一办理"港澳居民来往内地通行证"和"台湾居民来往大陆通行证"的单位，高峰期在香港、澳门设有43家分社，并在北美洲、欧洲、亚洲和大洋洲等12个国家和地区设有22家海外分社；在内地拥有43家全资、控股旅行社，建立了以北京为中心、辐射内地主要省份的旅游网络，形成了以香港为基地，香港、内地、海外"三位一体"的旅游网络。

随着新型的旅游消费模式崛起，以及在线旅游行业的迅速扩张，传统旅行社行业多方面业务遭受冲击，盈利空间大幅缩小，而且港中旅的核心业务板块是旅游目的地和旅游地产，旅行社业务的协同辅助效应较弱。在此大背景下，港中旅于2021年5月31日完成出售旅行社业务并录得非经常性收益2.16亿港元，2022年，港中旅已没有旅行社业务收入。

2022年，港中旅的旅游证件及相关业务收入为1.17亿港元，较上年的旅行社、旅游证件及相关业务收入增长14%，亏损40万港元，2021年亏损1.07亿港元。

3. 酒店经营业务

中旅酒店于1985年4月10日在香港注册成立，第一家酒店也在香港建设开业，品牌以"维景"命名，寓意"维多利亚港湾的风景"，后延伸为公司的服务宗旨即"维系真情、景致倾心"的含义。2015 年 8 月，中旅酒店全资收购英国第二大酒店管理公司 Kew Green Hotels 发行的全部股份，成功进军英国市场。2016 年 9 月，以收购英国 KGH 为灵感，中旅酒店推出了全新的英伦风轻奢品牌"睿景"，同年 11 月，全球首家睿景酒店于香港启幕。2017 年 11 月与洲际酒店集团签署战略合作协议，双方决定共同开展特许经营高端品牌"皇冠假日酒店及度假村 Crowne Plaza Hotels & Resorts"和中端品牌"假日酒店 Holiday Inn""假日度假酒店 Holiday Inn Resort"，开创了在中国内地首次由中资酒店集团特许经营并管理国际酒店集团高端及中端品牌的先例。

如今中旅酒店拥有"维景国际"、"维景"、"睿景"和"旅居"4 个品牌，覆盖中高端、中端、商旅快捷型三类产品线业务，为宾客提供了更为丰富的入住选择，满足了不同圈层品质出行的个性化需求。

（1）"维景"系列：选址中心城市核心商圈及优质度假目的地，包括五星级的"维景国际"和四星级的"维景"2 个品牌，以气派非凡的设计和个性专业的服务，镶嵌科技、跨界、时尚等先锋元素，营造城市花园的安谧享受和尊贵体验。

（2）"睿景"系列：选址特色城市热点商圈，倾力打造"轻奢英伦格调"风范，精心营造纯正浓烈的英国文化氛围，为宾客提供历久弥新的英国传统艺术享受和时尚前卫的潮流体验。

（3）"旅居"系列：选址商旅出行热点城市的交通便利之地，寓意"旅行中的美好居所"，将繁忙的差旅与轻松的生活相结合，为宾客提供健康、便捷、安全的商旅体验。

历经 38 年的深耕细作，中旅酒店在品牌、运营、人才、营销、信息化建设等方面积累了丰厚的管理经验，已经发展成为业内优秀企业。目前公司拥有独资、合资、委托管理、特许经营、租赁经营以及第三方管理的酒店约200 家，客房近 50000 间，主要位于中国、英国和泰国。其中，中国覆盖北京、南京、杭州、重庆、三亚、沈阳、深圳、苏州等内地 40 余座城市和香港、澳门，英国包括伦敦、里兹、伯明翰、林肯、朴次茅斯、布莱顿等 30

多个城市，泰国包括曼谷等热点城市。

4. 旅游地产业务

港中旅集团是与华润、招商、南光同为"以房地产开发为主业"的四大驻港中资企业之一，也是目前16家可开发房地产的央企之一。港中旅的房地产业务源于20世纪80年代，借助内地改革开放的有利形势和香港经济蓬勃发展的机遇，努力拓展业务领域，在40年间，从投资深圳华侨城片区开端，建设"锦绣中华"、"中华民俗文化村"和"世界之窗"三大旅游景区，开创了国内旅游业最早的文化主题微缩景观公园业态模式，成为中国旅游休闲度假地产领军企业。至今形成了旅游地产、城市地产、商业地产三条产品线，并在三条赛道上贡献了诸多精品项目。

深圳港中旅大厦、芒果网大厦等高档商务写字楼，均以前沿的设计和过硬的质量，成为城市核心地标，都获得了优质工程奖项；宁波锦绣里、苏州If Mall等大型商业体，则以餐饮娱乐、休闲购物、文创艺术、沉浸体验、文艺表演等多元业态融合的模式，成为招商率长期稳定在97%以上的商业翘楚。杭州中旅·和乐小镇、珠海港中旅·海泉湾、青岛港中旅·海泉湾、成都港中旅·海泉湾、鞍山汤泉公馆等旅游休闲度假项目，更是城市居民喜闻乐见的休闲度假好去处。

在住宅产品线上，港中旅以多年实践凝练的6H匠造标准，打造了多个以人为本、前沿设计并提供旅游标准物业服务的宜居社区，已形成"海泉湾系"、"名门系"和"公馆系"三大产品系列。打造了包括北京中旅·亦府、燕郊港中旅·海泉湾、杭州中旅·紫金名门、成都中旅·名门府等一系列品质住宅社区。

对港中旅而言，2020年最大业务黑马非旅游房地产销售板块莫属。2020年，港中旅房地产销售收入为4.38亿港元，同比增长655.17%，成为港中旅（含咨询服务业务在内，不含投资业务租金收入）业务板块中收入唯一正增长的业务。

5. 客运业务

2020年港中旅与信德集团订立合作协议，增持信德中旅股权至50%并合并报表，同时双方将持有的中旅旅运（全资持有香港中汽）和 Jointmight（持有 55% 澳门信德国旅股权）并入信德中旅。整合后的信德中旅是大湾区最大的旅游交通投资和运营平台之一，在粤港澳的跨境客船市场占有率中位居前三，增强了公司旅游产业链的战略布局及协同发展能力，为在粤港澳客运市场赢得更大机遇提前布局。

（三）是大湾区目前"三最"旅行社企业，港股上市资本型运营发展

港中旅的"三最"，指规模最大、实力最强、总营业收入最高。港中旅（股票代码：00308. HK）2022 年度财报显示，集团总营业收入为 30.32 亿港元，由景区业务、酒店业务、旅行社及旅行证件业务、其他业务营收构成。而作为华南地区经营规模最大的旅行社企业广州广之旅国际旅行社有限公司同期的总营业收入为 3.36 亿元人民币，两者收入差近 10 倍。从收入构成看，广之旅旅行社业务收入高过港中旅，港中旅收入主要部分为旅游景区业务。港中旅始于旅行社业务，壮于旅行社业务，转于旅游景区和酒店业务。

二　香港中旅（集团）有限公司的发展路径分析

香港中旅（集团）有限公司是一家从单一业务到多元化业务、单体型企业到集团化企业、自筹市场到资本市场的国内规模最大型旅行社企业，历经近百年发展，经历了"萌芽—初创—发展—成熟—转型—优化—融合"的完整发展路径。通过对该企业经营的全面分析，可以帮助国内旅行社企业在新市场、新业态、新变革的背景下，实现良好的借鉴、启发、指引和避短目标。

（一）正能量输出，抓住主业风口，迅速发展壮大

港中旅初创于 1928 年 4 月，因当时国际、国内社会环境、基础设施、经济发展等要素还不具备开展旅游观光的条件，港中旅早期的业务以客运为主。在抗日战争爆发后，旅游业务基本陷入停顿，而国内有关物质运输、人

员转运的需求很大。在这特殊的时代里，港中旅肩负起一个民族企业应尽的义务，利用自身优势和特长，在国宝南运、急需物质运输、精英营救等方面，发挥了巨大作用。新中国成立后，港中旅配合祖国的外交政策和外贸政策，贯彻统一战线方针，继续为华侨、华人、港澳台同胞服务，同时自力更生，开拓业务，使企业不断发展壮大。

20 世纪 50 年代，香港开始工业化转型进程，到 70 年代已经完成了工业化社会的建设，香港经济实现起飞，出口贸易、制造业、旅游业和建筑业成为当时香港经济发展的四大支柱，香港也跃升成为国际金融中心之一。经济的发展、国际社会的稳定让香港这颗"东方明珠"在入境、出境、国内旅游市场中大放异彩，并且这种高需求持续了近 50 年。

这段时期，是旅行社组团接待业务发展的黄金时期，市场需求量大、行业竞争小、经营利润高，企业占据天时、地利、人和，积累了第一桶金。

（二）旅游业高位运行期间实现旅游产业链拓展经营，多元化经营踩点精准

20 世纪 70 年代开始，旅行社组团接待业务蓬勃发展，并且年均以几何级数量递增。旅游业是全产业链，涉及食、住、行、游、购、娱六大要素，同时，住宿、交通、旅行社成为旅游市场发展的三大支柱。1985 年，港中旅酒店有限公司成立，企业正式涉足酒店经营业，高端酒店品牌"维景"一经推出便深受市场欢迎。伴随旅游业、商业的高速发展，港中旅旗下酒店品牌扩张迅速，已形成"维景国际""维景""睿景""旅居"四个品牌，成为集团利润的主要来源之一。2018~2022 年度，酒店业务板块营业额占比集团总营收分别为 18.17%、15.82%、16.56%、12.04%、15.48%，近五年内平均占比值为 15.61%，排位集团板块业务总营收第二。

从 1989 年开始，港中旅选地深圳开始进军旅游景区业务，作为大股东陆续联合投资了锦绣中华、民俗文化村和世界之窗三大主题公园。初涉景区业务便获得了巨大成功和收益，时至今日，深圳华侨城景区三大主题公园仍可以每年给港中旅贡献 1 亿元左右的人民币收益。2018~2022 年度，旅游景

区及相关业务板块营业额占比集团总营收分别为 43.36%、44.07%、65.36%、82.37%、78.11%，近五年内平均占比值为 62.65%，排位集团板块业务总营收第一。

（三）同业并购，实现强强联合、做大做强核心主业

进入到 21 世纪，港中旅不断拓展在内地、港澳、海外三地的旅行社网络覆盖和市场布局，扩大集团旅游主业的业务规模与市场占有率。同时通过旅行社的服务支撑和有效联结，打造坚固的服务链条，并通过旅行社的优质服务，提升港中旅在海内外的品牌美誉度和市场知名度。

2005 年，港中旅接收了招商旅游总公司，加上港中旅国际完成了相关旅行社的收购整合，集团内地旅行社业务在较短时间里跨进全国三强。与此同时，港中旅面对复杂的市场形势，以市场为导向，大力开拓产品，改进线路设计，营业额和利润高速增长。

2007 年，中国中旅集团公司正式并入港中旅集团。中国中旅和港中旅重组是中央和国务院关于深化国有企业改革、优化中央企业结构布局、提高国有资产配置效率、充分发挥中央大型企业集团在行业中的带动作用和影响力的必然要求，是打造具有国际竞争力的中国旅游业的"航空母舰"的重大战略举措。

合并重组之后的港中旅集团，现有业务规模、综合能力和网点布局得到了进一步加强，集团在发展道路上不断前行，努力做强做优做大。自中国旅游集团 20 强榜单于 2009 年设立以来，港中旅集团一直榜上有名，成为旅游行业中的龙头企业。

2016 年中国港中旅集团与中国国旅集团实施重组，中国国旅集团整体并入中国港中旅集团，成为中国港中旅集团全资附属公司，不再作为国资委监管企业。

（四）审时度势，及时剥离跨度大营利弱业务，成功实现集团瘦身

经历过旅游业高速发展期的港中旅集团，在短时间内迅速发展壮大，企

业较强的营利能力已不满足于仅在旅游行业发展，经营行为开始出现乱铺摊子现象，经营业务横跨钢铁、水电、能源、物流等重资产非旅游业务。高峰期的港中旅涉及行业 20 多个，存在投资决策不科学，盲目铺摊子、上项目，造成重大损失等问题。

2015 年 12 月 7 日，港中旅发布《中国港中旅集团公司关于重大资产无偿划转的公告》，拟无偿转让旗下所持有的钢铁公司和焦炭公司给河北省国资委，成为第一家宣布退出钢铁业的央企。港中旅于 1993 年进入钢铁业，当时正是钢铁业快速发展时期。但随着钢铁业寒冬的到来，港中旅选择无偿转让旗下钢铁资产，其实相当于甩掉了包袱。根据港中旅集团公告，剥离相关资产后，虽然总资产营收会下滑，但净利润反而出现暴增。

（五）旅游新业态下核心业务重新布局，保持企业持续的生命力和竞争力

1999 年，携程旅行网的成立标志着旅游新业态的到来，"机票+酒店"在线旅行产品的出现改变了传统旅游的出行方式，艺龙、芒果网、驴妈妈、去哪儿、飞猪等在线旅行公司的集体登场，预示着一个数字化旅游新时代的到来，传统跟团游业务遇到前所未有的挑战。互联网科技在旅游出行中的深度介入、交通基础设施的不断完善、社会经济不断发展、传统跟团游产品的局限性，这些叠加因素让旅行社传统组团业务呈现逐年下降趋势，2020 年新冠疫情更是让旅行社组团业务降至冰点。作为旅游中间商的旅行社，在现代旅游出行中越来越被边缘化，旅游出行市场越来越大，出行人次越来越多，旅行社组团市场却越来越小，而且市场竞争异常激烈和产品附加值小，导致旅行社产品利润极低。

因受疫情影响，2020 年，香港中旅旅行社板块业务收入为 2.52 亿港元，同比减少 80.72%；亏损 0.19 亿港元，同比下降 112.67%，旅行社板块业绩营收大幅下滑（见表 1）。在这种不可逆转的市场下跌行情下，港中旅不断压缩旗下旅行社板块规模，在疫情前的 2019 年 8 月，港中旅以 513 万港元向中旅总社出售传统旅行社业务，并在 2021 年 5 月完成，

2022 年港中旅已无旅行社组团业务。港中旅将主业重心布局在旅游目的地和旅游地产业务。

表 1　香港中旅（集团）有限公司近五年主营业务营收

单位：亿港元

年度	总营业收入	旅游景区及相关业务	酒店业务	旅行社、旅游证件及相关业务	其他
2022	30.32	23.68	4.69	1.17	0.77
2021	36.48	30.05	4.39	1.03	1.01
2020	19.67	12.85	3.26	2.52	1.03
2019	44.77	19.73	7.08	13.09	4.87
2018	45.18	19.59	8.21	12.89	4.49

资料来源：上市公司财务年报。

　　表 1 数据表明香港中旅（集团）有限公司经营业务主要围绕旅游产业链中的上下游业务，新冠疫情对集团业务总营收影响很大，其中旅游景区及相关业务营收在疫情期间实现逆势增长，酒店业务营收受疫情影响下滑严重，旅行社、旅游证件及其相关业务营收受疫情影响最大，跌幅将近 90%，其他业务营收受疫情影响也很大。2018~2019 年度集团业务未受疫情影响时，各项营收数据比较稳定，多年来收入体量在 40 亿~50 亿港元波动，相对稳健但成长性不足，主要是旗下大部分旅游业务已步入成熟期，成长能力有限。

三　香港中旅（集团）有限公司发展启示

　　疫情三年来，香港地区诸如康泰、全旅达、安运旅游、星晨旅游、香港至尊假期旅行社等许多老牌的旅行社接连遭遇倒闭或者清盘。据香港旅行代理商注册处数据，香港持牌旅行社超过 1700 家，受疫情影响，约有 300 家旅行社倒闭，其间也有 100 多家旅行社开业，但新开的旅行社规模不大。康泰于 1966 年在香港成立，星辰旅游 1971 年开业，安运旅游成立于 1986 年，接二连三的老牌旅行社倒闭，疫情是其中重要因素，但单一的旅行社组团业务，抗风险能力低，也是这些老牌旅行社倒闭的重要原因。而港中旅作为国内目前发展历史最长、产业链条齐全、经营规模大、品牌价值高的旅游龙头企业，能够在近百年的发展历程中屹立不倒，且成为国内规模最大的旅行社企业，总资产达 2100 亿元规模，全资或控股企业共 655 户，其经营之路对整个旅行社行业具有很强的启示和借鉴作用，主要体现在以下几方面。

（一）旅行社传统组团业务风口已过，需创新发展另辟增长极

香港中旅集团起家于传统旅行社业务，在 20 世纪 70~90 年代，香港经济实现腾飞，入境旅游市场、出境旅游市场、国内旅游市场一片繁荣，旅行社组团、接待业务是当时当之无愧的网红行业，不仅业务量大，而且利润高。人们外出旅游基本通过旅行社组织和接待，住宿、交通、旅行社被誉为当时的旅游业三大支柱，可见旅行社在旅游业发展中的举足轻重作用。在这样的行业背景下，港中旅完成了后续进行多元化经营的原始积累。

旅游行业是一个多链条行业，食、住、行、游、购、娱为旅游六要素。进入到 21 世纪，互联网迎来飞速发展，"网络+"成为人们的生活日常，网络购票、网络订酒店、网络查攻略、网络租车等越来越方便快捷，功能越来越强大。飞机、高铁、高速公路、私家车、精确导航系统等出行设施的完美加持，让人们外出旅行真正实现"想走就走"。此外，消费群体的习惯改变、旅行社行业的负面新闻影响、跟团旅游的种种约束等，也让越来越多的旅游者抛弃旅行社，选择自助出游。根据目前参团群体大数据，老年人旅游团和研学旅行团是目前旅行社市场的最主要两大核心群体，传统旅行社组团业务市场已急剧萎缩并且并未看到止跌。旅游出行市场越来越大、频率越来越高、行程越来越远，但在整个旅游市场蓬勃发展的同时，旅行社市场发展却越发冷峻。

港中旅通过研判旅游市场发展趋势，梳理出集团发展战略，称之为"1224 战略"。"1224 战略"中"1"是指"做一流的旅游目的地投资与运营服务商"，第一个"2"是指"大力发展香港及海外的业务和内地的业

务"，第二个"2"指的是"两条产品线"，一条是"自然人文景区"，另一条是"城市及周边度假目的地"，最后一个"4"是要靠"四个能力"来支撑前面的"122"，"四个能力"是指"投资、产品、运营和数字化"。"1224 战略"明确了港中旅集团在互联网科技时代，公司的核心业务和发展方式。

（二）投资有风险，应选择主营业务的上下游产业进行多元化经营

港中旅清晰地认知到传统旅行社业务的逐步走弱，旅游市场越来越庞大，而旅行社市场却背道而驰越来越小。港中旅通过优化产业结构，转而将业务重点布局到旅游景区经营和酒店业务、旅游地产，并且在 2022 年将旗下旅行社业务悉数转售，终结了该项业务。旅游地产利润高，在地产爆发期可以短期内给企业带来可观营收；旅游景区经营和酒店经营属于长线业务，市场范围广，人们不管是外出旅行还是旅游都需要住宿酒店，游客不管是跟团游还是自助游都要进景区游览。港中旅的旅游景区业务不是一般的小打小闹，而是以 4A 级、5A 级景区经营为主；酒店业务也是以中高档精品城市酒店为主，这就保证了这两项业务在行业竞争中具有较强的竞争力和生命力。多元化经营不是灵丹妙药，不能简单理解为进行多元化经营就能让企业走得更远更好，现实中也有很多因为实施多元化经营而把企业拖垮的案例。多元化经营，最好是在主业范围内的上下游产业链中进行，而且起点要求要高，品牌、规模、竞争力等都能够第一时间在市场中形成一定的集聚效应。

（三）大力实施"引进来""走出去"战略，以服务领先、创意领先，开拓国内外市场

在合并国内的中旅、国旅集团组成中国旅游集团后，港中旅更是依托自身优势产业大力拓展海外市场。集团先后中标中老铁路磨丁车站免税项目、中船嘉年华"地中海"号邮轮免税经营权，推动柬埔寨民众购物政策落地，并以旗下英国 KG 酒店为平台在泰国拓展 8 家酒店等。同时，与法国酒店品牌 Light Human Hotel 集团战略合作，在巴西、葡萄牙、法国签约 5 家酒店管

理项目，使国际化业务布局更加丰富，积极构建服务国内外游客旅行的产品和服务体系。

2021 年 10 月中旬，中旅集团旗下投资运营公司与 Ceylon Hotels 签订协议，收购其所持有马尔代夫项目公司的 50% 股份，与合作伙伴共同开发安巴拉岛，致力于充分挖掘岛屿得天独厚的资源禀赋。如今，安巴拉岛正变身为一个极具特色与魅力的海岛隐世度假胜地。

马尔代夫安巴拉岛度假胜地开发项目是中旅集团投资的首个海外度假项目，象征着中旅集团融入"一带一路"倡议、依托"精品战略"优势提速布局全球旅游市场。过去的 10 年，中旅集团把握旅游消费趋势，先后确定了"一带一路"沿线 15 个重点旅游国度，推出"一带一路"特色线路 200余条，加快推动吴哥窟、西哈努克港等沿线的免税业务布局，积极探索海外发展新模式。

中旅集团持续关注入境旅游市场，深入探索入境旅游创新发展的新模式、新领域。特别是 2023 年出入境恢复正常后，集团陆续开发新线路，如江西景德镇和婺源、湖北恩施、广西涠洲岛和德天瀑布、福建武夷山等，通过展现华夏之美，搭建起海外游客了解中华文化的桥梁。

同时，中旅集团还在内陆沿线区域、港澳台地区以及沿线国家展开业务布局。比如免税业务方面，中旅集团旗下公司中标了香港机场烟酒标段及广州机场进境店免税经营权，并加紧与沿线内地城市合作，探索以免税业为龙头打造旅游综合体项目的新路径。

四 旅行社行业未来发展建议

旅行社企业是通过组织游客由一地前往另一地进行参观游览，通过收取游客团费、采购、交通、住宿、景区、餐饮等旅游要素，从中赚取差价而营利。在网络技术不发达和交通设施落后的年代，游客基本都通过报名参加旅行社旅游团实现外出旅游。旅行社依托自身的业务网络，客源地、接待地旅行社相互配合，满足了游客的各种出行需求。当时代变迁、业态更迭、技术革新出现，旅行社行业已渐渐不适应现在的旅游市场需求。

2块钱的冰红茶逐渐被更高价格的奶茶替代，燃油车遇到电车前所未有的强大挑战，公路客运被高铁、私家车挤压到几无市场需求，出租车面对网约车在夹缝中夺市场，家乐福、沃尔玛零售巨头纷纷退市，商战中类似的市场替换案例举不胜举。有些行业在时代的浪潮中会逐渐消亡，有些行业在时代的浪潮中会被升级替代，有些行业在时代的浪潮中经久不衰。传统旅行社现有的经营模式和业务类型已有近50年没有变更过，其未来的发展走向不会消亡，但在旅游产业链中的功能和需求将会大大削减，旅行社企业经营创新已是迫在眉睫。

（一）中小旅行社专注专项专线旅游，精耕传统组团业务

中小旅行社因自身实力所限，无法进行多元化经营，虽然自助出游的比重越来越高，但报旅行团出游的客源市场依然会长期存在，尤其是老年人出游市场，已经成为旅行社产品最核心的消费群体。中国已进入中度老龄社会，60岁以上人群有2.8亿人，占总人口的19.8%，中小旅行社应多设计符合老年人出游的旅游产品，将健康养生、时光记忆等主题融入旅游产品设计中，依托自身经营成本低的特点，推出高性价比、高贴合性产品。

此外，研学旅行市场近年也成为旅行社核心业务之一。打造精品研学旅行线路，体现研学旅行的核心价值目标，让广大的中小学生真正实现在旅行中学习、在实践中认知。

（二）大型旅行社创新发展，探索旅行社行业发展新方向

大型旅行社依托自身的经济实力、品牌影响力、人才优势等，在保证传统组团业务不受影响的情况下，积极探索创新发展之路，以应对现在瞬息万变的市场。

1. 旅行社产品创新

重视专项、特种旅游产品的开发，此类旅游产品开发难度较大，对技术操作和对从业人员的专业技能要求高。现有旅行社的三大岗位销售、计调、

导游，无法满足专项、特种旅游产品的开发与运营。目前高校旅游管理专业的人才培养体系，依然停留在培养旅游观光操作人才的层面，旅游观光产品的开发与运营难度低，游客自己就能替代。所以，提高旅行社人才培养标准，是实现旅行社业务转型的重要环节。

2. 经营模式创新

大型旅行社如果依然专注组团一项业务，未来的路会越来越难走。切入旅游行业中的上下游链条、实现多元化经营，是大型旅行社的破茧之路。粤港澳大湾区实现多元化经营的旅行社企业非常少，绝大部分旅行社企业依然在竞争白热化的组团市场厮杀。旅游观光组团，不仅市场萎缩严重，而且技术含量低、产品附加值低，很容易被抛弃。旅行社进行多元化经营，就是为了提升自身产品的技术含量和产品附加值。酒店行业在人们出行中扮演着必不可少的角色，它具有不可替代性和不可或缺性，这也是有些大型旅行社选择开拓酒店业务板块的重要原因。

参考文献

杨乾：《广府古城景区商业模式的改进研究》，《邯郸职业技术学院学报》2021年第4期。

白长虹、温婧：《新常态下国内旅游创业的智慧取向及多种模式》，《旅游学刊》2015年第2期。

马丽颖：《吉林省恒宇文旅集团发展战略研究》，吉林大学硕士学位论文，2020。

李丹：《中青旅主营业务分析与未来发展思考》，《环渤海经济瞭望》2019年第11期。

晓棠：《深耕文旅产业，宝能"大文旅战略"格局初现》，《商学院》2019年第11期。

B.14
五星酒店品牌标杆建设样本案例分析

——以广州富力丽思·卡尔顿酒店为例

胡 芳 Rachel*

摘 要： 受益于宽松政策，2023年酒店业迅速恢复，从业者信心大涨，但受制于依然下行的世界经济，与经济周期变化联系极为密切的酒店业依然任重而道远。为了更好地借鉴知名酒店的发展管理经验，促进大湾区酒店业的发展，根据全球酒店业公认的权威榜单《福布斯旅游指南》及迈点研究院酒店品牌指数数据，综合选取广州富力丽思·卡尔顿作为大湾区高星标杆酒店。本文拟对标杆酒店的品牌文化、酒店产品及其满意度进行分析，并基于业态需求与政策支持、国家级区位选址、服务标准、合同管理经营模式、授权制度以及人力资源甄选等六个维度对酒店经营进行剖析与探讨，以期对大湾区其他同行酒店提供些许参考和借鉴。

关键词： 标杆酒店 丽思·卡尔顿 经营分析

一 品牌标杆企业选择

酒店品牌标杆企业是指行业内具有一定规模、取得显著成效，具有先进性、示范性和行业代表性的龙头企业，通常指信誉好、知名度高、发展潜力

---

* 胡芳，广东轻工职业技术学院讲师，主要研究方向为酒店管理、旅游管理；Rachel，广州富力丽思·卡尔顿酒店人才招募与发展主管，主要研究方向为酒店管理。

巨大、综合实力强的企业。标杆企业常常具有发挥行业带头示范的作用。基于此，高星酒店品牌标杆样本的选择根据全球酒店行业公认的权威榜单《福布斯旅游指南》及迈点品牌指数综合选取。

《福布斯旅游指南》将全球顶级酒店、餐饮及水疗中心评定为四星、五星以及推荐等级，每年派出专业的匿名评审员以普通住客的身份走访世界各地的酒店，根据多达900项严格、客观的标准来为酒店评分。这些标准包括酒店设计、员工制服、餐饮选择、服务体系、睡眠体验等多方面，旨在为旅客提供更专业、客观的参考意见，是衡量和检验全球酒店产品及服务的重要标杆。

迈点品牌指数MBI（旅游住宿业品牌部分）主要从该酒店品牌搜索指数、舆情指数、运营指数、媒体指数4个维度分析品牌在互联网和移动互联网的影响力。计算公式：$MBI = a×SI+b×PI+c×OI+d×MI$ ［注：MBI，指某品牌的迈点品牌指数MBI数据；a、b、c、d，指系统中的加权系数；SI（search Index），指搜索指数；PI（Public Sentiment Index），指舆情指数；OI（Operation Index），指运营指数；MI（Media Index），指媒体指数］。搜索指数（SI）：一段时期内，品牌关键词在主流搜索引擎中正面搜索频次的加权和；舆情指数（PI）：一段时期内，用户对于该品牌下酒店/客栈/民宿/公寓在OTA网站的点评累计情况；运营指数（OI）：一段时期内，品牌在互联网和移动互联网的运营情况，如官网、App、微博、微信等；媒体指数（MI）：一段时期内，大众媒体和行业媒体报道中与品牌关键词相关的正面新闻数量①。

根据《福布斯旅游指南》公布的2023年度最新星级名单，全球共有1378家酒店上榜，中国地区共有128家，比上年增加5家。其中五星级酒店47家，四星级酒店50家，推荐酒店31家（见表1），分布于10座城市：北京19家，上海21家，广州9家，深圳3家，三亚9家，成都5家，杭州7家，香港20家，澳门27家，台北8家。

---

① 迈点研究院。

表 1　2023 年《福布斯旅游指南》中国上榜五星级酒店

项目城市	上榜酒店
上海	上海浦东文华东方酒店
	上海宝格丽酒店
	上海半岛酒店
	上海浦东丽思·卡尔顿酒店
北京	北京宝格丽酒店
	北京三里屯通盈中心洲际酒店
	北京王府井文华东方酒店
	北京半岛酒店
	北京金融街丽思·卡尔顿酒店
	北京瑰丽酒店
广州	广州丽思·卡尔顿酒店
	广州四季酒店
	广州文华东方酒店
深圳	深圳文华东方酒店
成都	成都丽思·卡尔顿酒店
杭州	杭州西子湖四季酒店
香港	香港丽思·卡尔顿酒店
	香港四季酒店
	香港置地文华东方酒店
	香港文华东方酒店
	香港美利尼依格罗酒店
	香港半岛酒店
	香港瑰丽酒店
	香港瑞吉酒店
澳门	澳门新濠锋酒店
	澳门悦榕庄
	澳门美狮美高梅酒店
	澳门万利酒店
	澳门四季酒店
	澳门银河酒店
	澳门新葡京酒店
	澳门上葡京酒店
	澳门四季名荟酒店
	澳门大仓酒店

项目城市	上榜酒店
澳门	澳门卡尔拉格斐奢华酒店大楼
	澳门伦敦人酒店
	澳门伦敦人御园
	澳门文华东方酒店
	澳门美高梅酒店
	澳门新濠天地
	新濠天地-澳门颐居
	澳门丽思·卡尔顿酒店
	澳门美高梅天乐阁
	澳门新濠影汇酒店
	澳门永利酒店
	澳门永利皇宫酒店
台湾	台湾文华东方酒店

资料来源：2023年《福布斯旅游指南》。

由指南可见，粤港澳大湾区高星酒店里澳门成为全球五星推荐酒店之都，数量最多，其次香港，再次广州3家上榜，最后深圳。考虑粤港澳大湾区酒店港澳法律以及饮食风俗的特殊性，此次粤港澳大湾区标杆在旅游资源最为集中的广州深圳两市里选取。深圳2023年文华东方酒店首次上榜底蕴不足，因此本次标杆酒店拟在广州的三家上榜酒店里选取。根据往年福布斯指南统计，广州三家酒店里丽思·卡尔顿酒店连续9年荣获此项殊荣，四季酒店连续7年，文华东方连续6年获此全球殊荣。

再根据迈点MBI指数统计，2022年9月至2023年8月每月MBI品牌指数如表2所示。

表2　2022~2023年广州福布斯三家上榜酒店品牌评价指数及排名

排名	品牌名称	9月	10月	11月	12月	1月	2月	3月
1	丽思·卡尔顿	484.7	386.1	413.6	431.8	350.2	495.2	498.8
2	四季	391.8	392.5	416.2	317.8	357.9	474.8	417.6
3	文华东方	334.2	293.8	291.1	297.9	307.9	307.9	296.3

排名	品牌名称	4 月	5 月	6 月	7 月	8 月	年平均
1	丽思·卡尔顿	363.7	398.3	362.4	296.2	366.0	496.61
2	四季	378.5	378.2	346.8	299.7	418.4	382.55
3	文华东方	355.4	304.3	277.9	278.0	279.2	302.02

资料来源：迈点指数 MBI。

排名第一的为丽思·卡尔顿酒店，年平均值近 500，比排名第二的四季酒店高 114.06，比排名第三的文华东方酒店高 194.59。

综合 2023 年《福布斯旅游指南》以及迈点 MBI 指数排名，大湾区高星标杆酒店选取 9 年荣获福布斯推荐酒店以及近 12 个月 MBI 指数排名第一的广州富力丽思·卡尔顿酒店为案例酒店进行分析。

二　广州富力丽思·卡尔顿简介

（一）丽思·卡尔顿品牌简介

丽思·卡尔顿酒店（Ritz-Carlton）是一家享誉全球的奢华五星酒店（LUXURY 5STAR HOTEL），其以卓越的服务、精致的设施、私密性和独特性等卓越体验闻名于世。作为拥有近百年历史的古老酒店品牌，它的起源可以追溯到 19 世纪末的巴黎丽思酒店，由"现代酒店之父"凯撒·丽思（Cesar Ritz）创立（见表 3）。不管在哪个城市，只要有丽思·卡尔顿酒店，其一定是国家政要和社会名流下榻的首选。如法国时装设计师可可·香奈儿从 1934 年到她去世的 30 多年里，可可·香奈儿一直住在巴黎的丽思酒店。美国总统肯尼迪在波士顿丽思·卡尔顿酒店度过了他的婚礼前夜，也在那里写下了他的就职演说稿。

表3　丽思·卡尔顿品牌主要发展历程

年份	主要事件
1898	首家丽思酒店开设于巴黎
1899	伦敦卡尔顿酒店开业
1910	巴黎、伦敦合并为丽思·卡尔顿集团
1911	艾伯凯特买下丽思·卡尔顿在北美的使用权
1927	第一家丽思·卡尔顿酒店在波士顿建立
1989	被评为美国"最佳连锁酒店"
1993	进驻大湾区，首站香港
1995	万豪国际买下丽思·卡尔顿品牌使用权及30余家酒店管理权
1998	万豪酒店国际集团收购丽思·卡尔顿酒店集团公司全部股份
1998	北京金融街丽思·卡尔顿酒店开业
2006	北京丽思·卡尔顿酒店(华贸中心)开业
2008	华南首家落地广州

资料来源：丽思·卡尔顿酒店官网。

如表3所示，丽思·卡尔顿酒店在漫长的岁月中作为业界的天花板也经历了各种变迁与重组，特别值得一提的是20世纪90年代，丽思·卡尔顿酒店公司被万豪国际集团（Marriott International）收购后，考虑其品牌效应不惜破例保留丽思的品牌特色和文化。随着全球旅游业的发展，丽思·卡尔顿品牌继续在全球内扩展其业务范围，涉足的新市场如亚洲、欧洲、中东、非洲等，并推出了一些新的品牌，如丽思·卡尔顿隐世精品度假酒店（The Ritz-Carlton Reserve）、丽思·卡尔顿公寓（The Ritz-Carlton Residences）和丽思·卡尔顿目的地俱乐部（The Ritz-Carlton Destination Club）等。

目前丽思品牌在全球超过30个国家和地区拥有超过90家酒店。1993年在香港开设的丽思·卡尔顿酒店是其进驻中国市场的第一站。随后北京、上海、深圳、广州、三亚、成都等中国内地经济、旅游较为发达城市以及澳门特别行政区也被纳入了丽思的版图。

除了丽思自身的品牌效应外，更值得期待的是丽思所属的万豪集团所带来的集团效应。创建于1927年的酒店业巨头万豪集团全球经营的酒店超过4000家，年营业额近200亿美元，多次被世界著名商界杂志和媒体评为首选的酒店业内最杰出公司。

如表 4 所示，宽松政策下的全球酒店业 2022 年经收营业绩普遍大涨，万豪国际综合营收排全球第一，得益于集团化效应，对万豪集团化管理的奢华品牌丽思·卡尔顿期待值可更高。

表4　2020~2022 年国际酒店集团营收数据对比

单位：亿美元

证券名称	2020 营收	营收同比	2021 营收	营收同比	2022Q3	2022Q3 累计营收/2021 营收
万豪国际	105.71	−49.59%	138.6	31.11%	148.5	107.14%
希尔顿酒店集团	43.07	−54.43	57.88	34.39%	63.29	109.35%
温德姆酒店及度假村	6.67	−33.37%	15.65	20.38%	11.64	74.38%
凯越酒店	20.66	−58.84%	30.28	46.56%	43.03	142.11%

资料来源：各酒店集团年度财报。

（二）酒店简介

广州富力丽思·卡尔顿酒店是由全球最负盛名的奢华酒店管理公司丽思·卡尔顿集团与广州富力地产合作的酒店项目。它位于广州中央商务区珠江新城，临近珠江和多个文化地标建筑，如广东省博物馆和广州大剧院等，交通便利。酒店拥有 350 间客房，一楼至四楼楼群是餐饮及休闲空间，包括特色粤菜食府丽轩，该餐厅已连续多年荣膺米其林指南一星餐厅。此外，酒店还配备设施齐全的康体娱乐中心及丽思·卡尔顿水疗中心，以及超过 3300 平方米的宴会及会议空间。

（三）酒店产品及满意度

1. 客房

广州富力丽思·卡尔顿酒店拥有 350 间豪华客房、套房及行政公寓，分布于建筑的 20~38 层。服务型豪华公寓位于 6~19 楼，由 91 套二厅一房到二厅四房的公寓组成，单位面积由 111 平方米到 275 平方米不等。

如表 5 所示，富力丽思·卡尔顿房型多样，可满足不同宾客的需求。基础房 48 间，城景房 91 间，歌剧院江景与广州塔江景 125 间，难能可贵的是全景房设置了 7 间。别具匠心的是 79 间行政房与套房均可以饱览珠江美景或城市景观。

表 5 具体房型数量

单位：间

房型	房间数量
丽思大床客房	32
丽思双床客房	16
尊贵城景大床客房	53
尊贵城景双床客房	38
歌剧院江景大床客房	28
歌剧院景双床客房	15
广州塔江景大床客房	57
广州塔江景双床客房	25
广州塔珠江全景客房	7
商务城景套房	8
商务广州塔江景套房	10
行政城景大床客房	25
行政城景双床客房	7
行政广州塔江景大床客房	11
行政广州塔江景双床客房	1
行政城景套房	4
行政广州塔江景套房	4
卡尔顿城景套房	4
卡尔顿广州塔江景套房	4
丽思·卡尔顿总统套房	1
总计	350

资料来源：广州富力丽思·卡尔顿官网。

根据国内主流点评网站（携程旅行、大众点评、同程旅行、美团官网等）进行酒店产品满意度分析。

如图 1 所示，四大主流网站随机选取同等高星酒店广州四季酒店、广

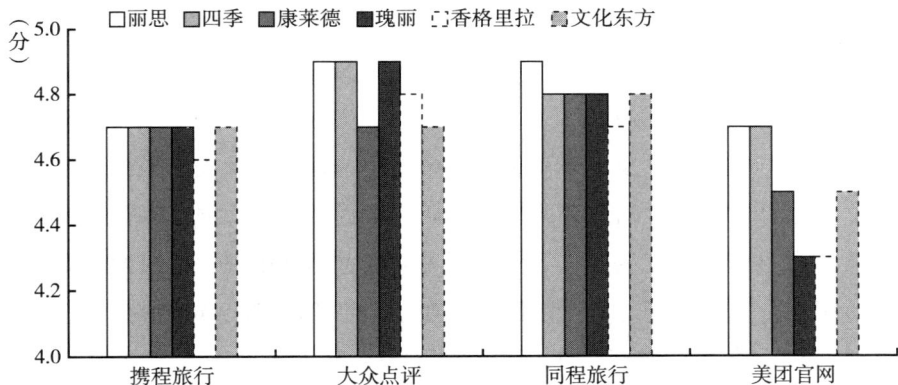

图1　高星酒店主流网站满意度横向对比

资料来源：携程旅行、大众点评、同程旅行、美团官网，数据截至2023年10月19日。

州瑰丽酒店、广州康莱德酒店、广州香格里拉酒店以及广州文华东方酒店的满意度进行横向对比，广州富力丽思·卡尔顿酒店作为华南区开业最早的国际高星品牌，一直稳居前列，经数据对比综合评级排名第一。各大主流网站网友好评词条集中在"服务好"、"客房面积大"以及"欢迎水果"。网友表示丽思酒店即使基础房客房面积也有50平方米，在同类客房中面积最大，提供了更为舒适的优越空间感。行政房每间客房均有受商务人士欢迎的走廊、衣帽间等贴心设计。不少常客和商务客户表示丽思的"欢迎水果在同等酒店里品质最高、数量最多且搭配合理具有观赏性"。33楼的行政酒廊更是让VIP们独享270度珠江美景，点评里宾客晒出无数美轮美奂的江景图。

2. 餐厅

广州富力丽思·卡尔顿酒店拥有五家风味各异、尤具特色的美食餐厅，包括：粤式主题餐厅丽轩、意大利餐厅意轩、FOODS全天候国际美食舞台、珍珠酒廊、威士忌雪茄吧丘吉尔吧。

其中，广州富力丽思·卡尔顿酒店的丽轩中餐厅2018~2023年连续六次获得"米其林一星"荣誉餐厅称号。丽轩作为广州富力丽思·卡尔顿的招牌中餐厅，精心挑选的菜单由传统及新派佳肴组合而成。主厨黄尚烽师傅从业 20 余年，擅长广府菜和潮州菜，在尊重传统烹饪理念的同时也擅长将地道的风味融入精致饮食当中。餐厅位于酒店三层，装修风格古雅精致，有种专属于岭南的婉约内敛。

随机选取大湾区六家同等高星酒店中餐厅，根据三大主流平台进行横向对比。丽思丽轩中餐厅对比四季愉粤轩、康莱德韵轩、瑰丽广御轩、香格里拉夏宫以及文华东方江餐厅，如图 2 可见，丽思丽轩中餐厅不愧为连续六年获得米其林一星荣誉餐厅称号，满意度在三大主流网站上都拔得头筹，特别携程旅游网上点评分最高，达到 4.8 分。平台网友推荐词条最多的集中在"服务好"、"口味赞"、"装修精美"、"菜品精致"以及"食材新鲜"这几个维度，其中尤为被网友们认可的是服务、口味及环境三大维度。网友点评餐厅"服务生年轻人居多，热情而不失周到细致"。环境雅致，正对大门的琴台立于花瓣之上，"每晚都提供古筝弹奏表演，轻柔而不失韵味，不愧为米其林一星餐厅"。餐厅招牌珍味荔枝鸡、蟹粉脆米玲珑珠、惹味炒肉蟹、雪花和牛、鹅肝等菜式被各大平台网友强烈推荐及点赞。

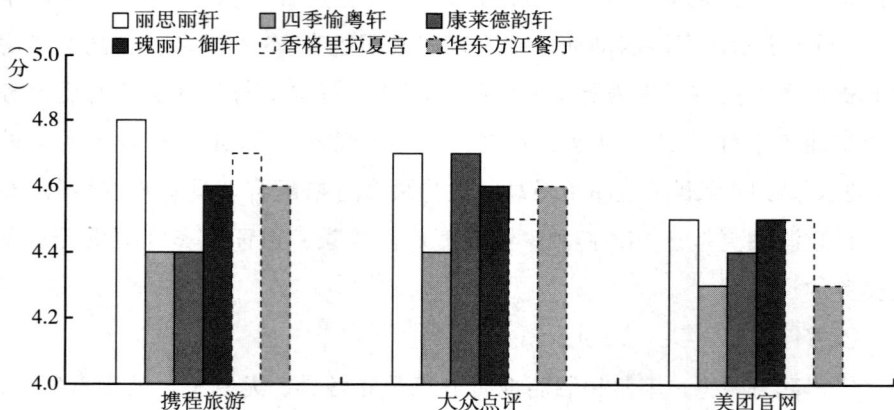

图 2　高星酒店中餐厅满意度横向对比

资料来源：携程旅游、大众点评、美团官网，数据截至 2023 年 10 月 19 日。

广州丽思的意轩餐厅也是一家荣获"米其林入选餐厅"美誉的意大利餐厅，由意大利名厨主理。意大利语中，LIMONI 代表"柠檬"，是种给人以新鲜、清爽和舒适感受的水果，这与广州富力丽思·卡尔顿酒店意大利餐厅 LIMONI 意轩的理念不谋而合。大众点评网跟美团总评分都为 4.3 分，其中口味 4.2 分、环境 4.6 分、服务 4.6 分。网友评价"每一位工作人员服务过程中都很优雅得体"，"会细致介绍每一道菜，还会期待了解客人对菜品的评价"，"不愧服务标杆，即使实习生也不逊色"。对新一季的罗马主厨套餐尤为推荐，"食材出自意大利方式但本土种植的果园，很是清新。餐厅环境更是被网友们评价"典型的 RITZ 风格——典雅奢华，氛围感十足"，"非常适合闺蜜打卡"，"纪念日首选餐厅，餐厅给的意外惊喜让人回味一年，下次纪念日还想继续来"。餐厅招牌提拉米苏被网友高频率点赞，称赞是"广州地区最好吃的提拉米苏，非常值得为了它而再来"。战斧牛排、香煎带子、鳕鱼，特别是精选午式套餐被大多数网友强烈推荐，被评为高星酒店"性价比最高午式 SET"。不少亲子家庭评价该餐厅"采用半开放式厨房设计，让孩子们有机会与大厨互动"。

FOODS 是广州富力丽思·卡尔顿酒店内的全天候自助餐厅，以其国际化和多元化的美食选择而备受推崇。该餐厅的氛围和装饰都融入了亚洲和西方传统的典型街市风格，以自助餐形式为宾客呈现更多"即点即制"的各国美食，并现场展示环球烹饪精髓。最新 100 条网友点评中过半网友高度评价"法国现开生蚝"跟"大闸蟹"以及其他海鲜出品。评价最高、最为出色的是手工制作马卡龙，在广州马卡龙菜品中排名第三。丘吉尔吧是丽思酒店一家散发着浓郁英伦格调的雪茄吧，可现场欣赏钢琴演奏。大众点评网评分高达 4.8 分，2023 广州年度人气打卡特色酒吧首推综合清吧。网友们纷纷评价其"服务热情""高大上""环境好""放松舒服""饮品赞"，对服务及酒水的出品尤为肯定。

通过以上分析可见，消费者对广州丽思酒店餐饮板块满意度评价较好，尤其对服务、环境和口味认可度较高。特别是服务，不少网友点评"实习生都能做到如此细致带有暖意的服务，不愧业界标杆"。

3. 康体水疗

广州丽思·卡尔顿酒店的康体部提供一系列健身和休闲设施，旨在帮助宾客放松身心，保持健康。康体部设有 24 小时开放的健身中心，配备知名健身品牌泰诺健的健身器材。除健身设施，康体部还提供其他休闲设施，如 25 米×10 米的罗马式室外恒温游泳池、按摩池和池畔休闲椅。丽思水疗中心与英国顶级水疗品牌 ESPA 合作，提供一系列专业身体护理疗程，以传统的技术手法配以天然的水疗产品，让身体及心灵均寻回平衡并焕发重生。水疗服务包括珠江护理、定制面部护理、男士舒压护理和孕妇按摩等。

4. 宴会

广州富力丽思·卡尔顿酒店的宴会和会议设施完善，适合举办各种规模的宴会和会议活动。其中，最大的宴会厅是位于酒店三楼的豪华宴会厅，面积达 1209 平方米/13013 平方英尺，层高 9 米，无柱，可容纳 1500 人。此外，酒店还有丽思·卡尔顿宴会厅，位于酒店二楼，面积达 648 平方米/6975 平方英尺，传承 18 世纪洛可可风格，能举办容纳 600 人的酒会或 420 人的圆桌式晚宴。除了宴会厅，酒店还有多个会议厅和多功能会议厅适合举办各种规模的会议活动，这些会议设施都配备了先进的视听设备和专业技术支持，能满足不同类型会议的需求。

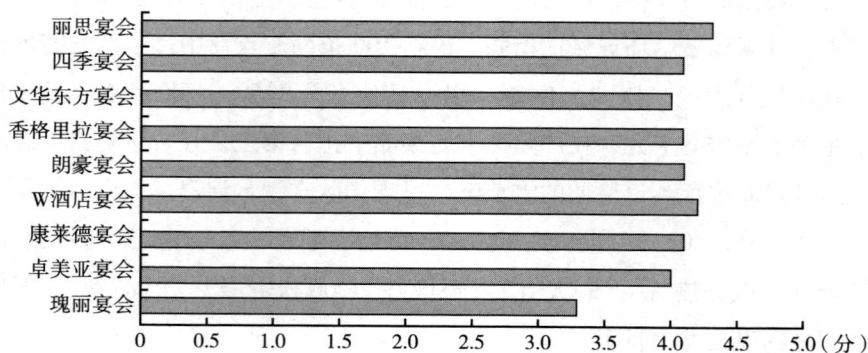

图 3 五星酒店宴会点评满意度横向对比

资料来源：大众点评网，数据截至 2023 年 10 月 19 日。

如图 3 所示，以主流点评平台之一的大众点评网为统一参照参数，对比大湾区若干同等星级酒店的宴会评分，富力丽思·卡尔顿酒店以 4.3 的点评分取得第一，稳居头部队伍。网友评价条目集中在"高大上"、"交通便利"、"服务热情"、"环境好"、"体验很棒"以及"干净整洁"。丽思三楼无柱宴会厅被网友们标识为"高端婚宴"以及"年会"推荐场所。宴会厅环境被众多网友肯定，"洛可可风格豪华大厅，舞台设备音响都很给力，氛围感十足，灯光华丽"，"深爱这充满老朋友情怀、优雅、高端与别致的格调大厅"、"高雅高档，不愧奢华酒店"。对于服务，众多网友给予的点评也是相当认可，"无论服务态度还是服务细节都非常的棒，小哥还帮助照顾BB"，"感觉全部都训练有素，举止雅正，热情指引还帮忙储存外衣"。

综上所述，广州丽思酒店产品多元，同行间满意度指数高，符合标杆企业示范性及行业先进性特点。值得肯定的是丽思酒店还一直积极与高端品牌产品跨界合作拓宽业务。如丽思·卡尔顿酒店携手梅赛德斯奔驰，在大中华区任意一家丽思酒店举办宴会或会议的企业或贵宾，可享受由奔驰提供的豪华礼宾车服务。跨界的运营双方致力于打造宴会与豪华便利出行相结合的全方位尊享体验，是为数不多的跨界精英合作的典范之作。

三　广州富力丽思·卡尔顿酒店经营分析

（一）业态需求和政策扶持，促进国际高奢品牌落地

2005年以来，我国旅游业发展势头良好，三大市场保持稳定增长。2007年全国各省、自治区、直辖市接待的入境旅游者总计为7311.38万人次，比上年增长19.1%。其中，广东省接待入境旅游者2460.87万人次，旅游（外汇）收入达87.06亿美元，接待与收入继续稳居全国第一位[①]。受益于2008年北京奥运会发展趋势愈加看好，但2007年全国范围内五星酒店仅369家，占全国星级酒店客房总数的8.7%[②]，远远不能满足高速增长的境外人士特别是

---

① 《2007年中国旅游业统计公报》。
② 《2007年中国星级饭店统计公报》。

高标准商旅客户的需求，这对于接待量连续多年第一的广东省的压力可见一斑。作为中国改革开放前沿中心和经济开发前沿阵地，越来越多的外商投资或外宾旅游进入广东市场，都迫切希望能有高星奢华型优质品牌酒店入住。政策层面上，2007 年广东省人民政府工作报告中，"引导中心城市和有条件的大中城市大力发展现代服务业，扶持发展一批重点流通龙头企业"。因此，受业态需求与政策面推进，2008 年广州富力地产牵手全球最负盛名的奢华酒店管理公司丽思·卡尔顿集团，采取"投资+管理"的合作模式进行经营管理。广州丽思酒店作为首家酒店的开业，填补了华南区国际高奢酒店品牌的空白，并引导当地市场的酒店业形态和定位朝着更加细分、更高品质、更垂直的方向发展。

（二）国家级区位选址，优显商务核心地理位置

广州丽思·卡尔顿酒店选址于广州天河区珠江新城 CBD。一般认为，旅游酒店选址的影响因素有交通因素、旅游资源因素、土地费用因素、集聚因素、城市规划因素五类[①]，按此五类因素广州丽思选址可谓颇具匠心。交通因素：酒店位于广州新中轴，地处中央商务区珠江新城的核心地带，地铁步行 10 分钟可达，距离广州白云国际机场仅 30 分钟车程；旅游资源因素：酒店临近珠江及多个文化地标建筑如广东省博物馆、广州图书馆、广州大剧院、时尚地标 K11 购物艺术中心、花城广场等，出门即可打卡各类旅游点；聚焦商旅，与以承办广交会而闻名的中国进出口商品交易会展馆和广州塔隔江相望；城市规划：上天河 CBD 是国务院批准的国家级三大中央商务区之一，另两个为北京 CBD 与上海陆家嘴 CBD。珠江新城作为天河 CBD 核心区，驻有跨国公司总部 13 家、世界 500 强企业总部 3 家，以及 140 家世界 500 强企业设立的 184 家项目机构，境内 500 强企业 20 家[②]。根据此五项因素综合评价，广州富力丽思希尔顿酒店与国家级商务中心、地标性建筑、景点以及豪华住宅区融为一体，地理区位优势尽显。

---

① 保继刚、楚义芳编著《旅游地理学（修订版）》，高等教育出版社，1999。
② 李国红、单菁菁主编《中国商务中心区发展报告 No.2（2015）》，社会科学文献出版社，2016。

（三）百年服务标准，奠定企业基石

以奢华至上为代表的丽思·卡尔顿成功的秘诀之一还有自 1898 年成立之日就在其高标准框架上建立的丽思·卡尔顿服务标准——"黄金标准。"这些标准包括信条、座右铭、优质服务三步骤、二十条基本原则以及十二条服务准则。信条中规定丽思·卡尔顿以客户得到真诚关怀和舒适款待为最高使命。座右铭"我们以绅士淑女的态度为绅士淑女服务"重新解构顾客就是上帝的观念，将服务员工与顾客处于平等的位置。丽思提出了优质服务的三个步骤，第一，热情真诚地问候客人，亲切地称呼客户的姓名；第二，提前预期每位客户的需求并积极满足；第三，亲切送别，亲切称呼客人姓名并告别。① 广州富力丽思·卡尔顿传承其服务文化，将其标准呈现在每位员工身上。黄金标准五项内容并非彼此独立，而是互为支撑。比如要营造有温度的服务就必须首先在公司内部营造出相互尊重的氛围，只有在此环境里熏陶，才能非常亲切自然地为尊贵客人提供优质服务。通过实施信任、诚实、尊重、正直和承诺的原则，从而培养并充分发挥员工的天分以达到个人和企业的互利。尽管现在许多高端酒店在逐年加大智能服务化的比重，但丽思秉承"有温度的服务"一定是无可代替的无形资产，百年服务标准的传承烙印在常客们心中，"绅士淑女就在丽思"。

（四）委托式合同管理模式，确保运营独立性和完整性

广州富力丽思·卡尔顿酒店是广州富力地产公司与万豪旗下丽思·卡尔顿管理公司合资的产物。富力地产为业主，双方签订协议由业主方委托丽思分公司全权负责酒店的运营与管理。这种管理模式可以保障酒店的经营策略、营销方式、品牌文化、服务质量要求及人员聘用的独立性与完整性。广州富力丽思·卡尔顿公司作为万豪集团的分公司，使用自有品牌和管理团队独立管理运营该酒店，为其发展提供最大保障。

----

① 〔美〕约瑟夫·米歇利：《金牌标准》，徐臻真译，中信出版社，2009。

（五）甄选级招聘制度，确保人才留用度

如果说黄金标准是丽思基业长青的显性原因，那么"蓝血精神"则是丽思成功背后的隐性因素。"蓝血"一词源自欧洲，后被泛指为高贵和智慧。对于自诞生之日就以审美、品位、礼节与教养著称的丽思来说，"蓝血精神"非常契合企业的 DNA，因而成为丽思的文化与象征。丽思的创立者们认为，再远大的使命和愿景，如果没有对这些理念的高度认同、理解并高效执行的蓝血人，那么一切都将只是泡影。为了保证文化情怀的传承，丽思坚持投入数倍于其他酒店的财力与物力甄选属于蓝血精神的人才。

如何找到"蓝血人"，由他们来执行企业的品牌文化并给予不断的延续？丽思的秘诀就两个字："甄选"。丽思会通过至少 8 轮面试加数重流程来严格挑选并对候选人做出全面系统的评判，尽最大可能确保找到"蓝血人"。甚至美国总部第三方的咨询公司都会采取电话会议的形式参与面试，每一轮的诸多问题，有的跟行业有关，有的跟业态有关，很多时候让应聘者感到似乎与应聘岗位没有联系。最终，第三方公司还会出具一份详细的资质剖析报告给到具体用人部门。即使是同一个职位丽思的甄选流程也未必相同。丽思需要提供有暖度的个性化服务，所以员工的挑选也应该是个性化符合其员工本身，而不应被赋予标准的流程化。在丽思有员工甚至经历了 15 轮面试才得以加入，尽管每一个面试环节都要耗费不菲的人力和财力成本，但丽思的招聘者们不愿走捷径，百年来一直秉承严格甄选模式。某种程度上来说丽思的招聘成本会普遍大于其他同行，但百年丽思用实践证明了其人员的流动性为同行间最低，说明严格甄选制度长远来看经得住时间考量。

（六）难以复制的授权制度，及时提供个性化体验

对于饭店行业来说，授权通常只会授予中层以上管理人员，而丽思则是授权给所有的员工包括实习生，因此此项制度难以复制。丽思有着在业界充满传奇的授权制度，高星奢华酒店因其同质性而相互竞争、相互模仿，但

2000 美元的员工授权目前为止依然只有丽思敢为人先且一直传承。广州富力丽思·卡尔顿酒店自开业以来延续其品牌文化为其员工（包括实习生）提供 2000 美元的授权，以在必要时为客人提供额外服务。员工可以在不请示上级的情况下，使用这笔授权资金为即将离境的客人送还遗留物品，或者为客人提供其他必要的帮助。员工使用这笔授权可以为客人及时解决问题和满足需求并提供更好的个性化体验感。位于广州珠江新城的丽思因此时常演绎着温情的故事，而这些故事最终会给企业带来近乎满分的客人回头率以及高出同行业的员工保持率，使得最终丽思·卡尔顿在节约成本的同时还提高了利润。所以丽思的 2000 美元授权制度值得同行学习和借鉴，丽思用百年经验验证了其正确性和可行性。

除了以上六个秘诀，广州富力丽思·卡尔顿成为极具竞争力的标杆酒店叱咤大湾区外，酒店还在社会服务"社区足迹"以及响应环保和可持续发展上做出不少可圈可点的亮眼成绩。

四 总结与展望

本文根据诸多主流网站数据横向对比了大湾区若干同等星级酒店的满意度指数，酒店产品中无论客房、餐饮板块，还是酒吧、宴会等均位于头部队列。在消费者偏好追求新产品、新感觉的时代，开业已 15 年的"老前辈"取得如此成绩实属不易。按六个维度对企业经营情况进行了详细的剖析。首要维度也是其根本，基于业态需求跟政策面的扶持，国际高奢品牌迅速落地华南，使得广东省酒店业市场更加细分、更高品质地垂直发展。国家级的选址区位——天河珠江新城 CBD 凸显优质商务地理资源。委托式的合同管理模式最大限度保障了企业经营策略、丽思品牌文化、黄金服务标准乃至蓝血人员招聘的独立性和完整性。多轮严格的人才甄选制度保证了"蓝血人"的高水平选拔。六个维度紧密相连，互为保障互为支撑。

疫情后，世界经济正在从冲击中恢复，全球经济正在重塑。展望粤港澳大湾区，其作为世界四大湾区中最年轻的大湾区，有着最强劲的发展内核，是国家重点战略打造的区域。国家计划通过建立区域内"一小时城市圈"、实现 144 小时过境免签，打造游客"一程多站"的过境旅游体验，成立湾区文化创意产业促进会等政策措施进一步完善区域内的人文旅游资源、生态环境以及交通便利性，把大湾区打造成世界旅游目的地①。这对于旅游及酒店行业而言，任重而道远。

从经济体量上宏观预测，粤港澳大湾区未来 10 年或许成为世界 GDP 第一的湾区。经济的风向标指引着紧密相连的酒店业。从 2023 年新年引爆春节消费市场、酒店业业绩暴涨迎来"开门红"就能看出，迅速反弹极大提振复苏信心。宽松外部环境下，2023 知名酒店管理集团纷纷重仓布局大湾区，新开业酒店数量稳中有升，酒店增量反映消费能力升级。随着湾区未来趋向成熟，酒店产品呈现越来越多样化和个性化，市场更加细分。以广州深圳、香港澳门为四大核心城市向周边城市辐射，在产业布局引导下，各区域酒店结合其城市旅游定位打造旅游目的地。广州素有第三世界首都的称号，商贸旅游业发达，定位综合都市旅游；佛山发展商务与历史文化旅游；作为特区，深圳发展创新金融服务，海滨、主题公园与商务综合旅游；珠海横琴则凭借澳门的地理优势打造国际休闲旅游度假区及主题公园旅游。

在外部环境改善优化以及国家战略扶持的情况下，则更加考验酒店的经营水平。供给的增多导致酒店市场愈加竞争激烈，也导致持续增加的酒店供给与酒店服务人员数量减少供需不匹配。粤港澳大湾区对于人才的吸引力极大，尤其广州、香港澳门两区，消费者画像升级，对产品的需求更高、更多样化及个性化。酒店高端人才缺乏，一线员工流失率高，酒店业国际化、智能化水平差异性大也是酒店从业者们在欣喜之余需要思考和解决的问题。但万变不离其宗，持续关注酒店产品与服务依然是广大酒店从业者第一要务，也唯有这样才能在未来穿越周期。

---

① 中共中央、国务院：《粤港澳大湾区发展规划纲要》，2019。

参考文献

〔美〕约瑟夫·米歇利:《金牌标准》(第一版),徐臻真译,中信出版社,2009。

马潇、罗寿枚:《广州星级酒店的空间分布特征及其形成机理分析》,《珠江经济》2006 年第 4 期。

冯玮娜:《华南地区高星级商务酒店后勤服务区设计研究》,华南理工大学硕士学位论文,2011。

史凯:《酒店服务不靠物质堆砌》,《销售与市场》(管理版)2012 年第 2 期。

肖韵:《国际知名品牌酒店区位选择要素研究》,厦门大学硕士学位论文,2018。

艳子:《畅享行政级尊贵》,《新经济》2014 年第 21 期。

李丽:《DT 酒店精准营销策略研究》,中国海洋大学硕士学位论文,2014。

韩茂:《广东地区高星级商务酒店餐饮宴会空间设计研究》,华南理工大学硕士学位论文,2012。

罗京:《移动互联网背景下的星级酒店营销策略研究》,天津科技大学硕士学位论文,2017。

姚桂霖:《制造企业运营绩效考评模型构建与应用研究》,兰州理工大学硕士学位论文,2014。

余蓉、陈昌权、吴健:《绿色管理:企业实现可持续发展的新战略》,《西南民族大学学报》(人文社科版)2004 年第 5 期。

陈敏华:《广州 BY 酒店营销战略研究》,华南理工大学硕士学位论文,2012。

B.15
特色酒店品牌标杆建设样本分析研究

——以广东省旅游控股集团有限公司品牌广东迎宾馆为例

叶丽芳　文黎晖*

摘　要： 本文立足特色酒店品牌发展历程，着眼于顺应市场的发展趋势、满足新业态下多元化需求，对特色酒店品牌建设开展研究。本文在理论上阐明了特色酒店的内涵，以广东省旅游控股集团有限公司品牌广东迎宾馆为样本，分析了选取该宾馆作为特色酒店品牌标杆建设样本的各种因素，并从品牌现状、品牌目标定位、品牌特色设计等方面，对该馆的品牌标杆建设做了全面的分析研究。在此基础上，本文就特色酒店如何通过特色形成差异、跳出同质化竞争、满足不同消费群体对文化体验的需要、形成可持续的强大竞争力，提出了意见建议。

关键词： 特色酒店　品牌标杆　广东迎宾馆

　　自 1978 年改革开放起，中国酒店业经历了 40 余年发展，酒店品牌主题类型前所未有的百花齐放。近年来，随着大众市场需求多元化，不同圈层的个性化消费需求被不断激发，酒店业界更加侧重根据消费者偏好行为来指导酒店品牌的建设，"生活方式类"的酒店品牌持续引领酒店特色潮流，特色酒店主题品牌纷纷涌现。广义上的特色酒店，是指以普通酒店结构为基础，

---

　　* 叶丽芳，广东迎宾馆总经理，主要研究方向为酒店管理；文黎晖，广东轻工职业技术学院管理学院酒店管理专业主任，主要研究方向为教育管理、酒店管理。

辅之以综合的设计元素，从而彰显不同气质、不同文化底蕴的酒店，其在设计上与一般酒店有明显区别，设计主题通常体现特定的文化背景、文化因素或艺术形式，具有高度的创造性；酒店的宣传、经营和服务也都围绕设计主题展开。特色酒店是市场多元化需求下的必然产物，从一定程度上通过特色形成差异，避免重复的客源市场和产品，积极推进酒店的良性发展，跳出同质化竞争，满足不同消费群体对文化体验的需求，最大优化企业的经济利益。广东省一向是国内中高端酒店分布较多的省份，据文化和旅游部权威发布的《2022年度全国星级饭店统计调查报告》，广东省以446家星级饭店位居全国第一。其中，广东省旅游控股集团旗下酒店品牌广东迎宾馆，作为具有悠久人文历史、蕴涵深厚文化底蕴的园林国宾馆，以其岭南文化风格和"国宾"接待标准，建馆至今70余年来"名楼远客至，花径迎高宾"，在省内乃至国内外均享有较高知名度，可谓是独具特色、独树一帜的特色酒店品牌标杆。

一 广东迎宾馆做为特色酒店标杆因素分析

（一）广东迎宾馆馆址历史悠久，岭南历史文化沉淀深厚

1. 宾馆所在地历史悠久

广州城始建于公元前214年，当时秦朝将领任嚣和赵佗率兵平定岭南，岭南就此划入秦朝版图。任嚣被任命为南海郡尉，负责管治岭南并建起了广州城，所以最初的广州城叫"任嚣城"。任嚣逝世后，后人为缅怀任嚣的功德，就在现时广东迎宾馆的地方建起任嚣庙，距今已2200多年历史。这正好代表宾馆馆址是广州正式建城的重要源头。

2. "一座迎宾馆，半部广州史"

广东迎宾馆拥有悠久的人文历史，蕴涵着深厚的文化底蕴。馆址历代均为王侯府邸或寺院所在，从秦时任嚣庙到南朝的宝庄严寺、五代南汉的长寿寺、北宋的净慧寺；从明朝提督府到清朝靖南王府、平南王府、将军府；从

英国驻广州领事馆到民国民众教育馆、南京国民政府行政院、李宗仁代总统府；从解放后广州军事管制委员会到中共华南分局行政处招待所等。1952年正式建馆，1956年由广东省人民政府交际处第三招待所正式更名为"广东迎宾馆"。

（二）广东迎宾馆深耕岭南文化主题特色，弘扬中华优秀传统文化

广东迎宾馆作为广东旅控集团自有民族品牌，不断深耕宾馆自身特色，让住店客人了解岭南文化、增强中华民族文化自信，推动宾馆业实现社会效益和经济效益的有机融合。

1. 激活岭南文化酒店品牌

广东迎宾馆为保护宾馆的文化品牌，于2018年进行了"广东迎宾馆"商标注册登记，2019年得到国家知识产权局核定下发商标证书，共10个类别，98个细项，进一步确保宾馆今后商标使用的合法性和唯一性。同时，广东迎宾馆按照广东省国资委、广东省旅控集团、广东省接待办对"文化+旅游"的高质量发展要求，编制了"十四五"发展规划，邀请了广东省政府文史研究馆、广东省"两会"特邀代表和广东省博物馆等专家学者，为宾馆文化主题的发展建言献策。广东迎宾馆针对酒店发展现状进行详细的SWOT分析，面对经济社会发展的新趋势、新机遇和新挑战，打造以岭南文化绿色园林为特色的"国宾馆"，成为广东政务接待宾馆的标杆企业。

2. 创新活化酒店品牌IP

在中国酒店品牌存量大、同质化竞争较多的情况下，特色酒店流量如何独占鳌头？激活用好酒店品牌IP的更深层次文化属性是必由之路。广东迎宾馆以岭南历史建筑为载体，主要建筑物有8幢，其中净慧楼、六榕楼、碧海楼于2014年被广州市评为历史建筑，宾馆内百年以上古树有13株，经广州市越秀区人民政府挂牌登记，人们可通过扫码详细了解每棵古树的编号、科属、类型、俗名、生长状况、树龄、存放位置等内容。广东迎宾馆将宾馆保存较好的历史文物、历史古物、潮州金漆木雕、酸枝家具、馆藏字画等古物摆件、家私等珍贵物件，经过政府职能部门修复和保护后，以"崭新"

的形象回归大众，让岭南文化在新的时期绽放新的文化价值。广东迎宾馆还同时打造酒店文创产品，形成独具文化特色的文创主题设计和文化专属 IP 设计。在良好的"迎宾"品牌运营品质保障下，广东迎宾馆将岭南文化通过场景向顾客释放、寻求情感共鸣，让他们在居住期间即可释放对岭南文化情感的寄托。

3. 制定宾馆导赏服务

广东迎宾馆将岭南文化的传播耕植在每位住店客人的服务附加体验中，不断加大对岭南文化价值的输出。2023 年"中秋国庆"黄金周，广东旅控集团营收再创新高，广东迎宾馆在客房套餐中搭配专属管家导赏服务，让宾客深度了解广州千年历史，领略广州的文化遗产，解读 71 年国宾接待文化。

（三）广东迎宾馆践行岭南服务高标准，彰显"国宾接待"典范

1. 广东省国宾接待标杆

广东迎宾馆曾接待过毛泽东、刘少奇、周恩来、邓小平、习仲勋等党和国家领导人以及各省区市党政主要负责人及各界知名人士，还接待过 120 多个国家和地区的外国部长及以上政府代表团 600 多批，其中副总理及以上代表团 160 多批，总理、总统代表团 100 多批，有美国总统尼克松、英国首相工党领袖艾德礼、新加坡总理李光耀、马耳他总理多米尼克明托夫、加拿大总理特鲁多、法国总统富尔、柬埔寨国王西哈努克、越南主席胡志明等外国元首，圆满完成了 120 多个国家和 2 万多批政务接待任务，见证了新中国外交发展的光辉历史。每一批接待任务均做到了"零投诉"和"零差错"，得到各界政府领导的表扬和来宾们的充分肯定。

2. 接待体现岭南服务高标准

广东迎宾馆利用两位劳模厨师高文胜和颜智坚的"劳模粤菜创新工作室"和中式烹饪特级厨师陈仲概的"陈仲概素食工作室"等粤菜师傅的研发平台，自主研发了五个不同的文化主题宴席，进一步讲好"岭南文化故事"，将岭南文华符号元素巧妙地植入宴席主题中，让宾客在用餐体验中感

受到岭南地域文化的鲜明特征，将文化与酒店产品进行了融合与创新。

3. 服务队伍体现"迎宾"高水平

广东迎宾始终以"客人满意"为企业核心价值观，以"热情周到、真诚大方"的服务特色，如客房服务管家、政务服务专班、金钥匙服务、星厨到家服务、茶艺服务等，不断践行"国宾"服务的初心与使命，让"宾客为中心、服务无止境"的服务宗旨深入人心。

（四）广东迎宾馆品质位于行业领先地位，品牌特色有显著的示范引领作用

1. 网评分居区域同等酒店领先地位

广东迎宾馆通过讲好国宾文化故事，凸显文化价值，重塑文化形象，取得了较好的文化品牌社会声誉和市场影响力，自转企改制以来，荣获广东优秀自主品牌、中国饭店品质金爵奖、全国公务接待系统先进接待基地奖、中国服务优秀服务团队、最受欢迎商务酒店奖、Agoda Gold Circle Awards、中国中高端酒店运营竞争力 100 强、广东省五一劳动奖状、广州老字号品牌等 40 多项荣誉，在第三方 OTA 渠道的客户网络评分中，宾馆在广州市同星级酒店同行中一直处于领先位置。截至 2023 年 10 月 4 日，宾馆携程网点评分数为 4.80 分，华客八大渠道平均 4.69 分（携程 4.80，艺龙 4.80，去哪儿 4.70，美团 4.80，大众点评 4.90，飞猪 4.80，Booking4.25，Agoda 4.55），餐饮部大众点评分数 4.7 分。在越秀区同行 11 家酒店里，宾馆慧评得分排名第一，好评率第一。

2. 荣获广东省文化主题酒店"金鼎级"等级

2023 年，广东省文化与旅游厅深入推进广东省旅游住宿业转型升级，推动文化和旅游深度融合发展，根据国家《文化主题旅游饭店基本要求与评价》（LB/T 064-2017）标准要求，省旅游饭店星级评定委员会审核认定广东迎宾馆达到金鼎级文化主题旅游饭店标准，为同类型酒店起到较好的示范作用（见表1）。

表1　2023 年荣获广东省"金鼎级""银鼎级"文化主题旅游饭店

序号	单位	获得等级
1	广东迎宾馆	金鼎级
2	广州南沙花园酒店	金鼎级
3	中国大酒店	金鼎级
4	广州东方宾馆	金鼎级
5	佛山君御温德姆至尊酒店	金鼎级
6	广东胜利宾馆	金鼎级
7	英德宝墩湖温泉假日酒店	金鼎级
8	广州宾馆	银鼎级
9	佛山西樵山希尔顿欢朋酒店	银鼎级
10	广东瑶族文化大酒店	银鼎级
11	遇见·过山瑶酒店	银鼎级
12	广州永庆坊瞻云精选酒店	银鼎级
13	阳江市江城区天堡酒店	银鼎级
14	锦绣香江温泉城	银鼎级

资料来源：广东省文化与旅游厅。

（五）"迎宾"品牌特色有可复制性，成为集团品牌扩张助推器

广东旅控集团将广东迎宾馆的"迎宾"品牌打造成可复制可推广的酒店特色品牌。广东旅控集团的发展战略是打造"白天鹅迎宾"星级标准连锁化的运营模式。在集团这一战略指导下，广东迎宾馆发挥自身优势，重新梳理了宾馆 71 年来国宾品牌发展资料，修编了迎宾文化手册、"白天鹅迎宾"的营运手册，建立规范化运营的品牌标准。近两年，广东迎宾馆协助广东旅控集团成功开拓了梅州白天鹅迎宾、白天鹅迎宾馆（肇庆湖滨店）等品牌酒店，并派出骨干人员前往项目支援，建立规章、完善架构、明确流程、统一标准，为迎宾品牌项目的良好运营夯实了根基，"迎宾"品牌成为集团品牌扩张的标杆。

二 广东迎宾馆品牌特色发展概述

（一）广东迎宾馆概况

1. 宾馆基本情况

广东迎宾馆 1952 年建馆，原属广东省委、省政府管辖的四星级政务接待宾馆，为公益二类事业单位。随着国家改革开放政策的实施，广东迎宾馆于 20 世纪 80 年代实行了事业单位企业化管理模式，1994 年被国家旅游局评定为四星级旅游饭店，2017 年进行事业单位转企改制，交由省旅游控股集团全面管理，2018 年正式划转入旅控集团。2020 年 11 月，宾馆由原"全民所有制企业"更改为"有限公司"，由"广东迎宾馆"更名为"广东迎宾馆有限公司"。建馆 70 年来，宾馆始终坚持依法经营、诚信待客、传承文化，以"南粤国宾接待文化"为文旅高质量发展目标，"迎宾"品牌在省内乃至国内外均享有较高知名度，素有"南粤国宾馆"美誉。

广东迎宾馆作为广州市中心的一家园林式酒店，有 8 幢建筑物，分别为净慧楼、六榕楼、白云楼、碧海楼、综合楼、宴会厅、旅游商务楼、南楼，其中净慧楼、六榕楼、碧海楼均为广州市历史建筑。宾馆客房 248 间（套），床位 365 张、餐位 660 个、中餐厅 2 个、宴会厅 1 个、咖啡厅 1 个、茶艺室 1 个、其他大小包房 14 个、会议室 8 个，建筑面积 4.5 万平方米，绿化面积 1.7 万平方米，容积率 1.06（已接近休闲度假酒店标准）。有政府园林部门挂牌登记的古木棉和古榕树 13 株，既有悠久的历史建筑 3 幢，又有明清时期遗留下来的石护栏、石鼓等文化遗产，是广州市中心一家具有深厚文化历史的园林酒店。

2. 宾馆内设架构

广东迎宾馆内设 7 个部门，分别是党群人力资源部、财务部、营运部（文旅策划中心）、餐饮部、动力工程部、安全保障部、经营业务部。广东迎宾馆为进一步推动宾馆文旅融合高质量发展，彰显酒店品牌特色，设立文旅策划中心，主要负责宾馆文化主题创建、文旅宣传推广和文旅融合等可持续发展工作，该中心由营运部负责，实行"一个机构两块牌子"的管理模式。

（二）品牌特色目标定位

广东迎宾馆深耕定位"南粤国宾接待"，以馆内古建筑、古文物陈设等宣扬岭南历史脉络和岭南文化之美，在文化品牌、绿色酒店、智慧信息、国宾服务和人力资源建设等方面不断迭代升级，赓续国宾优质服务意识，始终用心、用情、用功地做好接待服务。

（三）品牌特色设计

1. 改造历史建筑，加强对古物古树的保护，推进文物适度利用

（1）对历史建筑进行升级改造。为充分发挥该建筑历史文化优势，按照"修旧如旧"的原则，广东迎宾馆于 2018~2021 年共投入 2500 多万元，着重打造岭南特色餐厅、岭南智能化客房、主题客房等元素，对六榕楼和净慧楼历史建筑进行防水补漏和日常修缮，并对客房增设声控系统、"岭南特色+智能化"生活等入住新体验，既较好地保护了该历史建筑原有的文化沉淀，又能通过新的形式给宾客呈现更好的入住体验，单房收益也得到进一步提升。

（2）加强古物古树保护利用。一是对"明清石鼓""明清石护栏"等历史古物加强保护，打造专属保护玻璃对石鼓进行防护，最大限度降低日晒雨淋对石鼓的损耗；打造石护栏周边观景绿道，突出历史古物的珍贵性和历史性。二是对宾馆门楼及周边围墙进行夜景灯光改造，突出国宾馆历史文化优势；包括对关山月题词的"绿涧瀑布"不断升级改造。三是宾馆每年投入 80 多万元进行绿化养护、整枝修剪、补种更新等工作，进一步保护好宾馆的园林环境和确保古树的健康生长。

2. 在酒店核心产品上打造岭南文化主题，凸显岭南特色

酒店客房、餐饮是酒店经营管理的核心产品，广东迎宾馆在此做足研发和推广宾馆文化主题的各类服务、产品和活动。

（1）打造岭南园林文化主题餐厅。宾馆在碧海楼一楼餐厅的 10 个包房内，均以岭南文化特色为主题设计主题餐厅，以"越秀文风，美丽春光富裕"这句朗朗上口的"诗词"分别对 10 间包房进行命名，重点凸显岭南粤府文化的特色；白云楼餐厅则侧重商务主题氛围，赋予"红棉、金羊、金山"等广府特色命名，根据不同节日及主题，调整餐桌主题布置和服务员穿着服饰，为重点菜肴增添"粤菜故事"，让餐饮附上文化符号，各厅房、廊道等区域均摆放名家字画和历史古物，并可结合客人需求精心准备餐桌主题布置。

（2）研发文化主题宴。以两名广东省"五一劳动奖章"的资深粤菜厨师为核心成立宾馆粤菜师傅工作室和劳模工匠人才创新工作室，紧紧围绕广府菜、潮汕菜、客家菜进行深入研发，结合扶贫农副产品的优质品质保障，打造了五个不同的文化主题宴席，进一步讲好"粤菜文化故事"。如：运用青山绿水的理念来展现南国美景，形成"岭南山水宴"；运用西关大屋、骑楼等标志性建筑来展现广州西关文化风貌，形成"西关情宴"；运用广州市木棉花等元素展现广州蓬勃向上的事业和生机，形成"红棉绽放宴"；以莲花、莲藕、金鱼等装饰展现"和谐共处、连年有余、并蒂莲开"等美好生活，形成"出水芙蓉宴"；以两省党政代表团交流布置"携手并进"宴，如海南省与广东省交流宴，用海南省天涯、海角、美丽的椰树林组合海南特色，加上广东代表性广州塔、中山纪念堂、五羊雕塑等呈现广州特色，中间用蓝色水晶勾勒出海水的轮廓，用广州猎德大桥连接两省，代表两省经济合作腾飞、欣欣向荣。

（3）打造岭南特色客房。宾馆现有各类客房 248 间（套），其中：白云楼 175 间、碧海楼 73 间。从房型分，设有经典套房、岭南套房、标准套房、CEO 行政套房、高级套房、商务套房、雅韵园景、商务、岭南行政、岭南单双人房等。根据不同时节和宾客需求，宾馆可创造和提供多种类型的文化主题客房产品，在保留原有客房特色的同时，再增加节日特色元素，让客房产品和服务更丰富、优质。

如围绕"南粤国宾接待文化"的主题客房：首长房，曾有周恩来总理、越南前总统胡志明、美国前总统尼克松先后在此居停，房间放有潮州木雕、梅兰菊竹博古架、清末红木太师椅、古典红木写字桌等家具装饰品；岭南园景房，采用岭南新中式的设计风格，房间放有石湾陶瓷工艺品为点缀，与此同时，房间还配置智能产品小度，能够通过声控的方式，自动控制窗帘、灯光、音乐等开关功能，把古典和时尚智能融为一体；雅韵房，房间放有西关趟栊、精致红木家具等摆件，犹如置身在西关老街，韵味无穷。围绕家庭休闲、喜庆节日的主题客房：家庭亲子客房、情人浪漫客房、婚宴房等。

同时，为增强客人的数字化体验，增添智能化服务设施设备，对碧海楼三楼东翼及四楼客房加入了智能化管理和设备声控系统，让宾客更好地体验"岭南特色+智能化"生活的入住体验；在白云楼区域增设智能"送物机器人"，特别是疫情常态化时期，可解决"零接触"的送物要求；在宾客寄存行李方面，建立"E-con"金钥匙服务系统，让寄存服务更加便民和充满"智慧"。

通过对文化主题的深耕，客房价格比装修前平均提升 200 元，为碧海楼转型升级吸引中高端商务客源、亲子客源等打好基础。

3. 打造文化主题会场，凸显广州在粤港澳大湾区的重要位置

广东迎宾馆在会场摆放及设计上也充分展示岭南文化，展示广州在广东省的重要位置。宾馆处于广州的龙脉之地，毗邻母亲河——珠江，珠江源源不断的水源以蓝沙为底，东部连接猎德大桥、广州塔。共饮珠江水，同是广州人，更温馨地展现广州人温和、热情、好客的一面。同时，会议桌布和椅套以蓝色、白色为主色调，就像蓝天白云，再结合中间的造景，充分展示广州的花城特色。

4. 打造历史文化品牌，传承革命文化红色基因

广东迎宾馆传承革命文化红色基因，为更好地将宾馆厚重的历史文化展

现给南来北往的宾朋，做了如下工作。

（1）打造"迎宾曲"历史文化走廊。2020年广东迎宾馆投入资金将白云楼2楼公共区域打造为宾馆历史文化走廊，题名"迎宾曲"，该曲也是1980年家喻户晓的电影《客从何来》的主题歌，由雷雨声作曲、刘文玉作词、李谷一演唱，主要反映当时广交会，广州鲜花如海、外国友人与国内宾朋相聚一堂那种改革初年的热情氛围。曲中元素"花城、朋友、聚会、诚意"正好寓意迎宾馆70年国宾接待的企业文化风貌。通过虚拟3D、实景沙盘、实物展陈、多媒体互动触控等载体，以"馆之华、馆之美、馆之富、馆之贵"四个篇章介绍迎宾馆灿烂的接待文化、饮食文化，重点展陈宾馆历史沿革、国宾接待、园林美景、馆藏字画等人文内容，进一步提升宾馆文旅氛围和迎宾品牌的知名度。

（2）着重编纂文化宣传资料。2020~2022年，宾馆投入资金着重打造历史文化品牌，如重新编写宾馆历史文化展陈大纲、户外建立文化景点导览牌、制作文化宣传片、印刷馆藏字画和王府地百姓家宣传册等，进一步提升宾馆历史文化品牌影响力，可以让宾客在游览的过程中更深入更具体地了解岭南文化的主题。

5. 开发设立文化导赏服务，扩大岭南文化宣传氛围

（1）设立免费的文化导赏服务。为方便宾客参观文化走廊，宾馆设立免费导赏服务，宾客可在宾馆前厅预约，由宾馆大堂经理等导赏员进行全程文化讲解，并随带参观宾馆整个岭南文化氛围。

（2）完成院区户外导向牌。为进一步完善宾馆院区的消费流向、景点介绍、提炼宾馆VI元素等功能，宾馆在2020年完成了院区导向牌的设计制作，进一步直观说明宾馆的对应景点，让更多客人真正体验到"一座迎宾馆，半部广州史"深厚的历史底蕴。

6. 定制文创产品，打造宾馆的专属IP

广东迎宾馆以70周年馆庆为契机，深化迎宾"国宾接待文化"产品的设计，积极研发宾馆文创专属产品，与第三方公司合作开展文创主题设计和文化专属IP设计，目前已完成宾馆文创书签、明信片、笔记本、纪念杯、

广彩杯、宣传册等文创产品，既让宾客深入了解迎宾馆的历史底蕴，又增加了宾馆增收效益的持续性发展渠道。

7. 丰富服务产品，创宾馆特色利益增长点

广东迎宾馆通过打造传统节庆食品、扶贫产品旗舰店、积极参与扶贫攻坚等工作，一方面体现国企担当，另一方面通过打造扶贫助农的健康绿色产品，提升宾馆产品效益。如将月饼成功打造成扶贫产品，并通过与扶贫村利润分红等模式，既能提升月饼销售收入，又可为政府打赢脱贫攻坚战贡献力量，宾馆连续两年实现月饼销售收入突破1000万元。另外，与省供销社合作打造广东迎宾馆"粤供优选·消费帮扶"旗舰店，将联农、带农、助农、惠农产品融入政务用餐的菜品服务和经营管理中，创新扶贫合作与经营融合的可持续经营发展新模式，自2020年成立以来累计销售扶贫产品超过1000万元。

2020~2022年，广东迎宾馆面对新冠疫情给文旅酒店行业带来的沉重打击，通过提升经营管理水平、加强政务接待创新，发挥自身优势资源，坚持防疫、经营两手抓，广开新思路，敢于开拓创新，积极探索和开展"暖春行动"、全员开店、带货直播、线上外卖，以及打造乡村振兴旗舰店和服务输出管理等工作，特别是在消费扶贫与经营融合、服务输出项目与经营拓展等方面取得了较好的社会效应和经营效益，主要经营指标和在岗基层员工收入实现双提升。2022年宾馆营业额同比增加137万元，增幅1.33%，对比2019年增幅13.5%；预测2023年营业额同比增幅21%，年度预算完成率117%，较2019年增幅31%；预计净利润完成率145%。月饼销售收入连续三年过千万，创历史新高，全年实现宾馆主要经营指标和基层员工收入双提升。

8. 开办文化主题活动，满足宾客的文化体验需求

广东迎宾馆为进一步加强与宾客文化互动体验，通过举办传统节日文化活动、美食节、粤菜点心体验、新媒体直播、艺术展示等活动，不断拉近与宾客的文旅融合氛围，提升宾馆文化主题的知名度和名誉度。例如：2023年3月，由广州市委宣传部指导，越秀区委宣传部主办，越秀区文化馆、高剑父纪念馆承办的"千人同绘木棉花致敬广州英雄城"系列活动第二站在广东迎宾馆举行。20 几位名画家在宾馆开展写生活动，共赏迎宾景，同绘木棉花，展现红色广州、活力广州、幸福广州的风采。多家主流媒体《花城新闻》、广东电视台《城市话题》《羊城晚报》等到广东迎宾馆对写生活动进行采访。

三　启示与建议

随着旅游业的快速发展和消费升级时代的来临，顾客对酒店品位要求越来越高，酒店日益成为顾客旅程中的一个景点而非仅仅是驻足点；加之酒店业界还面临局部产能过剩、市场供求关系失衡、产品结构不合理、经营管理模式老套等问题，酒店特色发展显得尤为重要，转型升级成为必然选择。从对广东迎宾馆品牌建设标杆的梳理分析中可以看到，特色酒店品牌标杆建设，必须立足企业自身优势，活化地域文化，深耕中华文化，更多更深地融入本土生活方式、生活场景和文化特色，从而通过特色形成差异，跳出同质化竞争，创新优化经营模式，满足不同消费群体对文化体验的需要，最大限度提升企业经济效应，形成可持续的强大竞争力。

（一）不断活化历史文化，让历史文化与酒店项目创新性融合

1. 在打造"迎宾曲"历史文化长廊的基础上，拓展丰富不同形式的文化载体

在打造历史文化长廊的基础上，可以不断拓展历史文化载体。如打造文化专属博物馆，宾馆有大量古物资料，可打造文化展陈博物馆，进一步扩大文化影响力，提升文化价值，丰富旅游消费场景。

2. 利用好红色资源，开展红色爱国主义教育

在省市文旅部门等机构的指导支持下，进一步活化用好宾馆所涉红色资源，在宾馆特色历史建筑群中为学生开展相关研学体验，打造红色爱国主义教育基地。

（二）不断深耕国宾文化体验优势，拓展岭南文化酒店研学项目

1. 开拓教学课程让学生能不断了解中国岭南饮食文化，促进学生的美育发展

宾馆可充分利用宾馆现有的两名劳模厨师高文胜和颜智坚的"劳模粤菜创新工作室"和"陈仲概素食工作室"等平台，研发青少年、亲子等国宴烹饪现场教学课程，发挥国宴传承的社会效应；通过对宴席设计原理的理解、实践，开拓酒店富有岗位特色的研学项目，提升学生的审美观，进一步陶冶情操。

2. 不断优化国宾接待餐饮文化内涵，促进企业对岭南文化深入挖掘

宾馆在原有主题宴席设计上，可不断打造国宴餐饮品牌，通过将原有的国宴菜单进行新式改良，挖掘岭南文化特色元素，注重对国宴餐的打造，强化国宴用餐的高贵体验，形成特色文化品牌。

（三）不断打造文化导赏服务，拓展宾馆岭南文化主题游学项目

1. 积极对古树和古物进行专业保护，打造极具文化底蕴的游览空间

加强对古物、古树和园林进行专项保护和维护，不仅满足古物古树园林的专业保护需求，还可进一步提升越秀区城央岭南园林园艺景观特色，打造新时代"政务花园客厅"，为广大宾客提供一个开放、舒适和极具文化底蕴的城市中心休憩漫步空间，提升宾客在园内游园的幸福感。

2. 进一步拓深导赏服务，加大在岭南文化上的宣传力度

宾馆可在现有对文化长廊导赏服务的基础上，在院内提供文化导赏服务，将宾馆历史文化点融入周边文化导赏服务体系，将其打造为广州市著名文旅打卡点，拓深宾馆在岭南文化上的宣传力度。

（四）不断打造区域历史文化名街体验，展现宾馆专属名片

宾馆周围六榕路历史悠久、文化底蕴深厚，既有迎宾馆这家千年故址，也是将军府历史门楼，更有名声在外的六榕古寺等历史文化场所。目前，六

榕路整个文化价值及商业氛围较一般，整条街道只有一侧有人行道，不利于越秀历史文化名城名街的整体规划改造。宾馆可积极配合历史文化名街的岭南文化风格改造，让宾客切实体验到广州西关风情、五羊花城美貌及"愈久弥深"的都市风情和间坊"老广"风貌；打造"王府地""六榕"等独特历史文化价值的新名片，成为新网红打卡热点。

参考文献

邢瑜、刘苏：《场景理论下的精品酒店文化体验功能营造研究》，《安徽建筑大学学报》2023 年第 3 期。

区汝红：《体验式主题精品酒店的策划设计研究》，广州大学硕士学位论文，2019。

王蕾：《主题酒店中国本土化发展策略研究》，河南科技大学硕士学位论文，2014。

陈悦诗、王宁：《文化类主题酒店现状及发展趋势初探》，《市场周刊》2018 年第 10 期。

曾文诗：《论特色文化主题酒店的核心竞争力》，《中外企业家》2019 年第 20 期。

侯兵、陶然、毛卫东：《文化生态视野下的精品酒店主题文化定位与价值取向》，《旅游学刊》2016 年第 11 期。

邵佳萍：《主题酒店品牌联想与顾客行为意向的关系研究》，浙江大学硕士学位论文，2015。

宋瑞主编《旅游绿皮书：2022~2023 年中国旅游发展分析与预测》，社会科学文献出版社，2023。

Abstract

Under the background of "great integration and common development" of exhibition, hotel and tourism industry in Guangdong-Hong Kong-Macao Greater Bay Area, this paper closely follows the national development strategy of "Outline of Development Plan for Guangdong-Hong Kong-Macao Greater Bay Area" as the guide, and rationally designs the content system of the report, including macro general report and sub-report, and micro special topics, evaluations and cases. The content of the report is "to see the small with the big" and "to know the big with the small". In combination with the professional knowledge of the editor, obtain the relevant data of the cultural tourism and exhibition industry of Guangdong-Hong Kong-Macao Greater Bay Area in 2022 through various channels, conduct research on the status quo and development of the industry based on big data analysis, evaluate the future development trend of the industry, and put forward development suggestions. To provide theoretical support for building the Guangdong-Hong Kong-Macao Greater Bay Area's exhibition, hotel and tourism industries into a world-class high-end service industry chain.

The full text of this book consists of 6 parts and 15 articles, which are composed of general report, sub-report, Guangdong, Hong Kong and Macao regional development report, industry special report, industry brand competitiveness evaluation report and industry benchmark cases.

In the general report, by analyzing the advantages of Guangdong, Hong Kong and Macao, such as geographical location, economic strength, climate conditions, innovation-driven development, business environment, etc., although the global outbreak of COVID-19 occurred shortly after the signing of the Framework Agreement on Deepening Cooperation between Guangdong, Hong

Kong and Macao to Promote the Construction of the Greater Bay Area, the integrated development of the Bay Area has not stopped. The epidemic has had a certain impact on the development of exhibition, hotel and tourism in the Bay Area. However, with the introduction of various supporting policies and the resumption of customs clearance between Hong Kong, Macao and the Mainland, the flow of people and logistics have become increasingly prosperous, which has pushed the accelerator button on the construction of the Guangdong-Hong Kong-Macao Greater Bay Area and ushered in a new round of better development opportunities. The development of major cooperation platforms in Qianhai, Hengqin, Nansha and Hetao has accelerated, and the continuous integration of Guangdong, Hong Kong and Macao has brought huge development opportunities. The development of the Guangdong-Hong Kong-Macao Greater Bay Area as a world-class tourism destination has continued to advance.

The three sub-reports respectively made a comprehensive analysis on the development status and future prospects of the exhibition, hotel and tourism industry. The hotel industry in the Guangdong-Hong Kong-Macao Greater Bay Area is developed. In Hong Kong and Macao, there are a large number of high-star international hotel groups, and the Pearl River Delta region is dominated by medium and high-end hotels. Exhibition has formed a "one industry and three places" pattern and "one-stop" complementary cross-development. Tourism is one of the most explosive and potential markets in China, and Macao ranks first among the outbound tourist destinations of mainland residents. At the same time, two special research reports are set on the hot issues in the development process, "Rural tourism Development" and "Hotel human resources Development". The great development of the hotel industry is accompanied by the bottleneck of human resources. How to break the constraint of hotel human resources is given in this paper. Guangdong, Hong Kong and Macao have unique advantages in developing rural tourism due to their economic development, large population and convenient transportation infrastructure.

In order to make a reasonable evaluation of the development index of exhibition, hotel and tourism in the Guangdong-Hong Kong-Macao Greater Bay Area, three research reports have been set up: evaluation of competitiveness of city exhibition services, evaluation of tourism service brand and evaluation of star-rated hotel services. Select China Import and Export Fair, Hong Kong CTS Group, Guangzhou Ritz-Carlton Hotel, Guangzhou Ying Hotel as the exhibition, tourism, high star hotel, characteristic hotel benchmarked cases for analysis and research.

The editorial board of this research report is composed of professionals from universities and industries, and the authors are professionals who have in-depth research on exhibition, hotel and tourism. The content of this research report is scientific, instructive and instructive.

Keyword: Guangdong-Hong Kong-Macao Greater Bay Area; Hotel Industry; Tourism; Exhibition Industry

Contents

I   General Report

Abstract: In 2022, the total economic output of the Guangdong-Hong Kong-Macao Greater Bay Area will exceed 13 trillion yuan, ranking among the top 10 major economies in the world. Since the development of the Guangdong-Hong Kong-Macao Greater Bay Area, the Greater Bay Area has continuously promoted the innovation and integration of industries and enterprises among urban regions, made every effort to break down administrative barriers between cities, and, on the basis of fully relying on the industrial development of various cities, brought into play the characteristics and advantages of enterprises among different regions, joined forces and made concerted efforts to achieve the goal of rapid economic development. During the four years of economic development in Guangdong, Hong Kong and Macao, the economy of the Greater Bay Area has shown a rapid growth trend and maintained rapid growth. At the same time, in the future development, it is clearly pointed out that it will focus on the promotion of scientific and technological innovation, industrial upgrading, infrastructure construction and other aspects of the work, to create a regional central city with global influence. The future development of the Guangdong-Hong Kong-Macao Greater Bay Area will drive the overall industrial upgrading, and the supporting of the tertiary industry will be the core of the development.

Keywords: Guangdong-Hong Kong-Macao Greater Bay Area; Exhibition Industry; Tourism; Hotel Industry; Business Environment

Ⅱ Sub-reports

Abstract: Frequent favorable policies for the exhibition industry in Guangdong-Hong Kong-Marco Greater Bay Area, vigorously promoting the recovery of the exhibition industry. Specifically, it is reflected in the improvement of economic aggregate, excellent exhibition infrastructure, expansion of exhibition scale, and leading exhibition quality. At the same time, the exhibition talent reserve is sufficient to support high-quality development, and digital empowerment enables the exhibition to reduce costs and increase efficiency in all aspects. Overall, it presents the development characteristics of " closer paired cooperation, more complete industrial system, more optimized business environment, and more efficient digital services" in the exhibition industry. Based on this, it is proposed that the exhibition industry needs to further unleash the policy dividends of the exhibition system, leverage complementary advantages to promote development, formulate exhibition standards to assist in attracting and expanding, strengthen the construction of famous exhibition halls, exhibitions, and enterprises, and implement the project of strengthening the exhibition industry with talents. The aim of the exhibition industry is to respond to new challenges, achieve new development, add new advantages, break down barriers to high-quality development of exhibitions, and form replicable and referential innovative achievements.

Keywords：Exhibition Industry；Business Environment；Exhibition Hall；Exhibition；Exhibition Enterprise

B．3　Current Development Trends and Countermeasures for the Tourism Industry in the Guangdong Hong Kong Macao Greater Bay Area in 2023　　*Zhu Xuemei* / 065

Abstract：This report focuses on tourism in the narrow sense，and analyzes the status quo and future trends of tourism resources，travel agencies，and tourism service formats in Guangdong-Hong Kong-Macao Greater Bay Area. Since 2023，the tourism industry in the Greater Bay Area has experienced a recovery after the epidemic. The tourism market is huge and the industrial foundation is solid. Looking forward to the development of tourism in the Guangdong-Hong Kong-Macao Greater Bay Area，which presents a new trend of three-level ecological pattern of industrial integration，cultural and tourism integration and innovative development，and tourism resource agglomeration，this report puts forward countermeasures and suggestions such as establishing a collaborative governance mechanism to promote the integration and synergy of cultural and tourism in the Greater Bay Area，simultaneous rescue and transformation and upgrading of enterprises，and accelerating the training and exchange of tourism talents.

Keywords：Guangdong-Hong Kong-macao Bay Area；Tourism；Integration of Literature and Tourism

B．4　2023 Analysis of the Economic Development of the Hotel Industry in the Guangdong-Hong Kong-Macao Bay Area　　*Wu Jianqin，Liu Xiuzhen* / 082

Abstract：Guangdong-hong Kong-macao Bay area has developed，and the coordinated development of the industry has brought great opportunities for development. The three-year epidemic has had a huge impact on the hotel industry. With the rapid recovery of the 2023 markets for trade, exhibitions and cultural tourism, hotels in the area have quickly resumed their positive development. Hong Kong and Macao, with their high degree of internationalization, are in the first echelon with the number of high star hotels and the competitiveness of their brands, Guangzhou-Shenzhen, international brands to occupy the high star hotel market, local hotel brands take the advantage in Mid-range hotel market. This paper analyzes the current economic situation of the hotel industry in the Bay Area through a large amount of data, and points out that under the pressure of competition in the stock market, the hotel groups are operating the deep-cultivated market with multi-brand strategy and characteristics, continue to upgrade the scale of chain, improve efficiency through digital intelligence technology, and the trend of sinking second-and third-tier cities, and put forward development recommendations for industry reference.

Keywords: Guangdong-Hong Kong-Macao Bay Area; Hotel Industry; Hotel Group

Ⅲ   Regions

Abstract: The development of Hong Kong's tourism industry is of great significance for promoting the overall tourism development of the Bay Area, enhancing the regional image and attractiveness, and promoting the comprehensive development of the Guangdong Hong Kong Macao Greater Bay Area. The development of the tourism industry has a multifaceted impact on the Guangdong Hong Kong Macao Greater Bay Area, including tourism hubs, resource sharing, cultural exchange, economic development, and talent cultivation and exchange. This will promote the overall tourism development of the Bay Area, enhance the regional image and attractiveness, and promote the comprehensive development of the Guangdong Hong Kong Macao Greater Bay Area. The development of exhibition tourism and hotel industry in Hong Kong is interdependent and closely related to each other. This report is based on the statistical data, current situation and trend of the exhibition, tourism and hotel industries in Hong Kong, and puts forward feasible suggestions from the cultural, policy and economic perspectives to build a cultural tourism highland that inherits the cultural genes of the Chinese nation and highlights Chinese path to modernization.

Keywords: Guangdong-Hong Kong-Macao Greater Bay Area; Exhibition Industry; Tourism; Hong Kong

B.6 The Current Development Status and Trend Research About Tourism, Exhibition, Hospitality Industries in the Pearl River Delta (2022－2023)

Liu Xiuzhen, Chai Shuang / 125

Abstract: From 2020 to 2022, the tourism, exhibition and hospitality industries in the nine cities of the Pearl River Delta face severe challenges due to the impact of the COVID－19 pandemic outbreak. After three years of hard work, the tourism and hotel industry has not yet recovered to the pre-epidemic level, and the exhibition industry is developing well. The gathering trend of industrial integration has been formed. The digital-driven approach to development is in full swing. At the same time, due to historical weakness and mutation caused by the epidemic, there are many shortcomings in the tourism, exhibition and hospitality industries in the nine PRD cities, such as unbalanced inter-city development, inadequate regional coordinated development, and the sustainable development capacity needs to be improved. In response to the problems, the report makes recommendations and predicts the development trend. In terms of tourism, the nine cities in the PRD will be built into an international city tourism circle; In terms of exhibitions, Guangdong, Hong Kong and Macao will work together to build a world-class exhibition Bay Area. In terms of hospitality, the nine cities in the PRD will build the tourist main carrier of "world-class tourism destination".

Keywords: Nine Cities in the PRD; Tourism Industry; Exhibition Industry; Hospitality Industry

Ⅳ　Special Topic

B.7　Research on Rural Tourism Development in the
　　　Guangdong-Hong Kong-Macao Greater Bay Area
　　　from the Perspective of Urban-Rural Integration

Wan Hongzhen, Luo Chuman / 145

Abstract: Against the backdrop of the nation's vigorous promotion of integrated urban-rural development, novel avenues for rural tourism development have emerged. This study systematically explores the advantageous resources and environment in the Guangdong-Hong Kong-Macao Greater Bay Area from the perspectives of prerequisites, guaranteeing conditions, additional needs, and integrated development for rural tourism. It identifies existing issues constraining the development of rural tourism in the Greater Bay Area. Subsequently, the research provides a macroscopic framework for the development of rural tourism in the Greater Bay Area and offers micro-level insights into potential strategies for the development and expansion of rural tourism.

Keywords: Integrated Urban-Rural Development; Guangdong-Hong Kong-Macao Greater Bay Area; Rural Tourism; High-Quality Development.

B . 8   The Current Situation and Development Trend of

Hospitality Human Resource Management in the

Guangdong-Hong Kong-Macao Greater Bay Area

in 2023   *Chen Meijie*, *Tian Sen* / 163

Abstract：High turnover and low satisfaction have always been a stubborn problem in hospitality human resource management. By conducting an online questionnaire on the human resources situation of the hotel industry in the Guangdong-Hong Kong-Macao Greater Bay Area (GBA) and analyzing the collected data deeply, the hospitality human resources current situation, its regional characteristics and the insight into the trends are parsed in the paper.

Five aspects suggestions including facing the pain points of low salary directly and advocating payment for services; helping employees balance work and life and improving their career happiness; people-post matching and motivating accurately; treating grassroots human resources as strategic resources, and guarding against the cost traps of digital and intelligent tools are also provided as the breakthroughs of the vicious circle of human resource management in the GBA hospitality industry by considering the characteristics of human resources in the hotel industry, regional conditions and the new trend of human resource development in the post-epidemic era comprehensively.

Keywords：Guangdong-Hong Kong-Macao Great Bay Area; Hospitality Industry; Human Resource Management

V   Evaluation

B . 9   Study on the Competitiveness Evaluation of Convention and

Exhibition Services in Guangdong-Hongkong-Macao Bay Area

in 2023   *Zhang Xing* / 188

Abstract：The City Convention and Exhibition Service Competitiveness

Index is a comprehensive index to measure the development of the city convention and exhibition industry, which is directly related to the city's competitiveness. On the basis of the single dimension evaluation of city mice service competitiveness in the past, multi-dimension evaluation indexes are selected to evaluate mice service competitiveness comprehensively. At the same time, combined with the characteristics of the development of the convention and exhibition industry in the Core Cities of Guangdong province in the guangdong-hong Kong-macao Bay Area, this paper makes a systematic analysis on the competitiveness of the convention and exhibition services of the cities in Guangdong Province, and takes Guangzhou City as an example to make a deep analysis, to provide reference for the further development of convention and exhibition services in guangdong-hong Kong-macao Bay Area, and promote a win-win situation of the convention and exhibition services industry in the Bay Area.

Keywords: City Convention and Exhibition Services; Competitiveness Index; Guangdong-Hong Kong-Macao Bay Area

B.10   A Study on the Evaluation of Tourism Service Brands

in the Guangdong Hong Kong Macao Greater

Bay Area   *Zhang Chengyu, Yuan Yinzhi* / 210

Abstract: The Guangdong Hong Kong Macao Greater Bay Area is advancing the construction of world-class tourist destinations as scheduled, enhancing international influence and global attractiveness. As the 11 cities in the Bay Area continue to move towards urban agglomerations, they should continue to explore their advantageous tourism resources such as multiculturalism, theme parks, food cities, and shopping paradises, create distinctive tourism product systems, leverage the platform role of the Guangdong Hong Kong Macao Greater Bay Area Urban Tourism Federation, and jointly plan more "one-stop" tourism boutique routes between Guangdong, Hong Kong, and Macao, Jointly promote tourism exchanges and cooperation with countries and regions along the "the Belt and Road", hold international tourism exhibitions and festivals, build a number of industrial integration demonstration projects, build a tourism brand in the Guangdong Hong Kong Macao Greater Bay Area, and jointly build a leisure bay area suitable for living, working and traveling in Guangdong Hong Kong Macao. This article constructs an evaluation system for the influencing factors of tourism brand strength in the Guangdong Hong Kong Macao Greater Bay Area, and uses the IPA analysis method to evaluate the advantages and disadvantages of tourism services. According to the analysis of IPA results, in order to enhance the brand strength of tourism services in the Guangdong Hong Kong Macao Greater Bay Area, the first step is to enhance the awareness and construction of cultural heritage tourism services in the area. Secondly, it is necessary to strengthen the service awareness and quality of tourism service personnel, highlight the unique service design of tourism products, and finally improve the construction of tourism service environment. Technology and innovation are important factors in promoting the Guangdong Hong Kong Macao Greater Bay Area to become a world-class urban agglomeration. In the new era, we can focus on the new tourism economic model in the new stage of innovative economic development.

Keywords: Guangdong-Hong Kong-Macao Greater Bay Area; Tourism Services; Brand Power; IPA

B.11 2023 Brand Evaluation of Star Hotels in the Guangdong-Hong Kong-Macao Bay Area *Wu Jianqin* / 232

Abstract: Guangdong-hong Kong-macao Bay Area is one of the fastest-growing regions of China's hotel industry. After 40 years of rapid development, there are many hotel brands and hotel types. Three years of the epidemic has had a huge impact on the international trade, convention and exhibition industry in the Guangdong-Hong Kong-Macao Bay Area. International business contacts have stalled, and a large number of hotels have weathered the crisis by becoming quarantine hotels, some hotels still haven't survived the shake-out. In the post-pandemic 2023, strong recovery in the domestic travel and literature market , the recovery of hotel brands has been uneven, but competition remains even more intense. This article through selects the different rank, the type has the representative hotel brand, through the comprehensive and the detailed appraisal index, quantifies and forms the rank, describes each brand's characteristic in detail, for industry, Enterprise, consumer choice and consult. .

Keywords: the Guangdong-Hong Kong-Macao Greater Bay Area; Five-Star Hotels; Mid-Range Hotels; Economy Hotels

Ⅵ Cases

B.12 Sample Analysis of the Digitization of the Benchmark Convention Brand *Song Wei* / 254

Abstract: By collecting, sorting out, analyzing and comparing the digital development trend and digital application data of virtual reality technology, e-commerce, digital marketing tools, mobile applications and other digital applications of the Guangdong-Hong Kong-Macao Greater Bay Area brand benchmark exhibition, Summarize that the brand exhibition in GBA should complies with the trend of digital development, Guided by market demand, Constantly improve their own competitiveness, By actively tracking market dynamics, flexibly adjusting business strategies, and promoting digital technologies to improve the quality of products and services, precision marketing, optimizing operations and management costs, In order to promote the exhibition industry to strengthen the cooperation and innovation among Guangdong, Hong Kong and Macao, pay attention to talent training and team building and other measures to respond to the changes in the exhibition industry, To provide reference for the coordinated development of exhibition competition and cooperation in the Guangdong-Hong Kong-Macao Greater Bay Area.

Keywords: Guangdong-Hong Kong-Macao Greater Bay Area; Exhibition Brand; Digital Exhibition

B.13   Analysis and Research on Samples of Brand Benchmarking
          Construction of Travel Agency Enterprises
          —*Take China Travel Service (Holdings) Hong Kong Limited*
          as an example

Wu Jianmei, Zeng Qingfan / 271

Abstract: The development of the domestic travel agency industry has been nearly a hundred years of history, experienced from the planned economy era to the market economy era of the domestic tourism development period, the number of domestic travel agencies has grown from the initial dozens of national, middle and green travel agencies to more than 45000 in 2022. This paper selects Hong Kong CTS (Group) Co., LTD., the benchmark of the domestic travel agency industry, and analyzes the development process of the enterprise in the past hundred years. From a travel agency engaged in a single group business, CTS has developed into a group company integrating the whole industry chain of scenic spots and hotels, etc. By analyzing the success of the benchmark enterprise and its experience in reform, innovation and development, To propose future innovative development directions and strategies for the Guangdong-Hong Kong-Macao Greater Bay Area and even the domestic travel agency industry。

Keywords: Benchmark Travel Agency; China Travel Service (Holdings) Hong Kong Limited; Diversified Eanagement; Innovation-driven Development

Contents ↖↘

Abstract: The 2023 hotel industry, which benefited from the easing policy, quickly regained the confidence of practitioners. However, subject to the still-downward world economy, the hotel industry, which is closely related to the changes in the economic cycle, still has a long way to go. In order to better learn from the development and management experience of well-known hotels and promote the development of the hotel industry in the Guangdong-Hongkong-Marco Greater Bay Area, according to the authoritative list recognized by the global hotel industry's Forbes Travel Guide' and the hotel brand index data of Maidian Research Institute, Guangzhou Ritz-Carlton is selected as a high-star benchmark hotel in the Greater Bay Area. This paper intends to analyze the brand culture, hotel products and satisfaction of benchmarking hotels, and analyze and discuss hotel management based on six dimensions : business needs and policy support, national location selection, service standards, contract management business model, authorization system and human resource selection, in order to provide some reference and reference for other peer hotels in the Greater Bay Area and look forward to the future development trend of the hotel industry in the Greater Bay Area.

Keywords: Benchmarking Hotel; Ritz-Carlton; Hotel Management

Abstract: Based on the development process of characteristic hotel brands,

335

this paper focuses on conforming to the development trend of the market and meeting the diversified needs of new business formats, and conducts research on the brand building of characteristic hotels. This paper theoretically clarifies the connotation of characteristic hotels, takes Guangdong Yingbin Hotel as an example, and makes a comprehensive analysis and research on the brand benchmarking of the Hotel from the aspects of brand status, brand target positioning, and brand characteristic design. On this basis, this paper gives suggestions on how to form characteristics, jump out of homogeneous competition, meet the needs of different consumer groups for cultural experience, and form sustainable and strong competitiveness.

Keywords: Characteristic Hotel; Construction of Brand Benchmarking; Guangdong Yingbin Hotel

皮书网

（网址：www.pishu.cn）

发布皮书研创资讯，传播皮书精彩内容
引领皮书出版潮流，打造皮书服务平台

栏目设置

◆ **关于皮书**

何谓皮书、皮书分类、皮书大事记、
皮书荣誉、皮书出版第一人、皮书编辑部

◆ **最新资讯**

通知公告、新闻动态、媒体聚焦、
网站专题、视频直播、下载专区

◆ **皮书研创**

皮书规范、皮书出版、
皮书研究、研创团队

◆ **皮书评奖评价**

指标体系、皮书评价、皮书评奖

所获荣誉

◆ 2008 年、2011 年、2014 年，皮书网均
在全国新闻出版业网站荣誉评选中获得
"最具商业价值网站"称号；

◆ 2012 年，获得"出版业网站百强"称号。

网库合一

2014年，皮书网与皮书数据库端口合
一，实现资源共享，搭建智库成果融合创
新平台。

皮书网

"皮书说"
微信公众号

法律声明

"皮书系列"（含蓝皮书、绿皮书、黄皮书）之品牌由社会科学文献出版社最早使用并持续至今，现已被中国图书行业所熟知。"皮书系列"的相关商标已在国家商标管理部门商标局注册，包括但不限于LOGO（▧）、皮书、Pishu、经济蓝皮书、社会蓝皮书等。"皮书系列"图书的注册商标专用权及封面设计、版式设计的著作权均为社会科学文献出版社所有。未经社会科学文献出版社书面授权许可，任何使用与"皮书系列"图书注册商标、封面设计、版式设计相同或者近似的文字、图形或其组合的行为均系侵权行为。

经作者授权，本书的专有出版权及信息网络传播权等为社会科学文献出版社享有。未经社会科学文献出版社书面授权许可，任何就本书内容的复制、发行或以数字形式进行网络传播的行为均系侵权行为。

社会科学文献出版社将通过法律途径追究上述侵权行为的法律责任，维护自身合法权益。

欢迎社会各界人士对侵犯社会科学文献出版社上述权利的侵权行为进行举报。电话：010-59367121，电子邮箱：fawubu@ssap.cn。

社会科学文献出版社